KENNZEICHEN

HEIMATKUNDE FÜR DEN LANDKREIS TUTTLINGEN

Autoren:

Wolfgang Beller
Mechthild und Peter Heckele
Harald Hepfer
Wolfgang Kramer
Klara Nabholz
Karl-Heinz Reizner
Karl-Martin Ruff
Ingrid Schiele
Martin Schmiedeberg
Egon Scholzen
Fritz Schray
Erwin Ulmer

Herausgeber dieses Bandes:
Harald Hepfer und Egon Scholzen

VERLAG WALDEMAR LUTZ, LÖRRACH
UND ERNST KLETT SCHULBUCHVERLAG, STUTTGART

ISBN 3-12-258390-9

KENNZEICHEN TUT
HEIMATKUNDE FÜR DEN LANDKREIS TUTTLINGEN

Gesamtkonzeption der KENNZEICHEN-Reihe: Waldemar Lutz
Mitherausgeber dieses Bandes:
Harald Hepfer und Egon Scholzen

KENNZEICHEN TUT entstand mit Unterstützung durch den Landkreis Tuttlingen
Autoren: Wolfgang Beller, Mechthild und Peter Heckele, Harald Hepfer, Wolfgang Kramer, Klara Nabholz, Karl-Heinz Reizner, Karl-Martin Ruff, Ingrid Schiele, Martin Schmiedeberg, Egon Scholzen, Fritz Schray, Erwin Ulmer

Fotos: Kreisbildstelle Tuttlingen, Autoren u. a.
Grafik: Atelier gravis, Konstanz u.a.
Titel und Umschlag: Waldemar Lutz
Satz: KENNZEICHEN-Redaktion
Lithos: Scantrans, Singapore
Druck und Einband: W. Wirtz, Speyer

Weitere Bände der KENNZEICHEN-Reihe: AA, BB, BC, BL, CW/FDS, FR, HDH, KA, KN, LB, LÖ, OG, PF, RA/BAD, RT, TBB, WN, WT.
Andere Landkreise in Vorbereitung.

Vorwort

Die Heimat näherbringen

Das Interesse an der Heimatgeschichte und der Heimatkunde ist in den vergangenen Jahren erfreulich gewachsen. Die zunehmende Attraktivität von Veranstaltungen der Geschichtsvereine, aber auch regionaler Veranstaltungen sind dafür Zeugnis. Der Landkreis Tuttlingen hat deshalb auch vor einigen Jahren mit seinem Kreisbuch „Daheim im Landkreis Tuttlingen" diesem Bedürfnis Rechnung getragen. Obgleich das Informationsangebot durch eine Reihe von kleineren Broschüren ergänzt wurde, stand vor allem für die Zwecke unserer Schulen eine entsprechende Publikation noch immer aus. Eine kleine Kommission hat deshalb Vorschläge für Unterrichtshilfen erarbeitet. Ein erstes konkretes Ergebnis ist das nun vorliegende Buch „Kennzeichen TUT".

Ich danke den Verlagen Ernst Klett und Waldemar Lutz, die dieses Buch zu einem erschwinglichen Preis herausgeben. Dieser Preis ist allerdings nur möglich, weil der Landkreis einen finanziellen Beitrag geleistet hat. Ich danke den Autoren, die ihre Beiträge vorwiegend unter pädagogischen Gesichtspunkten zusammengestellt haben.

Ich wünsche mir eine weite Verbreitung dieses Buches in unseren Schulen. Es kann so einen Beitrag leisten, daß unsere Kinder und Jugendlichen unsere Heimat besser kennenlernen. Ich bin aber auch sicher, daß mancher Erwachsene neue Informationen und Anregungen in diesem Buch finden kann.

Hans Volle
Landrat

Inhaltsverzeichnis

Orientierung im Heimatraum 6
Ein Landkreis in Baden-Württemberg 8
Der Landkreis im Kartenbild 10
Landschaften unseres Heimatraumes 12
Das Donautal 13
Die Baaralb 14
Die Prim-Faulenbach-Senke 15
Der Große Heuberg 16
„Die Eck" und die Hegaualb 17
Die Kreisstadt Tuttlingen 18
Unsere Nachbarkreise 20
Künstler sehen unsere Heimat 22

Arbeit und Industrie 26
Vom Sächle auf dem Heuberg zum landwirtschaftlichen Intensivbetrieb 28
Bei den „lustigen Holzhackerbub'n" 30
„Schäfer, sag, wo willst du weiden?" 32
Mit einer Mundharfe fing es an 34
Sägewerke und Möbelindustrie 36
Bohnerze, Schmieden, Messer, chirurgische Instrumente 38
Von Häuten, Fellen und Pelzen 42
Tuttlingen - altbekannte Schuhstadt 44
Der Heuberg - Fleiß und Eigeninitiative führen zu Wohlstand 46
Schalter aus Rietheim - Zähler aus Aldingen 48
Wirtschaftskarte 49

Freizeit 50
Freizeitkarte 51
Auf vielen Wanderwegen - zu schönen Ausflugszielen 52
Zwei besondere Lehrpfade 54
Naturbühne Steintäle Fridingen 56

Die natürlichen Grundlagen 57
Zur Landschaftsgeschichte des Kreisgebiets 58
Zur Landschaftsgeschichte der Baaralb 60
Wetter und Klima im Kreisgebiet 64
Der Unterhölzer 66
Das „Dürbheimer Ried" 66

Im Irndorfer Hardt 69
Das Hochmoor „An der Wilde" 69
Blumenreiches Land 70

Versorgung und Entsorgung 72
Die Wasserversorgung einst und jetzt 73
Die Donauversinkung und ihre Folgen für Wirtschaft, Handel und Bevölkerung des Landkreises Tuttlingen 74
Dem Geheimnis der Aachquelle auf der Spur 76
Trinkwasser aus dem Bodensee 78
Die Stromversorgung des Landkreises Tuttlingen 80
Umweltfreundliche Abfallbeseitigung im Landkreis Tuttlingen 82
Kompostierung von Gartenabfällen – ein neuer Weg der Abfallverwertung 84

Verkehrswesen 86
Die historischen Verkehrswege 86
Die Trossinger Eisenbahn 88
Die Heuberg-Bahn 89
Planungen und Bau weiterer Eisenbahnstrecken und -anlagen 91
Eisenbahnfahrpläne und die Zukunft der Eisenbahn im Landkreis Tuttlingen 91
Das Straßennetz im Landkreis 92
Der öffentliche Personennahverkehr 93
Die Zeitungen im Landkreis Tuttlingen 94

Kulturlandschaft 97
Kleiner Museumsführer von Emmingen-Liptingen bis Wurmlingen 98
Kunstmuseum Hohenkarpfen 98
Museum Oberes Donautal 98
Dorfmuseum Emmingen ab Egg 99
Ein Ausflug ins Freilichtmuseum Neuhausen ob Eck 100
Heimatmuseum Talheim 102
Heimatmuseum „Auberlehaus" 102
Museen in Spaichingen, Tuttlingen und Wurmlingen 104
Trossinger Musikszene 106
Maler und Bildhauer 108
Gustav Schwab 110
Anton Braun 111
Carl Friedrich Stock 112
Kloster Beuron 113
Barockjuwel des Heubergs und die Kirche der Nazarener in Tuttlingen 114

In Gemeinschaft leben 116
Der Landkreis Tuttlingen stellt sich vor 116
Aufgaben des Landkreises 118
Kreiskrankenhäuser in Tuttlingen und Spaichingen 120
Die beruflichen Schulen in Tuttlingen 122
Aufgaben einer Gemeinde: Spaichingen 124
Das Altenheim „Haus Wartenberg" und das Pflegeheim in Geisingen 126
Ev. Kinder- und Jugenddorf Tuttlingen 128
Der Vinzenziusverein Wurmlingen 130
Die Landjugendgruppe Ippingen 131
Von Kirchen und Konfessionen 132
Fasnächtliches Brauchtum in Geisingen 134
Fasnet in Fridingen und Möhringen 136
Beispiele alten Brauchtums 138

Begegnung mit der Geschichte 140
Steinzeitmenschen in der „Jägerhaus-Höhle" unter Schloß Bronnen 140
Das römische Kastell in Tuttlingen 141
Das „Sängergrab" auf dem alemannischen Friedhof bei Oberflacht 142
Die Burg Oberhohenberg 144
Hexenprozesse in Tuttlingen 146
Johannes Spreter, der Reformator von Trossingen 148
„Der Blutstrom floß das Untere Tor hinaus" 150
Noch einmal davongekommen 152
„Die gute alte Zeit" – als 13jähriger Roßbube in Stetten zu Beginn des 19. Jahrhunderts 154
Großmutter Walter erzählt ihren Enkeln von früher 156
Das Konzentrationslager in Spaichingen 160
Gefangenenlager in Tuttlingen 162

Heimat bewahren und gestalten 164
„Von de Leut" 164
„Von dr Sproch" 166
„Von dr Natur, wenn de Glück hast" 170
Ist der Lemberg in Gefahr? 177

Unsere Städte und Gemeinden 178

Orientierung im Heimatraum

Wer kennt schon seine Heimat genau? Das vorliegende Buch „Kennzeichen TUT" will versuchen, einen kleinen Überblick über die heimatkundlichen Besonderheiten unseres Landkreises zu geben. Diese können landschaftlich, kulturell und landesgeschichtlich herausragende Kennzeichen der Heimatlandschaft sein. Neben diesen Besonderheiten will das Buch auch Kenntnisse über Geschichte, Geographie, Raumgröße, Natur, Wirtschaft und Kultur des Landkreises Tuttlingen vermitteln. Dies wird zu einer räumlichen Orientierung und zu einem besseren Verstehen der „Probleme" des Heimatraumes führen. Durch Karten, Bilder, Texte und Tabellen soll

Blick auf Tuttlingen

möglichst anschaulich der Heimatraum vorgestellt werden. Versuchen wir's:
Vom Turm des Lemberges (1 015 m) bietet sich ein weiter Ausblick vom Nordwesten nach Südosten. Bei klarer Sicht und besonderen Wetterlagen ist im Süden und Südwesten die Alpenkette deutlich zu sehen. Im Nordwesten geht der Blick über die am Neckar gelegene Stadt Rottweil hinweg und reicht bis in den Nordschwarzwald. Schaut man nach Süden, so erkennt man im Primtal Spaichingen und die Gemeinde Aldingen mit dem etwas höher gelegenen Aixheim; weiter westlich davon können noch einzelne Häuser der Stadt Trossingen wahrgenommen werden. In südwestlicher Richtung schließt sich im Hintergrund der Hauptkamm des Schwarzwaldes an, wobei das Feldbergmassiv im Südschwarzwald dominiert. Im Vordergrund liegen die Zeugenberge des Albrandes: Hohenkarpfen und Lupfen sowie weitere Erhebungen der Baar-Alb im Bereich des Randen.

Legende

Gebirgslandschaften

- Mittelgebirge
- Hochgebirge

sonstige Landschaften

- weniger fruchtbare Böden
- besonders fruchtbare Böden
- Wiesen und Weiden des Alpenvorlandes
- Wald
- Obst
- Moor
- Wein

- **Stuttgart** 500 000 – 1 000 000 Einwohner
- **Mannheim** 250 000 – 500 000 Einwohner
- **Freiburg** 100 000 – 250 000 Einwohner
- **Tübingen** 50 000 – 100 000 Einwohner
- Backnang 20 000 – 50 000 Einwohner
- 10 000 – 20 000 Einwohner
- unter 10 000 Einwohner

- Staatsgrenze
- Grenze der Bundesländer
- Grenze von Baden-Württemberg
- Grenze des Landkreises

- Eisenbahn
- Autobahn
- Autobahn im Bau
- wichtige Fernstraße
- wichtige Fährverbindung
- internationaler Flughafen

- schiffbarer Fluß
- schiffbarer Kanal
- Staudamm

1 : 1 500 000

0 10 20 30 40 50 km

Ein Landkreis in Baden-Württemberg

Baden-Württemberg ist heute in 4 Regierungsbezirke, 12 Regionen, 35 Land-, 9 Stadtkreise und rund 1 100 Städte und Gemeinden aufgeteilt. Sehr weit im Süden des Landes liegt der Landkreis Tuttlingen. 1973 wurde dieser Landkreis in der jetzigen Gestalt geschaffen; er setzt sich aus Gebietsteilen des früheren Landes Württemberg und im Süden und Südwesten aus Ortschaften, die zum früheren Land Baden gehörten, zusammen.

Der Landkreis erstreckt sich über verschiedene Landschaften: Hauptsächlich wird die Schwäbische Alb berührt; durch diese fließt in einem – zum Teil stark eingekerbten Tal – die Donau. Die Landschaft im Nordwesten des Kreisgebietes wird als Baar bezeichnet.

Durch Baden-Württemberg fließen zwei bedeutende Ströme: der Rhein und die Donau. Durch diese Ströme und deren Nebenflüsse gelangt das Wasser entweder zur Nordsee oder in das Schwarze Meer. Die Trennungslinie des Wassereinzugs wird als Europäische Wasserscheide bezeichnet. Diese führt auch durch den Landkreis Tuttlingen.

Die Ost-West-Ausdehnung des Landkreises beträgt 31 km, die größte Nord-Süd-Erstreckung umfaßt 38 km, und der Kreis besitzt eine Fläche von 734,4 qkm. Nach Einwohnerzahl und Fläche steht er an 33. bzw. 26. Stelle aller Landkreise in Baden-Württemberg. Die Bevölkerungsdichte liegt mit 154 Einwohnern pro qkm weit unter dem Landesdurchschnitt (zum Vergleich Baden-Württemberg: 259,3 Einwohner pro qkm).

Der Landkreis Tuttlingen in Zahlen

Einwohner (etwa):	113 000
Gemeinden (davon 6 Städte):	35
Gesamtfläche:	734,4 qkm
Bevölkerungsdichte:	154 Einwohner / qkm
Höchste Erhebung:	Lemberg 1015 m
Tiefster Punkt:	Hattinger Tal 570 m
Flächennutzung (1985) in ha	
landwirtschaftlich genutzte Fläche:	28 585
nicht genutzte Fläche:	1 244
Wald:	36 252
Verkehrsflächen / Siedlungsflächen:	7 074
Ödland/Gewässer:	2 036
Bevölkerungsstruktur	
weiblich:	58 076
männlich:	54 809
Ausländer:	9,3% = 10 517

Dietingen
Deilingen
Delkhofen
Wehingen
Gosheim
Reichenbach am Heuberg
Frittlingen
Denkingen
Bubsheim
Egesheim
Königsheim
Böttingen
Klippeneck
ROTTWEIL
Wellendingen
Deißlingen
Aixheim
TROSSINGEN
Aldingen
Hofen
SPAICHINGEN
Balgheim
Dreifaltigkeitsberg
Mahlstetten
Dürbheim
Hausen ob Verena
Gunningen
Zundelberg
Durchhsn.
Hohenkarpfen
Rietheim
Weilheim
Seitingen-Oberflacht
Oberflacht
Wurmlingen
Talheim
TUTTLINGEN
Nendingen
MÜHLHEIM a.d. Donau
FRIDINGEN a.d. Donau
Kolbingen
Renquishausen
Bärenthal
Irndorf
Gnadenweiler
Nusplingen
Obernheim
MESS STETTEN
Schwenningen
Heuberg
Beuron
Leibertingen
Buchheim
Neuhausen ob Eck
Liptingen
Emmingen
Möhringen
Möhringer Berg
Immendingen
Hattingen
Hausen
GEISINGEN
Zimmern
Kirchen
Aulfingen
Leipferdingen
Gutmadingen
Mauenheim
Biesendorf
ENGEN
STADT AACH
Eigeltingen
Mühlingen
Nenzingen
STOCK

Der Landkreis im Kartenbild

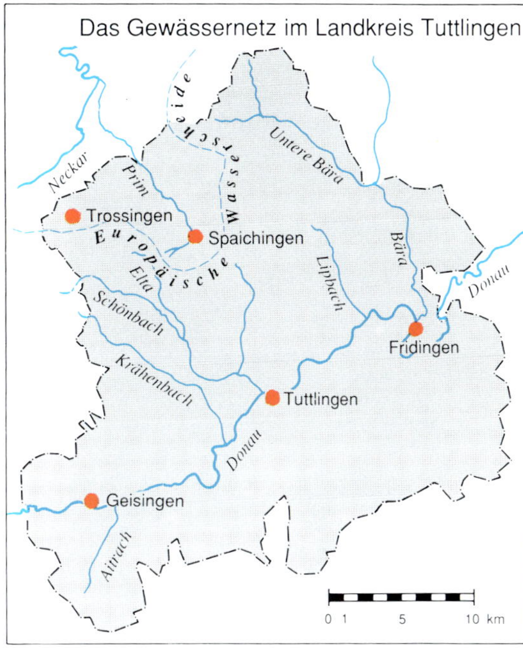

Mehrere Berge der Schwäbischen Alb erreichen im Gebiet des Landkreises Tuttlingen fast die Grenze von 1000 m Meereshöhe; die höchste Erhebung im Landkreis, der Lemberg (1015 m) bei Gosheim, überschreitet sogar diese Höhe. Der tiefste Punkt liegt auf der Markung Hattingen in der Nähe der Talmühle und weist eine Höhe von 570 m auf. Dies bedeutet, daß das Relief im Landkreis über beträchtliche Höhenunterschiede verfügt. Besonders ausgeprägt sind diese am Nordwest-Rand der Schwäbischen Alb, dem sogenannten Albtrauf, und im Donautal östlich von Tuttlingen.

Der Landkreis Tuttlingen besitzt nach der Gemeindereform 1973 heute 35 selbständige Gemeinden, von denen 6 Stadtrecht haben. Diese sind die im Donautal liegenden Städte Geisingen, Tuttlingen, Mühlheim und Fridingen sowie die beiden Städte Trossingen und Spaichingen im Norden des Landkreises. Neben der Kreisstadt Tuttlingen erreicht nur die Stadt Trossingen eine Einwohnerzahl von über 10 000.

In den drei Städten Tuttlingen, Trossingen und Spaichingen wohnt fast die Hälfte aller Einwohner des Landkreises. Alle anderen Städte sind Kleinstädte. Dagegen verfügen mehrere Gemeinden mit ausgeprägter Industriestruktur im Landkreis über eine größere Einwohnerzahl als die Kleinstädte des Donautals.

Bei der Betrachtung des Siedlungsbildes wird eine Verdichtung in Form von Siedlungsbändern im Donautal zwischen Immendingen und Fridingen sowie im Primtal zwischen Aldingen und Tuttlingen deutlich. Diese Siedlungsverdichtung ist naturgemäß mit einer relativen Bevölkerungsballung verbunden. Der Raum Trossingen – Spaichingen erreicht eine Bevölkerungsdichte von über 500 Einwohnern pro qkm und liegt damit weit über dem Kreisdurchschnitt (154 Einwohner pro qkm).

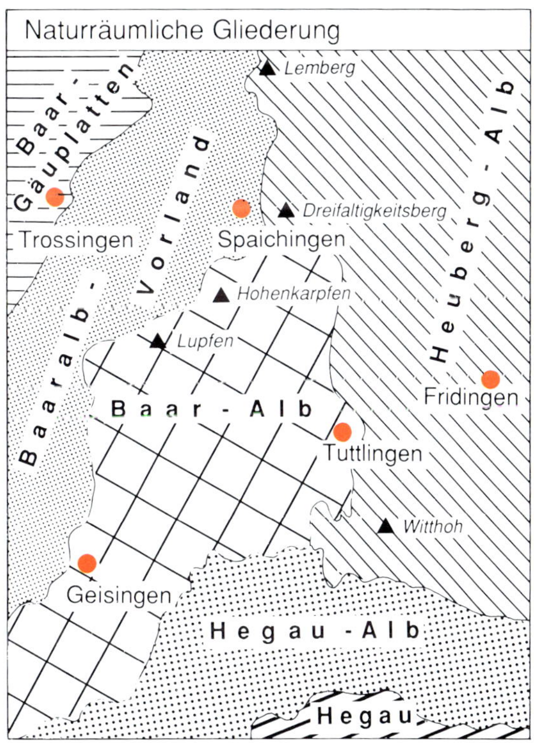

Donautal im Winter: Schloß Bronnen

Landschaften unseres Heimatraumes

Ein guter Heimatkenner hat einmal gesagt: „Die beste Heimatkunde wird mit den Füßen betrieben!" Also machen wir uns auf den Weg.
Gehen wir einmal dem Lauf der Donau nach, die diese Landschaft zusammen mit ihren Nebenflüssen vor sieben Millionen Jahren geformt und gestaltet hat. Da, wo sie ins Kreisgebiet hereinkommt, hat sie ein breites Tal, in dem sie sich in großen Schlingen von einer Talseite zur anderen bewegt. Bei Immendingen verschwindet sie dann plötzlich in die Tiefe und kommt als Kümmer- und Kummerfluß nach Tuttlingen. Nach und nach bringen ihr die linken Nebenflüsse wieder etwas Wasser zu. Hinter Mühlheim verengt sich das Tal, und der Fluß führt uns in das schönste Stück seines langen Weges, in die bizarre Felswelt des Juragesteins.
Auf ihrer rechten Seite wird die Donau von den Höhenzügen der Hegau-Alb und der „Eck" begleitet. Will man die Landschaft links des Flußlaufes erkunden, muß man in die reizvollen Seitentäler hineingehen. Da gelangt man in die Baaralb und hinüber nach Trossingen.
Den wichtigsten Nebenfluß, den Faulenbach aufwärts, kommen wir am Albtrauf entlang nach Spaichingen. Hoch über der Stadt grüßt als Vorposten des Großen Heubergs der Dreifaltigkeitsberg. Auf dem Damm der einstigen Heubergbahn ist ein Wanderweg ausgebaut worden, der uns hinaufführt bis nach Gosheim, wo der höchste Berg der Schwäbischen Alb, der Lemberg (1 015 m), liegt, umgeben von fünf weiteren 1 000-m-Bergen. Vom Turm aus übersieht man die ganze Hochfläche des Heubergs, erkennt im Südwesten die Höhen des Südschwarzwaldes mit dem Feldberg und an klaren Tagen im Süden das Panorama der Schweizer Alpen.
Auf den Karten der Seiten 10 und 11 kann man gut erkennen, wie die Donau und ihre Nebenflüsse das Kreisgebiet gegliedert haben. Man sieht im südwestlichen und westlichen Kreisgebiet die bewaldeten Bergstöcke der Baaralb, erkennt die Prim-Faulenbach-Senke, die sich von Nordwesten nach Südosten hinzieht, nach Nordosten hin begleitet von den weißen Kalkstirnen des Albtraufs. Das nördliche Kreisgebiet bezeichnet man auch als die Hohe Schwabenalb. Man kann von Gosheim aus die Bära verfolgen, die hier die Alb durchquert und den Großen Heuberg vom „Hardt" abtrennt. Bei Fridingen mündet sie in die Donau. Ganz deutlich zu sehen ist die Tuttlinger Donautalweitung mit dem Honberg.
Im Südwesten des Kreisgebiets ist die „Eck" bei Neuhausen und Emmingen-Liptingen eine wellige Hochfläche. Die Täler, die zu erkennen sind, haben keine Bäche mehr. Es sind Trockentäler.
Von Tuttlingen aus südwärts gelangt man zur Hegaualb mit einzelnen Vulkanbergen, die noch zum Kreisgebiet gehören. Der größte Teil von „Unsers Herrgotts Kegelspiel", den markanten Vulkankegeln, liegt schon außerhalb des Kreises, kann aber vom Witthoh aus bis zum Bodensee überblickt werden. Innerhalb der Schwäbischen Alb bezeichnet man die Landschaften des Kreisgebiets auch als Südwest-Kuppenalb mit dem Großen Heuberg, Südwest-Donaualb mit dem Donautal von Geisingen bis Fridingen und den südwestlich sich anschließenden Höhenzügen. Die dritte geographische Einheit ist die mittlere Kuppenalb mit den Baar-Albvorbergen.

Das Donautal

Donautal: Beim Stiegelesfelsen

Nachdem die Donau durch „Brigach und Breg zuweg" gebracht ist, fließt sie östlich von Donaueschingen durch die Baar, eine Hochmulde zwischen Schwäbischer Alb und Schwarzwald.

In einem breiten Tal kommt der Fluß gemächlich in sanften Kehren und Schleifen bei Gutmadingen ins Kreisgebiet. Vom Wartenberg aus, einem Vulkankegel, kann man das Tal mit den sumpfigen Wiesen gut überblicken.

Von Geisingen an beginnt die Donau dann ihren Weg durch das Juragestein der Alb. Aber da passiert dann gleich etwas höchst Seltsames: An über 200 Tagen im Jahr verschwindet der Fluß vollständig an der rechten Seite des Flußbettes durch Schlucklöcher in die Tiefe. Das ist die berühmte Donauversinkung. Untersuchungen haben ergeben, daß das Wasser nach 2 – 3 Tagen in der 12 km Luftlinie entfernten Aachquelle wieder herauskommt und diese zur ergiebigsten Quelle Deutschlands macht. Das Flußbett ist oft ganz ausgetrocknet. Erst die Nebenflüsse, die von Nordwesten her aus der Baaralb kommen, führen ihr wieder etwas Wasser zu. So erreicht die Donau nur noch als Bach die Stadt Tuttlingen. Dort wird sie am Wehr immer wieder aufgestaut, damit das Flußbett in der Stadt nicht ganz leer ist. Nur bei starkem Regen und zur Zeit der Schneeschmelze schwillt der Fluß an. Sonst fließt er als recht kleines Gewässer aus der Stadt hinaus in Richtung Nendingen.

Bis Mühlheim ist das Tal weit und geräumig. Hinter Mühlheim aber hat sich die Donau tief in die Felsenkalke eingesägt und fließt nun in einem engen, windungsreichen Tal zwischen bis zu 150 m hohen Felswänden und bizarren Felsstotzen in Richtung Fridingen. Bei Fridingen, in der Nähe von Bergsteig, verliert sie aber an einer weiteren Versinkungsstelle ihr Wasser noch einmal. Erst nach und nach füllt sich das Flußbett wieder etwas an. Auf der linken Talseite erheben sich mächtige Felsen. Rechts grüßen die Ruine Kallenberg und Schloß Bronnen. Beim Jägerhaus kann man die Donau noch in einer Furt durchqueren. Erst bei Beuron wird sie wieder ein richtiger Fluß.

Die Baaralb

Hohenkarpfen und Lupfen

Gesamtansicht Trossingen

Die linken Donauzuflüsse haben das westliche Kreisgebiet stark gegliedert. Zwischen den Tälern erheben sich die Bergstöcke mit tafelförmigen Hochflächen, die alle bewaldet und unbesiedelt sind. Bei Talheim ist es der Hohenlupfen (877 m) und bei Hausen ob Verena der Hohenkarpfen (912 m), die als markante Albvorberge (auch Zeugenberge oder Ausliegerberge genannt) das Bild der Landschaft prägen. Von Trossingen über Aldingen bis nach Frittlingen zieht sich eine Terrassenfläche hin, die überwiegend ackerbaulich genutzt wird, während an den sich ostwärts anschließenden Hängen Wald- und Wiesengelände vorherrscht.
Die ganze Baaralb ist von zahlreichen flachmuldigen Wiesenbächen durchzogen, von denen der Talbach von Ippingen her, der Krähenbach von Talheim her und die Elta von Gunningen her besonders zu erwähnen sind.
Die Bäche nördlich von Trossingen entwässern schon zur Prim und zum Neckar.
Die Baar ist altes Siedlungsland mit Haufendörfern aus der alemannischen Landnahme. Sehr berühmt geworden ist der Reihengräberfriedhof bei Oberflacht.

Die Prim-Faulenbach-Senke

Klippeneck bei Spaichingen

Dieser breite Talzug, der die Baaralb vom Großen Heuberg trennt, war einst das Tal des Urfaulenbachs, der zur Donau hin floß. Nun trennt die Europäische Wasserscheide zwischen Balgheim und Dürbheim den alten Fluß. Der Faulenbach, der im Egelsee im Dürbheimer Ried entspringt, geht weiterhin zur Donau. Die Prim aber, die bei Balgheim unterhalb des Dreifaltigkeitsberges entspringt, fließt nordwärts und bei Rottweil in den Neckar.

Die Stadt Spaichingen liegt in diesem weiten Talzug also an der Prim, Rietheim-Weilheim und Wurmlingen liegen am Faulenbach.

Dem Ostrand des Talzuges entlang stehen wie in einer Mauer die Felsstirnen des Albtraufs.

Der Höhenunterschied vom Tal zur Höhe beträgt hier über 300 m. Gleich vom Rand oben grüßen die Klosteranlage des Dreifaltigkeitsberges und das Segelfluggelände des Klippenecks.

Wurmlingen

Heuberglandschaft bei Böttingen

Der Große Heuberg

Die kuppige Hochfläche des Großen Heubergs, der das nordöstliche Kreisgebiet einnimmt, gehört in den Bereich der Hohen Schwabenalb mit mehreren 1000 m-Bergen. Weite Ackerflächen, unterbrochen von felsigen Hügeln mit Schafweiden, in denen Wacholderbüsche oder mächtige Einzelbäume stehen, gehören zum Bild dieser Landschaft. Die Täler, die sich hier scharf eingesenkt haben, sind Trockentäler, an deren Rändern helle Felsnadeln aus den Hangwäldern herausleuchten.

Hier oben herrschen niedrige Temperaturen; im Sommer fällt viel Regen, und im Winter gibt es reichlich Schnee. Dennoch gibt es hier große Dörfer mit früh einsetzender Geschichte.

Eine Besonderheit in diesem Raum ist die Untere Bära, die von Gosheim über Wehingen zunächst in den Albkörper hineinfließt, ehe sie sich dann unterhalb Egesheim mit der Oberen Bära vereinigt und dann über Bärenthal donauwärts fließt.

Bei Wehingen nimmt die Untere Bära den Mühlbach auf, der von Deilingen-Delkhofen herkommt. Dieser Mühlbach trennt die beiden höchsten Albberge, den Lemberg und den Oberhohenberg, vom eigentlichen Albtrauf ab und macht sie zu „Auslieger-Bergen".

Bei Bärenthal trennt die Bära das Hardt mit dem Naturschutzgebiet Irndorfer Hardt vom Großen Heuberg ab, obwohl man das Hardt sonst auch zum Großen Heuberg zählen kann.

Die anderen Täler, die zur Donau hin führen, haben nur noch ganz kleine Bäche oder sind schon zu Trockentälern geworden: Ursental, Stettener Tal, Lippachtal und Hintelestal. Eine Besonderheit stellt der Wulfbach bei Mühlheim dar. Er kommt direkt aus einer über 300 m langen Höhle.

Der Höhlenfreund kommt auf dem Heuberg voll auf seine Kosten. Die berühmtesten, gut zugänglichen Höhlen sind die Kolbinger Höhle und die Mühlheimer Felsenhöhle. Die Kolbinger Höhle ist eine Schauhöhle. Die Mühlheimer Felsenhöhle kann man mit Lampen erkunden.

Seit 1985 gehört der Große Heuberg zum Naturpark Obere Donau. Hier oben gibt es noch stille Wanderwege durch parkartige Wiesen und Weiden sowie durch große Tannen- und Buchenwälder.

Hegaublick

Die „Eck" und die Hegaualb

Auch die südlich und südöstlich die Donau begleitenden Höhenzüge haben sich verebnende Hochflächen. Südlich der Linie Geisingen–Immendingen mit der Vulkanruine des Heweneggs beginnt die Hegaualb. Hier ist das Juragestein an vielen Stellen überdeckt von späteren Ablagerungen, vulkanischen Basalttuffen, den zusammengebackenen Schottern der Juranagelfluh und Ablagerungen, die ein Meer, das bis hierher vorgestoßen war, hinterlassen hat (Süßwassermolasse). Südlich von Hattingen liegt das Naturschutzgebiet „Rehletal" und etwas nordwestlich davon das Naturschutzgebiet Hewenegg, ein Krater, der durch den Abbau von Basalt entstanden ist. Mit dem Ort Biesendorf ragt hier ein Stück des Landkreises Konstanz keilförmig ins Kreisgebiet herein. Dieser Keil zeigt auf den Witthoh, ein Landschaftsschutzgebiet und Aussichtsberg ersten Ranges. Von hier aus übersieht man den Hegau am besten. Der Blick reicht nach Süden über den Bodensee hinweg bis zur imposanten Alpenkette vom Hochvogel bis zur Jungfrau.

Man überschaut von hier aus aber auch, wenn man den Blick nordwärts richtet, Teile der Baar, den Albtrauf und die Hochfläche des Heubergs. Bei Emmingen-Liptingen beginnt „die Eck" (Emmingen ab Egg, Neuhausen ob Eck), die den südöstlichen Teil des Kreisgebiets einnimmt. „Eck (Egg)" als Flurname oder im Ortsnamen bedeutet: kantig aufragender Bergrücken, langgestreckter, flacher Höhenzug.

Neben den größeren und kleineren Dörfern Emmingen, Liptingen, Neuhausen, Worndorf und Buchheim findet man hier auch zahlreiche Einzelhöfe und Gehöfte mit Ackerland.

Die Täler, die von der Hegaualb und der „Eck" zur Donau hin führen, sind alle trockengefallen. In diesen donaunahen Bereichen herrscht der Wald vor.

Bei Neuhausen hat der Landkreis ein großes regionales bäuerliches Freilichtmuseum eingerichtet.

Tuttlingens Innenstadt im Luftbild

Die Kreisstadt Tuttlingen

Kurze Geschichte Tuttlingens

Schon die Römer erkannten die strategisch interessante Lage dieses Platzes und befestigten den Donauübergang durch ein Kastell. Nach der Vertreibung der Römer gründeten die Alemannen hier eine Siedlung. Ihr Anführer hieß Tutilo. Ihm verdanken wir den Namen Tuttlingen.

Im späten Mittelalter wurde auf dem Honberg eine Festung errichtet, die vor allem im Dreißigjährigen Krieg heftig umkämpft war und oft ihre Besitzer wechselte.

Ein anderes schweres Schicksal traf die Tuttlinger am 11. November 1803. Damals brannte die ganze Stadt innerhalb der Stadtmauern binnen weniger Stunden ab. Dank der kurz zuvor eingeführten Feuerversicherung und vieler Spenden aus dem ganzen Lande konnte sie in kurzer Zeit wieder aufgebaut werden.

Tuttlingen liegt verkehrsgünstig und bietet Arbeitsplätze

Ob man mit der Bahn nach Ulm, Freiburg, Stuttgart oder nach Italien will, in Tuttlingen kann man einsteigen, ohne umsteigen zu müssen. Tuttlingen ist aber nicht nur Eisenbahnknotenpunkt, sondern auch Schnittstelle mehrerer Bundes- und Landesstraßen. Die Autobahn ist mit dem PKW in 15 Minuten zu erreichen. Diese Lage begünstigte die Ansiedlung von Industrie, Dienstleistungsbetrieben und Verwaltungen in der Stadt. Heute finden etwa 10000 Menschen in Tuttlingen Arbeit, wovon allein mehr als 3000 in einer der 250 Fabriken für chirurgische Instrumente beschäftigt sind.

Tuttlingen ist Verwaltungszentrum

Die frühere Oberamts- und jetzige Kreisstadt ist Sitz des Landratsamtes, hat ein Amtsgericht, ein Arbeitsamt, Landwirtschafts-, Zoll-, und Finanzamt, ein Staatliches Gesundheitsamt, Vermessungs- und Forstamt, außerdem eine Polizeidirektion und 2 Notariate.

Tuttlingen ist Schulstadt

Mehrere tausend Schüler besuchen die 3 Grundschulen, 3 Grund- und Hauptschulen, eine Hauptschule, 2 Realschulen, ein Wirtschafts-, ein Hauswirtschaftliches und 2 Allgemeinbildende Gymnasien, ein Berufsschulzentrum, jeweils eine Sonderschule für Geistigbehinderte, für Lernbehinderte, für Erziehungshilfe, und eine berufliche Bildungsstätte der Handwerkskammer.

Kultur in Tuttlingen

Wer kennt nicht die Geschichte vom Tuttlinger Handwerksgesellen, der in J. P. Hebels Erzählung „Kannitverstan" zur Einsicht kam, daß aller Reichtum dieser Welt nicht vor dem Tode bewahren kann. Eine eindrucksvolle Plastik erinnert an diese literarische Figur. Da durch den Stadtbrand 1803 fast alle Gebäudesubstanz vernichtet wurde, kann Tuttlingen vor allem mit schönen Gebäuden aus dem 19. und dem Beginn des 20. Jahrhunderts aufwarten. So ist die Fassade der Evangelischen Stadtkirche ein Musterexemplar für den Jugendstil. Der aufmerksame Besucher entdeckt bei einem Stadtrundgang noch viele schöne Beispiele dieser Kunstepoche. Das Heimatmuseum birgt eine große Sammlung chirurgischer Instrumente, die bis in die Anfänge dieses Erwerbszweigs zurückreichen. Außerdem sind Werkstätten und Wohnstuben früherer Jahrhunderte zu besichtigen. Eine städtische und zwei private Kunstgalerien, Volkshochschule, Konzert- und Theaterring, Stadtbibliothek und eine stadt. Kunstsammlung bieten dem kulturinteressierten Menschen ein umfangreiches Betätigungsfeld. In der Jugendmusik- und Jugendkunstschule sowie in vielen kulturell orientierten Vereinen finden Kinder und Jugendliche viele Möglichkeiten der musischen Förderung.

Einkauf und Freizeit

Tuttlingen bietet zu jeder Jahreszeit Besuchern und Bewohnern ein reichhaltiges Freizeitangebot. Im

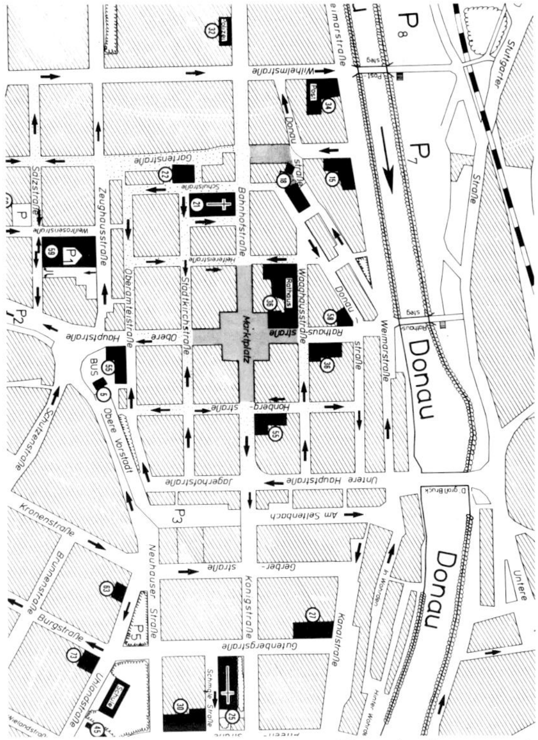

Plan der Innenstadt

Winter hat der Skilangläufer in nächster Umgebung viele Kilometer gespurter Loipe in herrlicher Landschaft zur Verfügung. Für den alpinen Skifahrer gibt es im Umkreis von 10-15 Kilometern Skilifte, die meisten mit Flutlicht-Anlage.

Hallenbad, Freibad, Stadion, Sporthallen und -plätze, Reithalle, Tennisplätze, Minigolf-Anlage und vieles mehr bieten dem Sportler eine große Palette von Möglichkeiten.

Einkaufszentren am Stadtrand sowie Kaufhäuser, Geschäfte und Boutiquen in der Innenstadt bieten eine reichhaltige Auswahl an Einkaufsmöglichkeiten. Die neue Fußgängerzone mit ihren Bänken, Bäumen und einladenden Straßencafés, sowie das Parkhaus und viele stadtnahe Parkplätze wollen den Einkauf und den Aufenthalt in der Stadt zu einem angenehmen Erlebnis machen.

Tuttlingen in Zahlen

32 000 Einwohner

Teilgemeinden seit 1973: Möhringen, Nendingen, Eßlingen.

Kreis Konstanz: Bodensee

Unsere Nachbarkreise

Wie auch beim Landkreis Tuttlingen, ist die heutige Flächengestalt der Nachbarkreise durch die Kreisreform in Baden-Württemberg 1973 entstanden. Bei dieser Reform wurden zum Teil mehrere ehemalige Landkreise zu einem neuen Kreis zusammengefaßt. Die historischen Grenzen der früheren Länder Württemberg, Baden und Hohenzollern wurden überwunden, da sich die Kreiszugehörigkeit einzelner Gemeinden geändert hatte. Dennoch läßt sich auch heute noch feststellen, daß die Landkreise Schwarzwald-Baar und Konstanz überwiegend früheres badisches Gebiet, der Landkreis Rottweil württembergisches und der Kreis Sigmaringen hohenzollerisches Territorium umfassen.

Im Regionalverband Schwarzwald-Baar-Heuberg sind die Kreise Tuttlingen, Rottweil und Schwarzwald-Baar zusammengeschlossen. Aufgabe dieses Verbandes, der seinen Sitz in Villingen-Schwenningen hat, ist es, überörtliche Planungen - man spricht von der Regionalplanung - für Verkehr, Wirtschaft, Bevölkerung u.s.w. zu entwickeln. Der Landkreis Sigmaringen bildet mit anderen Landkreisen den Regionalverband Bodensee-Oberschwaben; der Zollernalbkreis gehört zum Neckar-Alb-Regionalverband und der Kreis Konstanz zum Verband Bodensee-Hochrhein.

Reicht die Bedeutung eines Ortes oder einer Stadt mit ihren Einrichtungen, wie z. B. Geschäfte, Bildungseinrichtungen (Schulen, Hochschulen, Bibliotheken, u.s.w.) und Dienstleistungen, über die eigene Gemeindegrenze hinaus, so spricht man von Zentralität. Betrachtet man das System der Zentralen Orte im Landkreis Tuttlingen und in den Nachbarkreisen, so kann man feststellen, daß nur Villingen-Schwenningen und Konstanz die Bedeutung eines Oberzentrums besitzen; Tuttlingen ist eines von mehreren Mittelzentren der Region.

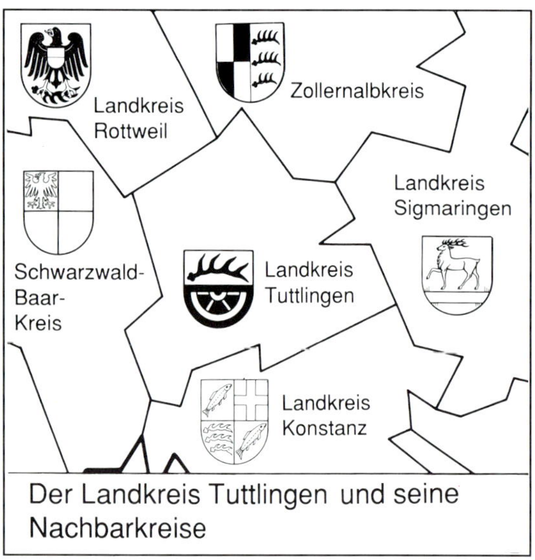

Der Landkreis Tuttlingen und seine Nachbarkreise

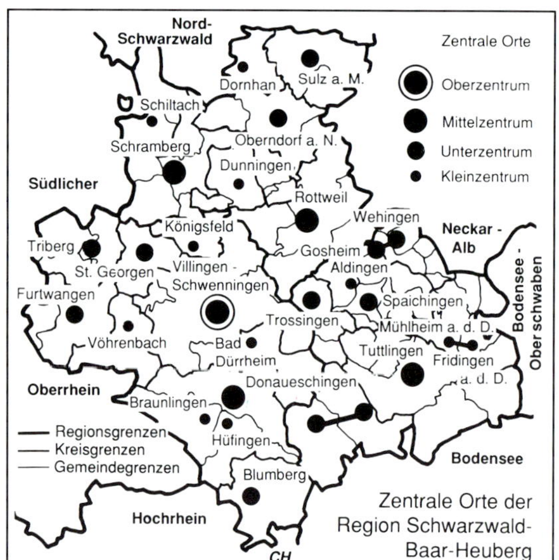

Zentrale Orte der Region Schwarzwald-Baar-Heuberg

Kreis Sigmaringen: Schloß

Zollernalbkreis: Hohenzollern

Kreis Rottweil: Narrensprung

Landschaft im Schwarzwald-Baar-Kreis

Zahlen und Fakten zu den Nachbarkreisen

Landkreis	Einwohner in 1000	Fläche in qkm	Bevölkerungsdichte Ew. / qkm	Sitz des Landratsamtes	größere Städte	Kfz.-Kennzeichen
Rottweil	126	769,4	163,8	Rottweil	Oberndorf Schramberg	RW
Schwarzwald-Baar-Kreis	194	1 025,3	189,8	Villingen	Furtwangen Donaueschingen St. Georgen	VS
Zollernalbkreis	170	917,7	185,9	Balingen	Albstadt	BL
Sigmaringen	114	1 204,3	95,2	Sigmaringen	Meßkirch	SIG
Konstanz	220	818,0	286,5	Konstanz	Singen Radolfzell	KN

Gemälde von Karl Demetz

Künstler sehen unsere Heimat

Karl Demetz

Im Heimatmuseum in Trossingen ist auch eine Karl-Demetz-Stube eingerichtet. Sie ist dem Gedenken des Malers Karl Demetz gewidmet, der 1909 in Trossingen geboren wurde. In dieser Stube hängen zahlreiche Bilder aus dem reichen Schaffen dieses Künstlers, dem es in ganz besonderer Weise darum ging, den Menschen durch seine Kunst den Blick für die Schönheiten in ihrer Umgebung zu öffnen, für die Straßen und Häuser, in denen sie wohnen, für die Landschaft, die sie umgibt und vor allem auch für die Tiere, die den Menschen im Leben begleiten. Doch findet man auch Bilder mit Landschaften und Bauwerken aus Rußland, Griechenland, Bulgarien und Jugoslawien, die er als Soldat im Krieg und in der Gefangenschaft gemalt hat.
Schon als 13jähriger Schüler fing Karl Demetz in der Schule in Trossingen an, mit höchster Genauigkeit seine Mitschüler zu zeichnen. Diese Porträts seiner Schulfreunde sind heute besonders reizvolle Ausstellungsstücke in der Demetz-Stube.
Sein damaliger Lehrer Otto Rudolph entdeckte sein zeichnerisches Talent und förderte es. So kam Karl Demetz bereits mit 15 Jahren in die Lehre des Kunstmalers Richard Herdtle in Stuttgart.
Er machte sich bald einen Namen als Tier- und Landschaftsmaler, wobei er sich seine Motive für die künstlerische Gestaltung vor allem auf der Schwäbischen Alb suchte.
In seiner Gestaltungsfreude ging er vom Guten im Menschen und in allen Wesen aus und wollte auch den Betrachtern seiner Werke Edles, Schönes und Harmonisches in der heimatlichen Welt zeigen.
Er starb im Jahre 1986. In seinen Bildern lebt er mit seiner Liebe zu Menschen und Tieren, zu Landschaft und Natur weiter. Und dem Betrachter, der vor diesen Bildern verweilt, erschließt sich im Verweilen diese tiefe Liebe.

Xaver Bucher

Xaver Bucher: Stiller Winkel in Fridingen

Aus Fridingen an der Donau stammt der „Eck-Xaver", wie ihn die Leute im Städtchen liebevoll nannten, der Lehrer und Maler Xaver Bucher.
Schon als Schüler in der Schule seiner Heimatstadt fiel er mit seinen exakten Zeichnungen auf. Erhalten ist aus dieser Zeit noch die bis in feinste Details ausgearbeitete Zeichnung eines Schnekkenhauses, das er als 13jähriger Schüler gemalt hat.
Xaver durfte dann Lehrer werden. Malen und Zeichnen blieben seine Lieblingsfächer. Und er brachte es darin bald zu hoher Meisterschaft.
Er hatte immer und überall den Zeichenstift dabei, zeichnete mit behendem Strich oft Personen: Waldarbeiter, Bauern, Handwerker, seine Mutter.
Im Städtchen zeichnete er die verborgenen Winkel und engen Gäßchen, alte Häuser, Tore und Türme. Und wohin er auch als Lehrer kam, überall fand er lohnende Motive für sein unentwegtes Schaffen. In der Schule kam es oft vor, daß er mit dem Rücken zur Wandtafel stand, seine Schüler während einer Erzählung ständig im Auge behielt und währenddem hinter dem Rücken die Kreide flink handhabte, so daß, wenn er zur Seite trat, zur Überraschung der Schüler plötzlich ein illustrierendes Bild an der Tafel war.
In seinen Aquarellen zeigte er sich als liebevoller Chronist des ländlichen Lebens. In figurenreichen Bildern hielt er das Alltags- und Festtagsleben der ländlichen Bevölkerung im Jahreslauf fest.
Für das erste Lesebuch nach dem II. Weltkrieg lieferte er die Illustrationen. Außerdem zeichnete er die skurrilen Figuren aus der heimatlichen Sagenwelt.
Er blieb zeitlebens einfach und bescheiden, verschenkte seine Bilder und Zeichnungen und hatte die meiste Freude daran, anderen Menschen Freude zu bereiten. 1959 starb er in Fridingen. Erst nach seinem Tode ging man eigentlich seinem Werk richtig nach und entdeckte seine hohe künstlerische Qualität und sein reiches Lebenswerk.

Hermann Hesse

„Ehe wir uns Tuttlingen näherten, wurde es Nacht... Nun war ich in Schwaben, in meiner Heimat, und sollte wieder einmal in einem schwäbischen Städtchen übernachten."
Hermann Hesse war froh und gutgelaunt, als er auf seiner Reise vom Tessin nach Nürnberg Station in Tuttlingen machte. Bei der Bahnfahrt von Singen nach Tuttlingen hatte ein nörgelnder Geschäftsmann dem Schriftsteller partout die Laune verderben wollen, was ihm indessen nicht gelingen konnte, denn Hesse sollte in Tuttlingen glückliche Stunden verbringen. Das mußte einfach gelingen, denn der Dichter schätzte bei seiner Ankunft bereits das Selbstverständlichste, er befand sich unmittelbar vor einer gewaltigen Gefühlswallung, die ihn bei einem Spaziergang durchs nächtliche Tuttlingen übermannte.

Gleich nach seiner Ankunft labte sich der gebürtige Calwer an einer Hühnersuppe („Die war gut..."), dann begab er sich - beschienen vom Vollmond - auf seinen nächtlichen Spaziergang: „Ich schlug den Mantelkragen hoch, steckte eine Zigarre an und schlenderte los. Die Hauptstraße kannte ich schon, und sie schien mir dem Ideal eines abendlichen Schwabenstädtchens nicht sehr nahzukommen", formulierte Hesse einen ersten Eindruck vom Stadtbild. Dann „schlug" er sich in die „erste Seitengasse, stolperte über einiges Gerümpel und einen niederen rasigen Abhang hinab, und plötzlich war der Mond wieder da und spiegelte sich in einem wunderbaren stillen, nächtigen Gewässer, und spitze Giebel stachen in den bleichen Himmel, weit und breit kein Mensch, hinter einem Hofzaun ein bellender Hund". Das brachte Hesse auf grundsätzliche Gedanken und ließ ihn sein Dichterwerden nacherleben: „Langsam ging ich gaßauf und gaßab, über eine Brücke und wieder zurück; kühl duftete das Wasser herauf, die spitzen Giebel waren wie in meinem Heimatstädtchen, und während ich der Heimat dachte und meines törichten Lebens und einsamen Alterns, kam zwischen Dächerschluchten wieder der Mond herauf, schon weiß und klein, und in diesem Augenblick besuchte mich eine Erinnerung aus der Knabenzeit. Es fiel mir der Augenblick wieder ein, der mich vielleicht zum Dichter hat werden lassen", erinnert sich Hesse und rezitiert im nächtlichen Tuttlingen - so jedenfalls lesen wir es in der „Nürnberger Reise" - einige Verse aus dem Hölderlin-Fragment „Die Nacht":
„Die Nacht kommt voll mit Sternen, und wohl wenig bekümmert um uns glänzt die Erstaunende dort, die Fremdlingin unter den Menschen, über Gebirgshöhn traurig und prächtig herauf."
Und während der Dichter seine frühen literarischen Erfahrungen rekapituliert, kam er mitten im mondhellen Tuttlingen zu folgendem Schluß: „Und wenn die Reise mir nichts mehr bringen würde als Enttäuschungen – dieser Augenblick unterm Tuttlinger Mond mit dem unversehens auferstandenen Hölderlinwort war Ergebnis genug."
„Ergriffen und auch getröstet von der unverhofften Begegnung mit einem der Heiligtümer meiner Jugend" sucht Hesse sein Nachtquartier auf.
Im Schlafe kann er indessen die nächtliche Begeisterung nicht in den neuen Tag hinüberretten: „Wenn ich am anderen Morgen das Städtchen Tuttlingen merklich entzaubert fand, so lag das bloß an mir und an meiner Unfähigkeit, in den Morgenstunden der Welt irgend etwas abzugewinnen, sondern es wird mir von soliden Zeugen bestätigt, daß Tuttlingen im ganzen eher eine nüchterne Stadt genannt werden kann."
Doch Hesse wollte sein nächtliches Erleben durchaus konservieren und fand auch eine Erklärung für seinen Gefühlsausbruch in der „nüchternen Stadt": „So war ich also gerade im rechten Augenblick hierher gekommen, in der einen, unendlich seltenen, begnadeten Stunde, wo Tuttlingen eine geheimnisvolle Märchenstadt gewesen war. Nun war es leicht, den Ort zu verlassen . . ."

Johann Wolfgang von Goethe

Den Ort zu verlassen fiel auch jenem Genius nicht schwer, der allgemein für den größten deutschsprachigen Dichter gehalten wird: Johann Wolfgang von Goethe. Gleich zweimal – in der Nacht vom 16. zum 17. September und vom 26. zum 27. Oktober – nächtigte Goethe auf seiner dritten Reise in die Schweiz im Tuttlinger Gasthof „Hirsch" am Marktplatz. Einen tieferen Eindruck hat die Stadt auf ihn offenbar

nicht gemacht, wohl aber liefert er an verschiedenen Stellen einige Beschreibungen der hiesigen Landschaft:
„Den 16. September fuhr ich von Tübingen über Hechingen, Balingen und Wellendingen nach Tuttlingen. Die Tagesreise ist groß, ich machte sie von vier Uhr des Morgens bis halb neun des Abends. Anfangs gibt es noch fürs Auge angenehme Gegenden, zuletzt aber, wenn man immer höher in der Neckarregion hinaufsteigt, wird das Land kahler und weniger fruchtbar, erst in der Nacht kam ich in das Tal oder die Schlucht, die zur Donau hinunterführt; der Tag war trüb, doch zum Reisen sehr angenehm." So beschreibt Goethe seine Ankunft in Tuttlingen, um sogleich – ohne ein Wort über die Stadt verloren zu haben – im wahrsten Sinne des Wortes fortzufahren: „Den 17. von Tuttlingen auf Schaffhausen. Bei dem schönsten Wetter, fast durchgängig, die interessanteste Gegend." Und dann erfährt der Leser, wieso der Dichter von der Stadt so wenig wahrgenommen hat: „Ich fuhr von Tuttlingen um sieben Uhr bei starkem Nebel aus, aber auf der Höhe fanden wir bald den reinsten Himmel, und der Nebel lag horizontal im ganzen Donautal. Indem man die Höhe befährt, welche die Rhein- und Donauregion trennt, hat man eine bedeutende Aussicht, sowohl rück- als seitwärts, indem man das Donautal bis Donaueschingen und weiter überschaut."

Jung-Stilling

Ausführlicher als Goethe hat sein Freund, der bekannte Augenarzt Jung-Stilling, kurze Zeit darauf, im März 1801, als er auf einer Reise von Marburg nach Winterthur den Witthoh passierte, die Aussicht von dort geschildert. Er schrieb darüber in seiner Lebensgeschichte: „Auf dem Wege von Tuttlingen nach Schaffhausen - wenn man nämlich über die Höhe fährt - gibt es einen Ort, von dem man eine Aussicht hat, die für einen Deutschen, der noch nie in der Schweiz war und Sinn für so etwas hat, erstaunlich ist. Man fährt von Tuttlingen aus allmählich die Höhe hinan und über diese hinaus bis vorn auf die Spitze; hier hat man nun folgenden Ausblick: Linkerhand gegen Südosten, etwa eine Stunde weit in gerader Linie, steht der Riesenfels mit seiner nunmehr zerstörten Ruine Hohentwiel, und rechterhand gegen Südwesten, ungefähr in derselben Entfernung, trotzt einem sein Bruder, ein ebenso hoher und starker Riese, mit seiner ebenfalls zerstörten Feste – der Postillion sagte: der hohe Stoffel – entgegen. Zwischen diesen beiden Seitenpfosten zeigt sich nun folgende Landschaft: Links, längs dem Hohentwiel hin, etwa drei Meilen weit, glänzt einem der Bodensee, weit und breit wie schmelzend Silber entgegen; an der Südseite desselben übersieht man das paradiesische Thurgau und jenseits die Graubündner Alpen; mehr rechts den Kanton Appenzell mit seinen Schneebergen, den Kanton Glarus mit seinen Riesengebirgen, besonders den über alle emporragenden Glärnisch, der hohe Säntis mit den sieben zackigen Kurfirsten liegt mehr östlich; so sieht man die ganze Reihe der Schneeberge bis in den Kanton Bern hinein, und man überblickt einen großen Teil der Schweiz. Wenn man die ganze Alpenkette längs dem Horizont hin liegen sieht, so kommt sie einem wie eine große Säge vor, mit der man den Planeten spalten könnte!"

*

Ein Blick auf die moderne Romanliteratur zeigt, daß Tuttlingen immer wieder als nicht zu umgehender Schauplatz einer Geschichte Eingang in die Literatur findet, insofern also die Tradition der Goethezeit und der Romantik durchaus weiterlebt.
So etwa in Martin Walsers „Seelenarbeit", wo der Cheffahrer Xaver Zürn auf der Fahrt durch die Donaustadt sich unter besonders heftigem Stuhldrang windet.
In Hans Blickendörfers Roman „Die Baskenmütze" ist Tuttlingen am Ende des Buches der Ort, den es zu fliehen gilt. Der Romanheld ist auf der Flucht durch die Besatzungszonen im Lager Mühlau gelandet, und dort ist sein einziges Trachten: Weg aus Tuttlingen!
Vielleicht muß man, wie Hermann Hesse, als Literat „gerade im rechten Augenblick hierher kommen, in der einen begnadeten Stunde, wo Tuttlingen eine geheimnisvolle Märchenstadt" ist. Das scheint – so lehrt's ein Blick in die Literatur mit Bezügen zur Donaustadt – bislang nur Hermann Hesse gelungen zu sein. Aber das muß ja nicht so bleiben.

Tuttlingen, Firma Aesculap, Bahnhof

Karl Martin: Auf dem Witthoh

Arbeit und Industrie

Die Landwirtschaft prägte über viele Jahrhunderte hinweg das tägliche Leben in unserer Gegend: Auf den Äckern wurden Getreide und Feldfrüchte angebaut, auf den Wiesen das Heu für den Winter geerntet. Der Wald lieferte nicht nur das Holz, er wurde auch als Weide genutzt. Die Menschen lebten von der Natur, aber auch mit der Natur, die Jahreszeiten bestimmten den Arbeitsrhythmus. Im Sommer gab es noch keinen Achtstundentag, dafür schaffte man im Winter etwas gemächlicher.
Die Arbeit war oft hart, das Leben entbehrungsreich, gaben die kargen Böden in manchen Jahren ja nicht einmal das Notwendigste.
Viele Menschen betrieben daher neben ihrem Gütle noch ein Handwerk oder verdienten sich mit Heimarbeit etwas dazu. Dann waren Wohn- und Arbeitsstätte unter einem Dach. Alle halfen mit, die Kinder wuchsen von klein auf in die Arbeitswelt hinein. Manche dieser Nebenerwerbsbetriebe entwickelten sich im Laufe der Zeit zu großen Industrieunternehmen, die an einem Platz Arbeit für viele bieten.
Aber nun liegen oft weite Wege zwischen Heim und Arbeitsstätte, der Arbeitstakt wird bestimmt von Tarifvertrag und Stechuhr. Nicht für jeden ist das ein reines Vergnügen. Andere haben das Glück, ihren Traumberuf wählen zu können. Dann bringt die Arbeit mehr Freude und Erfüllung.
Auf jeden Fall aber können mit dem verdienten Geld die notwendigen Dinge des Lebens gekauft oder sogar besondere Wünsche erfüllt werden – leider nicht von allen: Es gibt auch Menschen, die keine Arbeit finden. Sie haben dann das Gefühl, wertlos zu sein, denn etwas zu schaffen, etwas zu erschaffen, ist ein Grundbedürfnis des Menschen.

Auf dem Weg zum Kartoffelstupfen, 1939

Vom Sächle auf dem Heuberg zum landwirtschaftichen Intensivbetrieb

Strukturwandel in der Landwirtschaft

Vor 50 Jahren hätte sich Bauer Franz Schad kaum vorstellen können, welche Veränderungen sich im Laufe der Zeit auf seinem Anwesen einstellen würden. Er bewirtschaftete mit seinen Eltern und seinem Sohn den 11 Hektar großen Hof und hatte dabei alle Hände voll zu tun. Eigene Maschinen konnte er sich keine leisten, und so dauerte die Heuernte drei bis vier Wochen bei einem 16-Stundentag. Immerhin besaß er schon Pferde, die ihm den Wagen, den Pflug und die Egge zogen, während andere Bauern noch Kühe vorspannten. Die Kühe wurden von Hand gemolken, das Getreide mit einer besonderen Sense, dem sogenannten Hafergeschirr, gemäht, zu Garben gebunden und nach Hause gefahren. Dort übernahm eine Dreschmaschine im Stundenlohn beim Roggen, dem Hafer und der Gerste die mühevolle Drescharbeit, während der Dinkel, eine heute fast unbekannte Getreidesorte, noch mit einer Handwalze von seiner Spreu getrennt werden mußte. Im Winter arbeitete Franz Schad im Wald und fällte dort mit Säge und Axt die Bäume. Seine zwei Pferde waren ihm beim Schleifen der Stämme eine große Hilfe. Die notwendigen Kenntnisse über die Landwirtschaft erwarb er durch die tägliche Arbeit von Kindesbeinen an.

Aussiedlerhof Josef Schad

Es war für Franz Schad nicht einfach, auf dem steinigen Boden der Albhochfläche so viel zu erwirtschaften, daß er die ganze Familie davon ernähren konnte. Als sein Sohn Josef Schad den Hof übernahm, gab es auf dem Anwesen 2 Pferde, 6 Rinder, 4 Schweine und etwa 15 Hühner. Er dehnte den Hof auf das beinahe zehnfache der vormaligen Größe aus, indem er von anderen Kleinbauern, die in der Industrie Arbeit gefunden hatten, Felder pachtete. Um kürzere Anfahrtswege und genügend Platz für den erweiterten Betrieb zu haben, baute Josef Schad inmitten seiner Felder einen modernen Aussiedlerhof mit einem Stall für 60 Rinder. Viele Maschinen erleichtern heute die Feldarbeit. Für die Heuernte benötigt er nur noch wenige Tage, sein 4-Scharpflug am allradbetriebenen Traktor braucht kaum noch eine Stunde, um einen Hektar Land zu ackern. Bei der Getreideernte leistet heute ein Mann mit einem Mähdrescher die gleiche Arbeit in einer Stunde, wofür früher eine ganze Handvoll Menschen eine Woche benötigt haben.

Franz Schads Enkel Gottfried wird bald den Hof übernehmen. Er hat auf der Landwirtschaftsschule den Meister gemacht und wird den Hof wie ein modernes Unternehmen führen. Doch Gottfried Schad hat große Sorgen: „Ich weiß nicht, ob in Zukunft selbst ein 100 Hektar großer Hof noch eine Familie ernähren kann. Seit der neuen Milchquotenregelung und nach dem Absinken der Getreidepreise auf beinahe die Hälfte des früheren Erlöses arbeiten wir hier fast umsonst. Meine Frau fährt täglich in die Stadt zum Arbeiten, ich selbst habe im Winter bei einem Transportunternehmen Arbeit gefunden, damit wir den Hof halten und uns das Notwendigste leisten können. Eine Umstellung auf andere Erzeugnisse als Gras und Getreide ist unmöglich, da der Boden zu karg und die Wachstumsperiode infolge der langen Winter viel zu kurz ist."

Betriebsspiegel	1938	1988
Hofgröße	11 ha	ca. 100 ha
Arbeitskräfte	4	2
Viehbestand	6 Rinder, 4 Schweine, 2 Pferde, 15 Hühner	60 Rinder inkl. Jungtiere
Maschinen und Geräte	Wagen, Pflug, Sense, Hafergeschirr und andere Handgeräte.	3 Schlepper, 2 Ladewagen, Mehrscharpflug, Bodenbearbeitungsmaschinen, Vakuumfaß, Kreiselmäher, Kreiselheuer, Miststreuer, zusammen mit anderem Landwirt eine Großballenpresse und eine Melkanlage mit Milchcontainer.

Verdiente Pause: Über dem Feuer wurde die Suppe gewärmt

Bei den „lustigen Holzhackerbub'n"

Waldesstille – Vogelgezwitscher – ab und zu das Rätschen eines Hähers. Plötzlich zerreißt ein ohrenbetäubender Lärm die Idylle. Ein Geknatter – ein aufheulender Motor – dann ein jammervolles Gezeter. Kurz darauf der laute Ruf „Achtung! Baum fällt!" Noch ein paar Axtschläge, dann ein Krachen und Rauschen, ein dumpfer Aufprall – und die mächtige Tanne liegt am Boden: Der Holzfäller ist am Werk. Gleich kann die Arbeit weitergehen, denn alles, was der Forstwirt – so heißt ein gelernter Waldarbeiter – zur weiteren Aufbereitung des Baumes braucht, trägt er griffbereit am Gürtel. Er hängt das Maßband am unteren Ende des Stammes ein und trennt zum Wipfel hin die Äste mit der Motorsäge ab. So kann gleichzeitig die Länge des Baumes festgestellt oder sogar sofort eine Einteilung in einzelne Stücke vorgenommen werden. Mit dem Wendehaken wird die Tanne nun auf die andere Seite gedreht und auch hier entastet. Schon ist der Stamm so weit, um an den Lagerplatz transportiert werden zu können. Entrindet werden die Bäume nur noch, wenn der Abnehmer das nicht im eigenen Betrieb selbst besorgt. Das geschieht hauptsächlich mit einer mobilen Entrindungsmaschine, die angemietet und am Lagerplatz aufgestellt wird. Starke Greifarme nehmen die Stämme auf und lassen sie durch die Maschine laufen. Nur auf besonderen Wunsch werden die Bäume von Hand, mit dem Schäleisen „gereppelt". Das kostet aber viel Kraft und vor allem Zeit – und Zeit ist Geld! In dieser Hinsicht war die Einführung der Einmannmotorsäge nach dem Zweiten Weltkrieg direkt revolutionär, erbringen damit doch 12 Arbeiter dieselbe Leistung wie zuvor 35. Leichter ist die Arbeit aber nicht geworden (so eine Motorsäge wiegt immerhin zwischen 4 und 9 kg, und dazu das ständige Vibrieren!), und „lustig" ist das Holzfällerleben auch nicht mehr: Zwar arbeiten aus Sicherheitsgründen immer noch meist 2 Waldarbeiter zusammen und mehrere in einer Rotte, aber im Grunde schafft jeder für sich allein. Lärm und Gehörschutz lassen keinen Raum mehr für eine kleine Unterhaltung neben der Arbeit oder auch nur ein paar Worte hin und her. Aber Vorsorge muß sein, daher ist ein Helm mit Gesichtsschutz ebenso Vorschrift wie die Sicherheitshandschuhe, was deshalb auch komplett gestellt wird. Für Schnittschutzhose und Sicherheitsschuhe sowie für die Motorsäge, die dem Waldarbeiter selbst gehört, gibt's einen Zuschuß entsprechend den geleisteten Arbeitsstunden.

Eine so streng festgelegte „Kleiderordnung" gab es bei den Holzfällern der früheren Jahre noch nicht. „Mit 14 Jahren, nach der Schule, habe ich beim Forstmeister nachgefragt, ob ich im Wald mitarbeiten darf", erzählt ein alter Waldarbeiter, der heute mit 79 Jahren immer noch gern „ins Holz" geht - jetzt aber mehr für sich oder auch mal für einen Nachbarn. „Wenn du eine Säge hast, kannst kommen", lautete der Bescheid. Die hatte er, eine lange Waldsäge, die von zwei Mann in gleichmäßigem Rhythmus abwechselnd hin und her gezogen werden mußte – „ja nicht geschoben, sonst hat's geklemmt!" Wenn zwei sich gut darauf verstanden, ging's ruck-zuck, das Fällen oder Zersägen des Stammes. Das Entasten wurde mit der Axt besorgt, und das Entrinden natürlich nur von Hand, mit dem „Reppler". Angezogen wurde, was man auch sonst trug: feste Schuhe, später auch Gamaschen und Knieschützer, Lodenjuppe, Mütze, Hut oder Kappe. Denn meist war es kalt: Normalerweise wurde nur im Januar/Februar Holz geschlagen. Zum einen stand da der Baum noch nicht im Saft, zum anderen betrieben die Waldarbeiter in der Regel noch eine Landwirtschaft zu Hause und hatten daher nur dann Zeit. Gearbeitet wurde aber – sofern es ging – bei jedem Wetter, Schlechtwettergeld gab es nicht. Auch sonst war die Arbeit nicht leicht. Das Beigholz – ein bis zwei Meter lange Stücke – trug man auf den Schultern aus dem Wald heraus bis an den Weg, wo es aufgeschichtet wurde.

Holz rücken mit Kaltblüter

Für's Stammholz gab's Hilfe, den Schleifer. Kräftige Kaltblutpferde zogen auch die längsten Baumriesen durch die zuvor geschlagene Rückegasse. Das Pferd wurde später weitgehend von der Technik verdrängt, schwere Traktoren ratterten durch den Wald. Heute werden wieder vermehrt Pferde eingesetzt, da sie den Boden weniger aufwühlen und verdichten und immer bis zum Holz geführt werden können. Das Schleifen geht manchmal über eine längere Strecke, denn das Holz muß „autoverladbar" bereitgestellt werden, so daß es auch große Laster dort abholen können.

Und was geschieht mit dem Rest, der zurückbleibt? Vielleicht finden sich fleißige Hände, die in den „Reisschlag" gehen und so den Wald aufräumen. Zum Teil verarbeitet ein Häcksler das Geäst, und der Abfall wird als Mulche wieder dem Wald zugeführt. Manchmal steigen auch dunkle Rauchschwaden aus den Baumwipfeln auf: Um den gefürchteten Borkenkäfern keine Niststätte zu bieten, werden die Reste verbrannt.

Waldarbeiter mit Motorsäge

Der Wald, einstmals gemeinschaftlich genutztes Weideland und heute meist stolzer Besitz einer Gemeinde, kann immer noch den Gemeinschaftssinn wecken. Wie damals bei der großen Sturmkatastrophe 1967, als die Bäume mannshoch kreuz und quer durcheinanderlagen. Die ganze Gemeinde kam auf die Beine – einige Betriebe schafften kurz, mancher vergaß Streit und Hader mit seinem Nachbarn – alle halfen zusammen, um den Wald wieder in Ordnung zu bringen.

Schäfer in traditioneller Tracht

Schäfer, sag, wo willst du weiden?

Schwäbische Alb – da denkt man an Tropfsteinhöhlen, Wacholderheiden und gemächlich dahinziehende Schafherden. Der geologische Unterbau des Mittelgebirges, der wasserdurchlässige Weißjura, läßt nur kargen Pflanzenbewuchs auf den weiten Hochflächen zu, für die genügsamen Schafe reicht es jedoch noch allemal.

Die spitzen Mäuler der Vierbeiner erreichen auch noch die kurzstieligen Gräser. So wird Land, das sonst nicht mehr für Landwirtschaft zugänglich ist und brachliegen würde, vor Verkrautung geschützt. Fast bis zum Ende des vorigen Jahrhunderts, bis zum Beginn des Welthandels, war die Wanderschafhaltung eine der wichtigsten Lebensadern der Wirtschaft in dieser Region. Davon künden noch zahlreiche alte Schafhäuser in den Gemeinden des Heubergs. Alles am Schaf war wertvoll: Es lieferte Milch, Wolle, Fett und Fleisch. Außerdem: „Das Schaf hat einen goldenen Huf", lautet ein Spruch der alten Schäfer, „wo es hintritt, ist es gut!"

Gemeint ist das Land, das nur davon profitiert, wenn eine Schafherde darüberzieht („tröplet"). Die Maulwurfshügel und -gänge werden zertreten, und die Ackerkrume mit Wintergetreide wird verdichtet, so daß die junge Saat nicht „auswintert", d.h. im Wechsel von Frost und Auftauen erfriert. Früher kam es sogar vor, daß ein Schäfer gebeten wurde, ein Feld zu tröplen. Dung fiel dabei ebenfalls ab, und der Schäfer bekam dafür sogar noch Entgelt. Auch für den Klee ist es nicht gut, wenn er zu hoch „in den Winter geht".

„Aber die Bauern heute wissen das ja nicht mehr so", meint der Schäfer, den ich bei seiner Herde besuche. Er trifft da schon mal auf einen Pflock mit einem Heuwisch daran, der ihm bedeutet, das Feld nicht abzugrasen. In der Hauptsache beweidet er aber sowieso „eigenes Gebiet": Er hat die Schafweide von der Gemeinde gepachtet, die schon über 100 Jahre nur als solche genutzt wird.

„Sie können jeden Tag vorbeikommen", hat mich der Schäfer am Telefon eingeladen, „auch am Sonntag, Sonntag gibt's für mich keinen." Tag für Tag, bei Wind und Wetter, steht er draußen bei seinen Schafen, etwa 300 an der Zahl. Nachts kommen sie in den Pferch, bei sehr schlechtem Wetter auch mal in den Schafstall. Er selbst schläft zu Hause, im Dorf.

Es ist Mitte Juni, als ich dem Schäfer das erste Mal begegne. Die Schafschur liegt bereits hinter ihm. „Heute geht das schnell. Da kommt ein Schurtrupp, und in einem Tag sind alle durch!" berichtet der Mann.

„Früher machten das die Frauen. Eine Spitzenkraft schaffte bis zu 33 Schafe am Tag, von Hand - mit einer mechanischen Schere!"

Ob er mit dem Ertrag zufrieden sei, frage ich ihn. „Die Wolle bringt's it", lacht er, „davon würde man bankrott gau!"

Kein Anlaß mehr, um nach zwei Tagen Wollmarkt, wo ganze Wagenladungen Wolle im Fruchtkasten in Tuttlingen umgeschlagen wurden, noch einen Tag zu festen, wie das bis zum 1. Weltkrieg üblich war. Bringen tut's höchstens noch das Fleisch, aber: „Eigentlich lohnt sich's nicht, aber was lohnt sich heute noch in der Landwirtschaft? Die vielen Auslagen!" schimpft er.

Neben der Schafhaltung bewirtschaftet der Mann noch einen kleinen Hof. Während der Heuarbeiten hilft ihm ein alter Schäfer beim Hüten aus. Ein Teil der Ernte wird vorsorglich an den Kaiserstuhl verfrachtet, als Zufutter, wenn auch im wärmeren Rheintal einmal der Schnee das ohnehin spärliche Gras zudeckt. Denn dorthin zieht die Herde auf die Winterweide. Im Oktober geht es los: Zunächst auf die Herbstweiden bei Gunningen - Seitingen - Oberflacht - Hausen ob Verena. Auch diese Felder hat der Halter zuvor pachten müssen.

Schäfer heute

Je nach Wintereinbruch beginnt dann um Weihnachten herum die große Wanderung über den Schwarzwald: Bad Dürrheim - Herzogenweiler - Furtwangen - durch das Simonswäldertal. Etwa zwei Wochen wird er unterwegs sein. Der Weg ist vom Landratsamt genehmigt und im Kontrollbuch registriert. Die Tiere müssen vom Amtstierarzt untersucht worden sein. Um sie vor Ungeziefer zu schützen, werden sie einmal im Jahr regelrecht gebadet, früher noch einzeln in der Wanne, heute besucht ein moderner Badewagen die Herden. Auch bei ernsthafteren Verletzungen oder Krankheiten wird der Arzt gerufen. Kleinere Blessuren kann der Schäfer selbst behandeln. Gelernt hat er das einfach so, abgeschaut bei anderen Schäfern. Eigentlich ist das heute ein Lehrberuf mit Gesellenabschluß. Früher sind die Söhne von Kindheit an in den Beruf des Vaters hineingewachsen.

Ende Februar bis Mitte März bringen dann die meisten der Mutterschafe ihre Jungen zur Welt. Kaum sind diese 14 Tage alt, geht es wieder Richtung Heimat, den gleichen Weg zurück. Ein zweiter Schäfer hilft ihm, als Kindermädchen für die Lämmer, die das Wandern noch nicht gewohnt sind und neugierig ihre Nasen in jeden Garten stecken wollen. Um den 1. Mai herum werden sie wieder zuhause sein. Während der Wanderschaft und der Zeit auf der Winterweide findet der Schäfer Quartier bei Bekannten, jeweils in der Nähe der Herde. Vorbei ist die Zeit, wo der Schäfer im Schäferkarren schlief – oder gar im „Schlupfkarren". Der war so klein, daß sich der Schäfer unterm Vordächle ausziehen mußte, um dann schnell in den Karren zu schlupfen. Heute begleitet die Herde ein Pkw mit Anhänger, auf dem ein elektrischer Weidezaun statt der früheren hölzernen Hürden mitgeführt wird.

731)1 Wurmlingen.

Schafweide-Verpachtung.

Die Gemeindepflege verpachtet am Samstag den 20. d. Mts., Vormittags 11 Uhr auf hiesigem Rathhaus die ca. 200 Stück nährende Schafweide für das Sommerhalbjahr 1880 im öffentlichen Aufstreich, wozu Liebhaber eingeladen werden. Hier unbekannte Pächter haben sich durch gemeinderäthliche Vermögenszeugnisse auszuweisen.

Den 12. März 1880.

Schultheiß Müller.

Anzeige aus dem „Gränzbote"

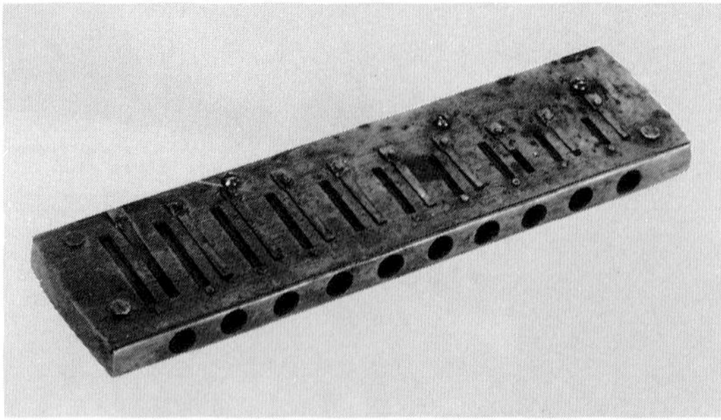

Mundharmonika aus dem Jahre 1885; aus Messing gegossener Kanzellenkörper, aufgenietete Messingplatte und Spielfläche mit runden Spielöffnungen

Eines der ersten Akkordeons von Hohner

Mit einer Mundharfe fing es an

Es war im Jahr 1827, als ein wandernder Trossinger Uhrenhändler aus der Kaiserstadt Wien eine „Mundharmonie" in sein Heimatdorf mitbrachte. Diese Mundharmonie, erst sechs Jahre vorher von Friedrich Buschmann erfunden, machte auf den jungen Zeugweber Christian Meßner, genannt „Zeugchriste", großen Eindruck. Für teures Geld handelte er dem „Uhrenmännle" das interessante Musikinstrument ab und lernte zur Freude der Trossinger Burschen und Mädchen sehr rasch, auf der „Mundharfe" einfache Tanzliedchen zu spielen. Zum Leidwesen aller versagte die Mundharfe eines Tages endgültig ihren Dienst, nachdem der „Zeugchriste" sie schon vorher immer wieder hatte reparieren müssen. Sollte es für die jungen Leute nun keine Musik mehr geben? Durch das häufige Ausbessern des entzwei gegangenen Instrumentes hatte sich der „Zeugchriste" so viel Geschick angeeignet, daß er es sich zutraute, selbst eine Mundharfe herzustellen: Mühsam schnitzte er mit dem Messer das Kanzellenholz, schnitt aus einem Zinnteller die Stimmplatten zurecht, klopfte aus Messingdraht die Stimmzungen breit und baute die Teile schließlich zusammen. Welch ein Glück, die erste Trossinger Mundharmonika war entstanden!

Für Kameraden und Bekannte mußte der „Zeugchriste" nun in seiner kargen Freizeit auch solche Mundharfen anfertigen, und er merkte bald, daß er mit dieser Liebhaberei mehr verdienen konnte als in seinem Tuchweberberuf.

Christian Meßner richtete eine Werkstatt ein und begann Mundharmonikas herzustellen. Die Nachfrage nach Mundharfen wuchs von Jahr zu Jahr. Da blieb es nicht aus, daß neue Betriebe gegründet wurden: Christian Weiß, Andreas Koch und der Uhrmacher Matthias Hohner stiegen in die Mundharmonika-Herstellung ein. Trossinger Mundharmonikas begannen, die Welt zu erobern. Die einstigen Gründerfirmen sind alle längst in der Firma Matthias Hohner aufgegangen. Aber die Firma Hohner erlangte neben der Mundharmonika durch die Entwicklung der Handharmonikas und Akkordeons Weltgeltung.

In den letzten Jahrzehnten hat nun auch das elektronische Zeitalter in der Trossinger Musikindustrie Einzug gehalten. Neuartige Instrumente eröffnen dank der Elektronik nahezu unbegrenzte klangliche Möglichkeiten.

Es war ein weiter Weg von der ersten Mundharmonie des „Zeugchriste" zu den heutigen Trossinger Musikinstrumenten. Das kleine, unscheinbare Instrument hat Trossingen und seine weitere Umgebung maßgeblich geprägt und beeinflußt. Was wäre geschehen, wenn der „Zeugchriste" damals sein Interesse an der Mundharmonie verloren hätte, als ihm der Vater Werkzeug und Mundharmonie aus dem Dachfenster warf, weil der Sohn, anstatt zu weben, seine Zeit mit diesem Musikinstrument vertrödelte?

Klaviere aus Spaichingen

Ein Blick in die neuen Werkshallen der Pianofortefabrik Sauter in Spaichingen. Im Vordergrund die Abteilung „Klaviermacherei". Dort werden Klaviatur und Mechanik in das Klavier eingebaut und reguliert.

Im Spaichinger Industriegebiet steht seit 1974 der große Neubau der Pianofabrik Sauter. Betreten wir dort die großzügigen Verkaufsräume, so fallen uns zwischen den vielerlei Modellen der neuen Sauter-Klaviere und -Flügel zwei etwa 150 Jahre alte Instrumente auf:
Ein Tafelklavier von Anton Braun und ein Pianino, ein kleines aufrechtstehendes Klavier, von Johann Grimm. Wer waren Braun und Grimm?
Die beiden hatten in Spaichingen das Schreinerhandwerk erlernt und wanderten 1813 als Gesellen in die Welt hinaus. Es zog sie nach Wien, in die Hauptstadt der Musik. Hier wirkten nach Mozart jetzt Beethoven und Schubert, und der Musik-Instrumentenbau stand in Blüte. Bei einem berühmten Klavierbauer fand Johann Grimm, der ein feines musikalisches Gehör hatte, sechs Jahre lang Arbeit und Anleitung im Klavierbau. Sein musikalischer Freund Braun wandte sich einem Orgelbauer zu. Nach ihrer Rückkehr nach Spaichingen baute Braun Orgeln und nur wenige Klaviere. Johann Grimm baute in seiner Spaichinger Werkstatt ein gutes Tafelklavier um das andere und bald auch einige Pianinos, die in Wohnräumen leichter zu stellen waren. Grimm hatte keine eigenen Kinder, aber auf der Insel Reichenau einen aufgeweckten, musikalischen Neffen, den Lehrerssohn Carl Sauter, den er adoptierte. Carl Sauter baute schon 1846 in einer Fabrik mit 12 Gesellen Tafelklaviere.
In Deutschland bürgerte sich fortan das Piano ein, ja, unser Land wurde sogar führend im Pianobau. Carl Sauter wurde einer der ersten Hersteller im Schwabenland. Sein Sohn Johann zog immer wieder in die Welt hinaus, um Neues für den Klavierbau zu erlernen. Dessen Sohn Carl stellte ab 1909 den Betrieb auf moderne, rationelle Fertigungsmethoden um. In den 40 Jahren seiner Betriebsleitung hatte er schwierige Zeiten zu meistern. Ab 1948 baute Hans Sauter mit fortschrittlichen Arbeitsmethoden neue Modelle. Er stellte modernste Maschinen auf und erweiterte den Betrieb. Bis zum 150jährigen Jubiläum wurden insgesamt etwa 50 000 Instrumente gebaut.
Carl Sauter („der Dritte") begann 1974, die Firma aus der Innenstadt ins Industriegebiet zu verlegen und zu vergrößern.
Die Sauter-Pianos sind bekannt durch ihre R^2-Mechanik, die durch sichere Repetition und sehr schnelles Bereitstellen zum nächsten Anschlag ein außergewöhnlich feinfühliges Spiel wie auf einem Flügel ermöglichen. Für die Qualität der Sauter-Instrumente spricht die Tatsache, daß das Ausland heute den größten Teil der Produktion abnimmt.

Solebad „Solemar" in Bad Dürrheim: Leimbau-Deckenkonstruktion aus Holz

Sägewerke und Möbelindustrie

Unser Landkreis ist ein waldreiches Gebiet; fast die Hälfte der Fläche ist mit Wald bedeckt. Seit dem Bestehen der Eisenbahn wurde das Nutzholz nach Abzug des eigenen Bedarfs nach Baden und in die Schweiz gefahren oder über die Floßeinbindstätte bei Rottweil auf dem Neckar und dem Rhein bis nach Frankreich und nach Holland geflößt. Und wie sah es mit dem Eigenverbrauch aus?

Die wohl älteste Säge im Kreis war in Delkhofen. In der einstigen Delkhofer Mühle wurde schon in alter Zeit mit dem Wassser aus dem heute verschwundenen Delkhofener Weiher eine Getreidemühle und eine Sägemühle angetrieben.

Am 24. August 1684 bat der Bürger und Müller Michael Widtmär zu Delkhofen seine Herrschaft, die ihm „zu einem Manngueth verliehene Mühl daselbs sambt der Seegmühlin ganz seinem Eltern Sohn" übergeben zu dürfen. 1870 gab es, meist mit Getreidemühlen verbunden, 32 Sägemühlen. Die meisten wurden mit Wasser betrieben, wenige schon mit Dampf. Unsere heutigen Sägewerke arbeiten alle mit Elektrizität, nur die Firma Maurer in Mühlheim treibt zu einem Teil noch mit Wulfbachwasser an. (Eine mit Wasser angetriebene Säge aus dem Schwarzwald wurde im Freilichtmuseum in Neuhausen aufgebaut.)

Heute zählen wir noch 10 größere Sägewerke in unserem Kreis. Drei Betriebe davon sägen nur, alle übrigen wenden sich immer mehr noch anderen Arbeitsbereichen zu: Manche haben ein Hobelwerk, andere eine Zimmerei, manche stellen Kisten und Paletten her, andere haben einen Holzplattenhandel oder bauen gar Blockhäuser und Fertighäuser in Lizenz. Wenige versuchen sich im modernen Holzleimbau:

Bei einem Besuch im neuen Solebad „Solemar" in Bad Dürrheim staunen wir über die fünf riesigen Kuppeln aus Holz, die sich in baumähnlicher Bauweise über die Badeanlagen spannen. Wie sind diese geschwungenen, riesigen Konstruktionen nur möglich? Müßten Holzbalken nicht gerade und kürzer sein? Nein, dieses Kunstwerk ist ein Holzleimbau der Holzwerke Burgbacher aus Trossingen. Für diese moderne Bauweise wurden ausgewählte Fichtendielen künstlich getrocknet, gehobelt und dann in mehreren Lagen zu Balken zusammengeleimt. Daher sind Längen, Stärken, Formen und Krümmungen möglich, wie sie gewachsenes Holz nie bieten kann. Man sprach bei der Einweihung von einem Meilenstein in der deutschen Bäderarchitektur. Ja, bei dem „Solemar"-Leimbau wurde überhaupt Neuland betreten: Für jedes Bauglied wurde die genaue Form über ein Computerprogramm berechnet und für die Herstellung im Werk aufbereitet. Jedes einzelne Teil wurde in der endgültigen Form im Werk vorgefertigt und umständlich zum Bauort transportiert. Alle am Bau Beteiligten waren gespannt: Werden die vielen Einzelteile auch wirklich harmonisieren? Oh ja, das Werk gelang erstaunlich gut!

Die Firma Burgbacher fing schon Anfang der 50er Jahre an, außer Schwimmbädern auch moderne kirchliche Bauten, Brücken, Hallen und Industriebauten mit großen Spannweiten in Holz zu erstellen. Früher war dieses Trossinger Unternehmen nur Sägewerk und Zimmerei.

Die Zimmereien und zwei Tuttlinger Stuhlfabrikanten lassen ihr Holz in den Sägereien „zuschneiden". Die Schreiner holen noch ihre Schnittware, die Bretter und Dielen aus dem Sägewerk. Ursprünglich war der Schreiner ja derjenige, der einen Schrein aus heimischem Holz herstellte. Heute verwendet er oft kein Massivholz mehr, sondern Furniere, die auf Faserplatten aller Art aufgezogen sind. Häufig sind es ausländische Hölzer. Solche Materialien beziehen die Schreiner aus dem großen Handelsprogramm mancher Sägewerke und zweier großer Firmen unserer Gegend, die nur Platten, ja sogar Halbfertigteile (z. B. Sperrhölzer, Resopalplatten) und Fertigteile (z. B. Türen, Deckenpaneele) anbieten.

Durch den Holzreichtum blühte früher das Schreinerhandwerk bei uns. Das ist heute anders, weil der Schreiner andere Materialien und teure Maschinen braucht, und weil unsere Betriebe mit erheblichen Absatzschwierigkeiten zu kämpfen hatten.

Im Jahr 1876 haben wir im Raum Spaichingen 104 Schreinereien, im Raum Tuttlingen 103. 1968 zählen wir im ganzen Kreis nur noch 119 Schreinereien und heute sogar nur noch 65.

In Spaichingen und Umgebung waren einige Meisterbetriebe zu Möbelfabriken herangewachsen. Immer mehr Holzbearbeitungsmaschinen wurden eingesetzt. Die Betriebe spezialisierten sich schon in den 20er-Jahren vor allem auf Schlafzimmermöbel. Der größte Betrieb, der nicht mehr besteht, beschäftigte 500 Arbeiter. Eine andere große Spaichinger Möbelfabrik wurde von einer bedeutenden Firma aus dem Schwarzwald übernommen, die Wohnwände in Serien anfertigt.

Die 65 handwerklichen Schreinereibetriebe können noch auf die besonderen Wünsche der Kunden eingehen. Die wenigen noch bestehenden Großbetriebe aber spezialisierten sich alle: So gibt es z. B. in Spaichingen heute Wohnwände, in Wehingen Büro- und Praxiseinrichtungen, Einbauküchen und Möbelteile, in Denkingen Industrie-Regale und Tische aus Stahl und Holz, in Aldingen Küchen, in Aixheim Regalsysteme für den Wohnbereich, in Tuttlingen Stühle, Tische und Bänke für Großräume, in Irndorf Werkbänke und Polstermöbel.

Die Tochter des Inhabers der Sägerei Irion in Talheim an der Gattersäge

Bohnerze

Bohnerze, Schmieden, Messer, chirurgische Instrumente

Was ist ein Chirurgiemechaniker? Diese Frage kann im Raum Tuttlingen nahezu jedes Kind beantworten. Denn die meisten von ihnen haben einen Familienangehörigen, der diesen Beruf ausübt.
Daß die Herstellung von chirurgischen Instrumenten gerade in Tuttlingen eine so hervorragende Rolle spielt, kommt nicht von ungefähr. Die Tuttlinger Medizintechnik ist das Ergebnis einer langen industriellen Entwicklung, die im 17. Jahrhundert einsetzte.

Die erste Industrieansiedlung in Tuttlingen

Im Jahre 1696 gründete der württembergische Herzog Eberhard Ludwig den ersten Industriebetrieb Tuttlingens: das Hüttenwerk im Ludwigstal. Für das Werk, in dem aus Erz Eisen geschmolzen und zu Schmiedeeisen verarbeitet wurde, waren hier alle notwendigen Voraussetzungen erfüllt.
So konnten die Balggebläse für den Hochofen und die Fallhämmer mit der Wasserkraft der Donau angetrieben werden. Und durch den Holzreichtum unserer Gegend schien die Versorgung des Hochofens mit den notwendigen Mengen von Holzkohle gesichert.
Die wichtigste Voraussetzung für die Erstellung eines Hüttenwerks aber war natürlich ein ausreichendes Erzvorkommen in der Umgebung. Nachdem auf Emminger und Liptinger Gemarkung bereits Erzgräber mit dem Abbau von Bohnerz beschäftigt waren, wurde man auch bei Tuttlingen im Hardtwalde und auf Eichhalden sowie bei Neuhausen und Talheim fündig.

Bohnerze

Beim Bohnerzabbau wurden die Aufgaben verteilt: Die Frauen und Kinder mußten die bohnenförmigen, harten, glänzenden Kügelchen zusammenlesen. Währenddessen gruben die Männer den roten, erzhaltigen Lehm aus. Die dadurch entstandenen Gruben füllten sich über den Winter mit Wasser. Nun begann das Erzwaschen, das oft das ganze Frühjahr über dauerte. Mit viereckigen Sieben wurde das Bohnerz aus dem Lehm ausgewaschen. Jetzt konnte das „Leserz" und das abgebaute Erz mit Pferde-, Kuh- oder Ochsengespannen in die Schmelze gefahren werden. Jede ausgebeutete Grube mußte wieder aufgefüllt werden. Trotzdem kann man heute noch trichterförmige Mulden als Reste der alten Erzgruben erkennen.
Ende des 17. Jahrhunderts bestanden in unserer Umgebung mehrere Hüttenwerke, denn keiner der Landesfürsten wollte sich das Geschäft entgehen lassen und gründete deshalb sein eigenes Werk. So fanden hier viele Personen eine Verdienstmöglichkeit als Schmelzer, Hammerschmied, Erzgräber, Fuhrmann oder Köhler.
In manchen Dörfern mit großem Bohnerzvorkommen war die Bevölkerung von einem regelrechten „Bohnerz-Rausch" erfaßt worden. Nach dem Bericht des Engener Amtsvorstandes Rieder war Emmingen geradezu ein Paradebeispiel dafür: Um das Jahr 1850 wollte hier keiner mehr zurückstehen und sich den erhofften Reichtum entgehen lassen. „Die ganze Bürgerschaft, der Pfarrer nicht ausgenommen, war damit beschäftigt, selbst Erz zu graben oder graben zu lassen." Dabei ließen sie ihre Landwirtschaft soweit verkommen, daß sie kaum mehr ihre Familien ernähren konnten.
Wenn es um das Erz ging, ließen sich die Erzgräber auch von der fürstenbergischen Herrschaft nicht gerne etwas vorschreiben. Sie hatte die Emminger verpflichtet, das Erz ausschließlich an das fürstliche Hüttenwerk in Bachzimmern zu liefern. Trotzdem schmuggelten die Emminger Erz ins „Ausland", das heißt über die badisch-württembergische Grenze ins näher gelegene Hüttenwerk Ludwigstal bei

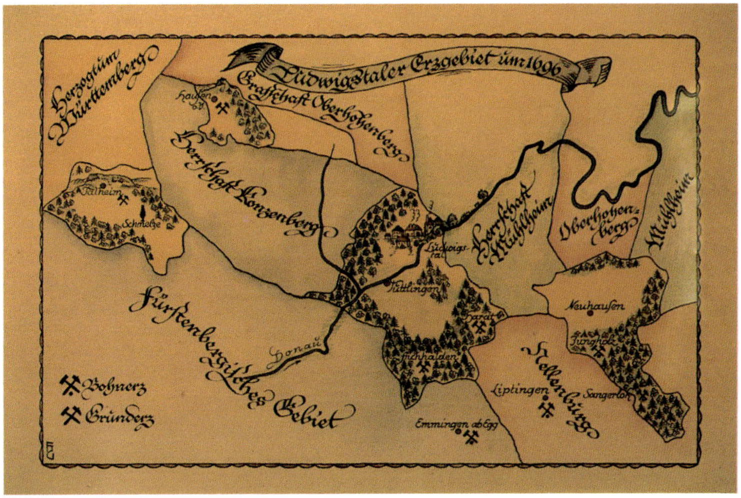

Tuttlingen. Obwohl die Grenze bei Liptingen von Gendarmen überwacht wurde, nahmen die Fuhrleute die Gefahr auf sich. Denn im Ludwigstal wurde das Erz sofort und besser bezahlt als in der Fürstenbergischen Schmelze. Um die Aufseher zu täuschen, ersannen sich die Schmuggler immer wieder eine neue List und mancherlei Schliche.

Doch in der zweiten Hälfte des 19. Jahrhunderts hielt auch hier das gewohnte bäuerliche Leben langsam wieder Einzug. Die Hüttenwerke waren nacheinander stillgelegt worden, weil die notwendigen Mengen an Holzkohlen nicht mehr aufgebracht werden konnten. In Ludwigstal mußte der Hochofen im Jahre 1861 ebenfalls ausgeblasen werden, doch das Werk wurde als Gießerei weitergeführt und besteht als einziges der damaligen Hüttenwerke unserer Umgebung heute noch.

Nagelschmiede

Das Ludwigstaler Hüttenwerk hatte von Anfang an die gesamte gewerbliche Entwicklung Tuttlingens deutlich beeinflußt. Die Nagelschmiede nützten z. B. die Gelegenheit, das anfallende Rohmaterial gleich an Ort und Stelle zu verarbeiten. Sie kauften das günstige Schmiedeeisen im Ludwigstal als dünne Stäbe, deren glühende Enden sie auf dem Amboß spitz hämmerten. Je nach beabsichtigtem Verwendungszweck der Nägel erhielten ihre Köpfe eine besondere Form. So entstanden eine Vielzahl verschiedenartigster Nägel, die im Haushalt, in bäuerlichen Betrieben und bei den Handwerkern unentbehrlich waren.

Die Nagelschmiede um Tuttlingen fanden aber vor allem bei den hier ansässigen Schuhmachern sichere Abnehmer. Alleine für dieses Gewerbe fertigten sie bereits ein breites Sortiment an Spezialnägeln an. Außerdem belieferten die Nagelschmiede auch die Märkte in weiterer und näherer Umgebung mit ihren Erzeugnissen. Allerdings mußte man große Stückzahlen von Nägeln herstellen, bis das Geschäft rentabel wurde. Deshalb hatte es sich eingebürgert, daß die Nagelschmiede ihre Nägel an den Eisenhändler lieferten. Dieser konnte die Märkte dann mit „mindestens einer Million Nägel" bereisen – so hörte man ihn zumindest manchmal prahlen. Daher stammt der Spitzname des Eisenhändlers, Millioner, der sich in Tuttlingen bis heute erhalten hat.

Begünstigt durch die preiswerte Rohware und die guten Absatzchancen blühte das Nagelschmiedegewerbe bis zur zweiten Hälfte des 19. Jahrhunderts auf. Die meisten Nagelschmiede waren in Nendingen zu finden, aber auch in Mühlheim, Stetten, Neuhausen und in Tuttlingen wurde das Handwerk ausgeübt. Heute ist dieses Gewerbe völlig ausgestorben. Maschinen nahmen den Nagelschmieden die Arbeit ab. Für diese galt es nun, sich einem mehr zukunftsorientierten Gewerbe zuzuwenden: dem Messerschmiedehandwerk.

Messerschmiede bei der Arbeit

Messerschmiede

Zwar ist in unserer Gegend heute das Messerschmiedehandwerk völlig unbedeutend, aber noch vor etwa 100 Jahren war dieses Gewerbe eines der bedeutendsten in Tuttlingen.
Die Messerschmiede konnten das vergleichbar weiche Eisen aus dem Ludwigstal nicht verarbeiten. Sie benötigten guten Stahl, den sie vermutlich über die Geschäftsverbindungen des Hüttenwerkes günstig bezogen haben.
Als weiteres Material dienten u. a. Rinderhörner und Hirschstangen. Daraus fertigten die Messerschmiede die verschiedensten Arten von Messern, wie z. B. Tafel-, Brot- und Taschenmesser, Schuster- und Gartenmesser, außerdem gehörten auch Scheren zu ihren Erzeugnissen.
In den meisten einfachen Werkstätten hingen die Einzelteile für jede Messersorte als Muster an der Wand. Danach mußten die Teile früher oft mit den einfachsten Werkzeugen aus den Rohstoffen ausgeschnitten oder gesägt, weiter gebohrt, gefeilt, gelötet, genietet, gepreßt, geschmiedet, geschliffen und poliert werden. Erst dann konnte z. B. das Taschenmesser zusammengesetzt werden.
Ein Junge, der Messerschmied werden wollte, mußte vier Jahre zu einem Meister in die Lehre gehen, um die Vielfalt der Messerschmiedekunst zu erlernen. So schrieb es die Zunftordnung vor. Und ein Geselle durfte sich sein Meisterstück erst vornehmen, nachdem er weitere vier Jahre auf Wanderschaft zugebracht und sein handwerkliches Geschick in der Fremde erweitert hatte.
Auf diese Art kam mancher Tuttlinger Wandergeselle auch ins Ausland. Einer der bekanntesten unter ihnen war Johann Jakob Storz. Als er im Jahre 1784 wieder nach Tuttlingen zurückgekehrt war, hat er es verstanden, die Kenntnisse und Erfahrungen, die er in Frankreich gesammelt hatte, so gut umzusetzen, daß seine Waren bald sehr begehrt waren.
Durch die gute Qualität seiner Erzeugnisse und auch anderer Meister wurden die Tuttlinger Messerwaren bald überall bekannt.
Diese Blütezeit des Messerschmiedehandwerks in Tuttlingen neigte sich aber schon mit der zweiten Hälfte des 19. Jahrhunderts dem Ende zu. Die Oberamtsbeschreibung von 1879 berichtet zwar noch von 177 Messerschmiedemeistern, 118 Gesellen und fünf Messerwarenfabriken mit 111 Arbeitern, doch die Tuttlinger Messerschmiede bekamen zu starke Konkurrenz. Sie konnten mit der Industrialisierung der rheinischen Metallbetriebe, die Messer und Scheren als Massenartikel billiger herstellen konnten, nicht mehr mithalten. Aber sie nutzten die Gelegenheit im rechten Moment: Sie spezialisierten sich auf die Herstellung von chirurgischen Instrumenten.

Der Messerschmidt

Ich mach Par messer wol beschalt/
Köstlich und schlecht / darnach mans zalt/
Von Helfenbeyn / Buchsbau un Sandl/
Mit rot und schwarzem Hals ohn wandl/
Mach dazu Langwehr / Dolch un Tegn/
Kan eß / Scheyd machn / un Schwert segel
wer dieser meiner Arbeit darff/
Der find mein Zeichen gerecht und scharff.

Chirurgische Instrumente

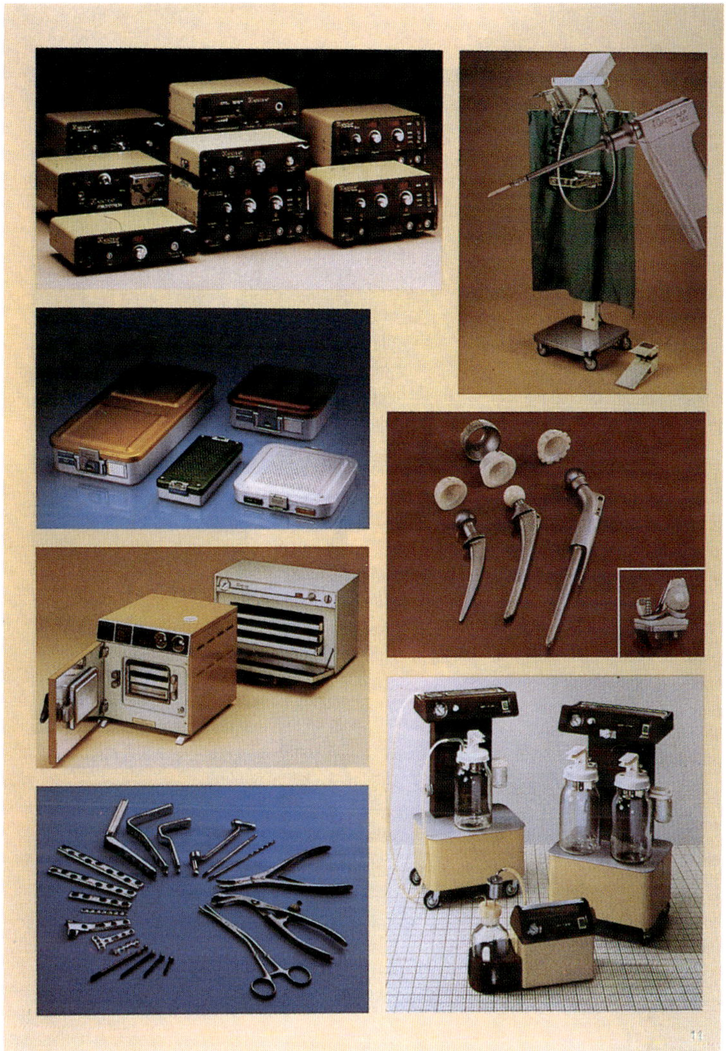

Den hauptsächlichen Anstoß dazu gab Gottfried Jetter. Er hatte die Anfertigung von chirurgischen Instrumenten während seiner Gesellenjahre in verschiedenen Universitätsstädten erlernt. Nach der Rückkehr im Jahre 1867 setzte er seine Idee, diese Instrumente serienmäßig herzustellen, in Tuttlingen in die Tat um. Er gründete die Firma Jetter, aus der sich in der Zwischenzeit der weltgrößte Betrieb für die Herstellung von chirurgischen Instrumenten entwickelt hat. Bald folgten immer mehr Tuttlinger Messerschmiede seinem Beispiel und spezialisierten sich im Bereich der Chirurgiemechanik.

Für die gute Qualität der medizinischen Instrumente, die in ihren vielen Variationen ganz präzise gearbeitet werden müssen, spielt das handwerkliche Geschick immer noch eine große Rolle. Deshalb lohnt sich die Fertigung auch für Kleinbetriebe. Dies führte dazu, daß sich vor allem in den 60er und 70er Jahren viele Chirurgiemechaniker spezialisiert und selbständig gemacht haben. Die meisten von ihnen fingen mit Bearbeitungsaufträgen an, die sie im eigenen Keller, mit einer oder zwei Maschinen ausgestattet, selbständig erledigten. Nach und nach gelang es den „Souterrain-Fabrikanten", ihre Werkstätten mit weiteren Mitarbeitern und zusätzlichen Maschinen zu kleinen Fabriken auszubauen.

So kam es, daß die wirtschaftliche Struktur vor allem Tuttlingens und des Donautals heute durch diese medizintechnischen Klein- und Mittelbetriebe geprägt ist. Um auch weiterhin auf dem Weltmarkt konkurrenzfähig bleiben zu können, ist es für sie unerläßlich, die Instrumente durch Zusammenarbeit mit Chirurgen ständig weiter zu entwickeln. So sind in den Katalogen der Tuttlinger Chirurgiebetriebe tausende von verschiedenen Produkten zu finden, die auf die unterschiedlichsten Bereiche der Medizin zugeschnitten sind: von der feinsten mikrochirurgischen Schere bis hin zur starken Knochensäge. Dabei umfaßt die Produktionspalette heute neben den traditionell chirurgischen Instrumenten hochentwickelte elektronische Geräte.

Tagelang standen die Männer am Schabbaum oder „Bock"

Von Häuten, Fellen und Pelzen

Rot oder weiß?

Das ist nicht etwa nur die Frage einer Blumenverkäuferin, das hätte ich auch einen Mann fragen können, der mir soeben seinen Beruf verraten hat: Gerber – wenn, ja, wenn ich z. B. im Jahre 1875 gelebt hätte. Die Wahrscheinlichkeit, einen solchen zu treffen, wäre groß gewesen, denn auf jeweils 46 Einwohner der Stadt kam damals ein Gerber.

Seine Handwerkskunst bestand darin, aus leicht verderblichen Tierhäuten einen haltbaren und widerstandsfähigen Werkstoff, das Leder, zu machen. Für diese Umwandlung wurden Gerbstoffe gebraucht, die in das Fasergewebe der Häute eindringen mußten. Für große Häute, z. B. von Rindern, verwendete man dazu die Rinde von Fichte oder Eiche, was eine rötliche Brühe ergab: das waren die Rotgerber. Die Weißgerber benutzten Salze, sie verarbeiteten meist die kleineren Felle von Schafen, Ziegen und Kälbern. Diese waren normalerweise früher „gar", deshalb gab es immer mehr Rot- als Weißgerber in der Stadt. 50 : 8 stand in jenem Jahr das Verhältnis (mit zusammen 104 Gehilfen). Daß gerade da so viele dieser Zunft ihr Auskommen fanden, hing mit einem ganz anderen Material zusammen: dem Bohnerz, das in der Umgegend vorkam. Um dieses verhütten zu können, brauchte man viel Holz (für Holzkohle), was man in den Wäldern der Umgebung reichlich fand. Mit der Rinde, die dabei übrig blieb, konnten die in der Landwirtschaft und in den Metzgereien abfallenden Häute einer sinnvollen Nutzung zugeführt werden. Das mengenmäßig bedeutendste Hilfsmittel, das Wasser, lieferte die Donau.

Durch das Abholzen der Wälder entstanden neue Weideflächen, was zu einem vermehrten Angebot von Fellen führte. Gleichzeitig stieg die Nachfrage nach Leder durch den Aufschwung der ortsansässigen Schuhindustrie. Allzulange hielt die Blüte des Gerberhandwerks hier jedoch nicht an: Gab es im Jahre 1901 immerhin noch 29 Rot- und 5 Weißgerbereien, so finden sich heute nur noch 4 Unternehmen. 60 Menschen, etwa 1/3 davon Frauen, finden darin Arbeit. Die Unterscheidung nach rot/weiß gibt es nicht mehr, gegerbt wird je nach Bedarf mit Pflanzenextrakten (= vegetabil) oder hauptsächlich mit Chromsalzen (= mineral).

Ich besuche einen dieser alteingesessenen Betriebe. Er ist vor kurzem in neue Räume, etwas abseits der Donau, umgezogen. Im Flur fällt mein Blick auf ein Bild. Es zeigt eine Partie an der Donau: mehrere Häuser dicht nebeneinander, alle mit direktem Zugang zum Wasser. Es ist die alte „Gerbe", wie sie Generationen zuvor betrieben wurde. Der Seniorchef, der noch jeden Tag nach dem Rechten schaut, erzählt: „Ja, alle Gerbereien lagen am Wasser, das war wichtig, noch bis in die 30er Jahre wurden die Felle direkt in de Bach neighängt". Ein paar Stufen führten hinab zum „Floß" aus 2 Stangen, an denen die frischen Rohhäute aufgereiht waren. Sauber und weich mußten sie erst mal werden in dem fließenden Gewässer. (Später legte man sie dazu einen Tag lang in eine Grube). Dann folgte das „Schwöden": mit einem Strupper wurde Weißkalk und Schwefelnatrium auf die Fleischseite des ausgebreiteten Felles gestrichen. Dadurch lösten sich die Haarwurzeln, und die Wolle konnte mit einem Eisen entfernt werden. Ebenso wurde die Unterhaut abgeschabt. Ein anschließendes Bad in einer „Beize" (mit Säure) löste die Kalkrückstände sowie die letzten Schmutz- und Wurzelreste und machte das Gewebe bereit für die Aufnahme des Gerbstoffes. Dazu wurden die „Blößen", wie sie jetzt hießen, mit der gemahlenen Rinde, der Lohe, in flache Gruben eingelegt. Jeden Tag mußten sie darin zweimal bewegt werden, mindestens 8 Tage lang; Futterleder brauchte 3 Wochen und Sohlleder gar ein ganzes Jahr (in Eiche). Dann wurden die Stücke zum Trocknen an die Decke gehängt. Am Schluß mußte das Leder wieder geschmeidig und biegsam gemacht werden. Man bearbeitete es deshalb mit dem sogenannten Schlichtmond oder zog es auf einem Streckrahmen weich.

Alle Arbeiten wurden von Hand verrichtet, unter großer körperlicher Anstrengung, oft in gebückter Haltung. Gummistiefel gab's noch nicht, die Gerber trugen Holzschuhe. Oft froren sie durch die ständige Berührung mit dem nassen Element. Zudem war der Umgang mit den übelriechenden Stoffen nicht jedermanns Geschmack. Gerbereien waren daher meist Familiensache. Die Jungen wuchsen von klein auf in das Handwerk hinein und übernahmen später das Geschäft. Der Juniorchef, der mich anschließend durch den Betrieb führt, leitet diesen nun in der vierten Generation. „Keine Angst, das mit den üblen Gerüchen ist heute nicht mehr so", beruhigt er mich.

Blick in die sogenannte „Naßwerkstatt"

In der Tat kann durch die modernen Verfahren viel „Anrüchiges" gar nicht mehr entstehen: Die meterhoch aufgeschichteten Felle sind trockengesalzen konserviert. Eingeweicht werden sie über Nacht in riesigen Fässern, in einer Lauge aus Wasser, Wasch- und Weichmitteln. Die Entfleischmaschine erledigt dann das Schaben fast im „Handumdrehen". Da sich die Firma auf die Zurichtung von Pelzen spezialisiert hat, entfällt das Enthaaren, der Wollflor wird nur auf die gewünschte Höhe getrimmt. Die Vorbereitung des Gerbprozesses, die Pickel, findet wiederum in geschlossenen Fässern statt: die Teile liegen in einer Lösung aus Wasser und Säure, der nach 16 – 18 Stunden der Chromgerbstoff zugefügt wird. Nach einem weiteren Tag in diesem Bad ist die Gerbung bereits abgeschlossen. Etwa 600 – 700 Felle werden so täglich „umgeschlagen".

Und woher kommt heute das viele Wasser? Immer noch aus der Donau, aber jetzt durch einen Kanal.

Noch einmal wandern die Pelze in die Fässer: sie dürfen „Farbe bekennen". In allen Schattierungen liegen sie zum Schluß auf Lager. „Rot oder weiß?", das könnte heute die Frage des Gerbers nach den Wünschen seines Kunden sein.

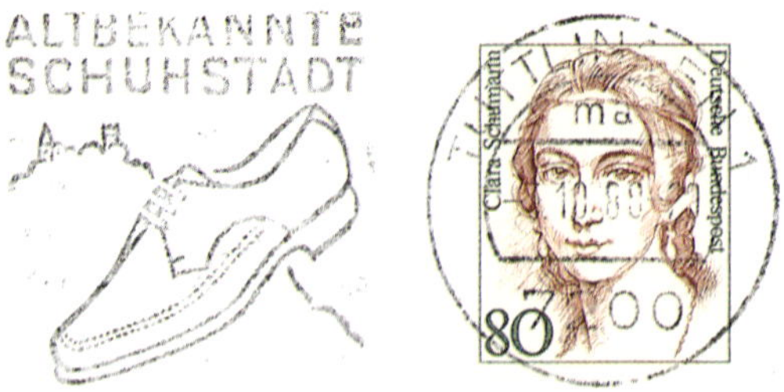

Tuttlinger Poststempel 1989

Tuttlingen – altbekannte Schuhstadt

Der oben abgebildete Stempel kündet von dem Ruf, den sich Tuttlingen schon vor mehr als 100 Jahren erworben hat.

Im Adreßbuch der Oberamtsstadt Tuttlingen von 1901 füllen die Anschriften der Schuhmachermeister allein eine ganze Seite und mehr. Bei so einem Aufgebot müßte doch noch einer zu finden sein, der dieses Handwerk ausübt? Schließlich heißt es in einem alten Sprichwort: „Schuster bleib bei deinem Leisten!"

Der Leisten, das war ein „Holzfuß", über dem der Schuh gearbeitet wurde. Doch der alte Meister, den ich in seiner Werkstatt aufsuche, lacht: „Die Holzleisten haben wir alle schon verbrannt!" Doch dann berichtet er: „Früher hatten wir welche, natürlich, in verschiedenen Größen und Formen. Beim Kunden wurde Maß genommen, dann der Leisten hergerichtet, danach der Schuh angefertigt, dann mußte er passen – Anprobe zwischendurch gab es nicht! Das Oberleder und die Stiefelschäfte wurden selbstverständlich von Hand zugeschnitten und zusammengenäht. Auch die Sohle mußte mit der Ahle aufgenäht werden, aber nur bei den feinen Schuhen! Bei den übrigen wurden Löcher vorgestochen und dann Holzstifte oder Eisennägel eingeschlagen. Überstehende Teile schabten wir mit einer Raspel oder einer Glasscherbe ab, und zum Schluß polierten wir den Schuh mit Buchenholz." Bis zu 5 Paar sind so an einem Tag entstanden. „Heut' reparieren wir in der Regel nur noch", erzählt der Schuster weiter, während er von einem Schuh die alte Sohle herunterreißt und eine neue, in grober Form vorgestanzte, anpaßt. Beim nächsten ist es nur ein Stück an der Spitze, das ersetzt werden muß. Er schneidet es zurecht. Beim dritten wird das Futter neu hineingesteppt. Das sind die Vorrichtearbeiten, die auch heute noch von Hand gemacht werden müssen. Dann helfen die Maschinen weiter: Sohle und Schuh werden aufgerauht und mit Klebstoff – er kam kurz vor dem Zweiten Weltkrieg auf – eingestrichen. Nun drückt die Klebepresse die beiden Teile aufeinander. Das geht in Sekundenschnelle und vollautomatisch, und statt des früheren Leistens halten Innerdruckplatten den Schuh in seiner Form. Auch das Abschleifen und Polieren geschieht nun maschinell. Nichtsdestoweniger ist das Reparieren keine leichte Aufgabe. Sie erfordert Können, Geschick und gute Augen! „Heut' kann man nicht mehr sagen: Schuhe flicken kann er ja immer noch (wenn er auch sonst zu nichts taugt)", meint der alte Herr augenzwinkernd, „sonst wäre die Schuhindustrie bei uns doch nicht so hochgekommen!"

In der Tat begann die wirtschaftliche Blüte dieses Gewerbes in Tuttlingen sehr früh. Wurden ursprünglich Schuhe nur auf Bestellung und nach Maß angefertigt, begann man ab Mitte des 18. Jahrhunderts, Schuhwaren auf Vorrat herzustellen, um sie dann auf Messen und Märkten zu verkaufen. Daraus entwickelte sich das „Großhandwerk": So gab es zu Beginn des 19. Jahrhunderts in dieser Stadt eine Anzahl von Großmeistern, die umfangreiche Werkstätten mit 6 – 14 Gesellen (in Kost und Wohnung) unterhielten. Hergestellt wurden die Waren in arbeitsteiligem Verfahren: die einen schnitten die Teile zu, die anderen nähten sie zusammen, die nächsten richteten die Sohlen und wiederum andere stellten die Schuhe fertig. Als der Handel wuchs und die Nachfrage immer größer wurde, vergaben die Großunternehmer einzelne Arbeiten an „Stückwerker": Die selbständigen Kleinmeister stellten ihre Ware im Auftrag einer Firma mit selbstgekauftem Material her oder erhielten von ihr die zugerichteten Teile zum Fertigmachen. Zwischen 500 und 600 Schuhmacher in Tuttlingen und Umgebung verdienten sich auf diese Weise gegen Ende des vorigen Jahrhunderts ihren Lebensunterhalt oder besserten ihn zumindest auf. Später kamen noch zugewanderte

Das „Zwicken": der Schaft wird über den Leisten gezogen und mit Nägeln auf der Sohle befestigt.

Schusterwerkstatt früher: Am Arbeitstisch fertigen mehrere Schuster Einzelstücke.

Schusterwerkstatt heute: In der Stepperei wird der Schaft zusammengenäht.

Freigesellen hinzu. Da sie von ihrem Brotherrn neben dem Material oft auch noch einen Arbeitsraum mit Schlafplatz unterm Dach erhielten, nannte man diese „Dachschuster".

Noch war alles Handarbeit, auch in den Großwerkstätten. Dann aber kamen die Maschinen – ab 1850 – und die Industrialisierung nahm ihren Lauf. Nach und nach wurden die einzelnen Arbeitsschritte mit Hilfe der Mechanik bewältigt, die Schuhe wurden einheitlicher, die Herstellung schneller und billiger, alles wurde unter einem Dach angefertigt. Die Eintragungen der Schuhmacher im Adreßbuch gingen auf ein Viertel zurück: aus selbständigen Meistern waren Fabrikarbeiter geworden. Dafür wuchs die Zahl der Schuhfabriken, 29 Namen sind in der Ausgabe von 1911 zu finden. Auch in verschiedenen Kreisgemeinden gründeten mutige Unternehmer Filialen oder neue Betriebe. Höhepunkt dieser Entwicklung war das Jahr 1925, als in 40 Fabriken im ganzen Oberamt Tuttlingen 3 472 Personen beschäftigt waren. Danach ging die Zahl der Betriebe stetig zurück, heute sind es noch 4 Unternehmen im Kreis mit zusammen ca. 750 Arbeitnehmern, gut die Hälfte davon sind weiblich. Produziert wird in Serien, die einzelnen Teile werden mit Wagen von einem Arbeitsplatz zum nächsten gefahren.

Zu guter Letzt entdecke ich aber doch noch eine Werkstatt, wo ich den Werdegang eines Schuhes in aller Ruhe miterleben kann. Es ist ein reines Familienunternehmen, das sich auf die Herstellung von Berufs- und Freizeitschuhen (z. B. für Trachten) verlegt hat. Auf Wunsch werden auch Reitstiefel nach Maß angefertigt. Die Tochter hat den Beruf des Schuhfertigers erlernt und läßt sich zur Zeit als Modelleurin ausbilden: Sie wird eines Tages neue Modelle entwerfen.

Der Heuberg – Fleiß und Eigeninitiative führen zu Wohlstand

Der Heuberg ist im Laufe dieses Jahrhunderts zu einer bedeutenden Wirtschaftsregion mit sicheren, zukunftsorientierten Arbeitsplätzen angewachsen. Der Weg dahin führte von der handwerklichen Heimarbeit über die Gründung von Zuliefererbetrieben für die Schwarzwälder Uhrenfabriken bis zum Aufbau moderner Industriebetriebe. Dieses Streben nach Unabhängigkeit ist die Lehre, die die Heuberger Bevölkerung aus der Geschichte gezogen hat. Lesen wir in der „Beschreibung des Oberamts Spaichingen" von 1876:
„... Die Hauptbeschäftigungen der Einwohner sind Ackerbau, Viehzucht und etwas Gewerbe. ...Das Kleingewerbe ist meist mit Landwirtschaft verbunden..." Da aber infolge der besonderen Erbteilung, der Realteilung, die Felder meist klein und der Boden zudem oft noch karg war, fiel der Verdienst nicht selten recht mäßig aus. Viele versuchten in dieser Zeit, der Not durch Auswanderung zu entgehen. Andere versuchten ihr Glück in der Fremde: „...Bemerkenswert ist, daß alljährlich aus den Heubergorten Hunderte im Frühjahr ausziehen, um bis in den Spätherbst hinein, als Maurer, Steinhauer, Zimmerleute im Auslande, namentlich in der Schweiz, im Elsaß und in Frankreich lohnende Arbeit zu nehmen. ..." Zu Hause blieben Frau und Kinder, um die Feldarbeit zu verrichten, was aber „... insbesondere das weibliche Geschlecht sehr in Mitleidenschaft gezogen hat...".
Besser war da schon der umgekehrte Weg, nämlich eine zusätzliche Erwerbsquelle ins Haus zu holen. So wurde um die Jahrhundertwende in den Stuben und

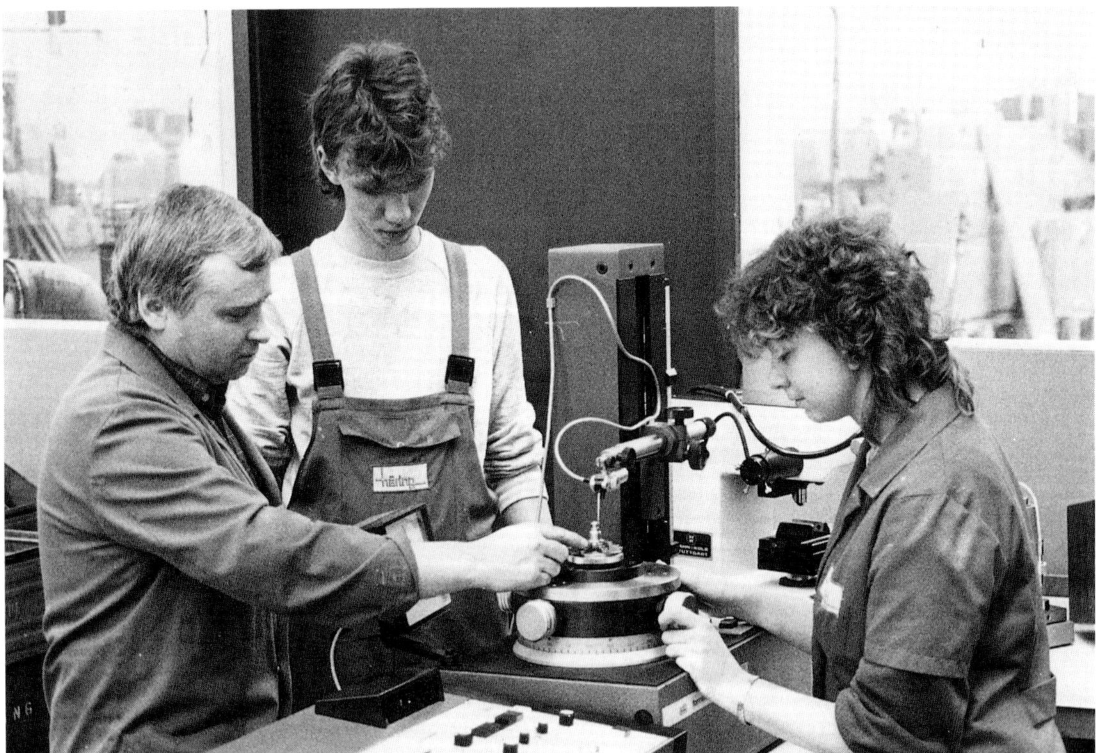

Qualitätskontrolle mit modernsten Meßinstrumenten; Azubis mit Meister

Scheunen emsig gewerkelt, in mühevoller Handarbeit entstanden Räder und Triebachsen für Uhrwerke. Bald brachte das „Schweizer Drehbänkle" Erleichterung: Eingespannt in einem „Schraubstock" und per Fuß angetrieben, drehte sich ein Metallstück, wobei die Heuberger daraus mit dem Stichel geschickt das gewünschte Teil formten. Der Begriff „Drehteil" war geboren.
Bereits im Jahre 1922 wurde die erste Zuliefererfabrik gegründet, der weitere Firmen folgten. Nach dem Zweiten Weltkrieg setzte eine steile Aufwärtsentwicklung ein, denn Drehteile werden überall benötigt. Sie sind im Kugelschreiber ebenso zu finden wie in der Weltraumfähre oder im Hochgeschwindigkeitszug, ohne sie fährt kein Auto, ohne sie bleibt kein Wasserhahn dicht, kurz: ohne sie ist kaum ein technisches Gerät denkbar. Moderne Betriebe wurden aufgebaut, die Technisierung hielt Einzug, die vorwiegend handwerkliche Arbeit hat sich zur automatischen Fertigung gewandelt: Wie von Geisterhand geführt, bewegen sich Werkzeuge in einer bestimmten Reihenfolge und formen so aus einer Stahl- oder Messingstange viele einzelne, immer gleich aussehende Drehteile. „Drehautomat" heißt so eine Maschine, und die „Geisterhand" ist das vorgegebene Programm, nach dem die einzelnen Arbeitsschritte ablaufen.

Eingesetzt wird die Maschine vom „Zerspanungsmechaniker", so heißt dieser Beruf, der zunehmend auch von Mädchen erlernt wird. Seine Aufgaben sind vielfältig: Er plant den Fertigungsablauf nach technischen Unterlagen und erstellt danach das Arbeitsprogramm, er richtet die Maschine ein und überwacht den Ablauf. Er versorgt die Maschine mit Werkstoffen und beseitigt die anfallenden Späne. Er überprüft die produzierten Teile, ermittelt und beseitigt eventuell auftretende Störungen. Der gesamte Produktionsprozeß liegt in seinen Händen, und das fertige Teil ist sein Werk, für das er voll verantwortlich ist. Da macht die Arbeit doch viel mehr Spaß, wenn man sieht, was dabei herauskommt! Über 5 000 Heuberger sind derzeit an solchen Maschinen in ca. 250 Betrieben rund um Gosheim und Wehingen beschäftigt.

Durch diese Entwicklung haben immer mehr Menschen Arbeit in ihrer Heimatregion gefunden, niemand brauchte mehr sein Brot in fremden Landen verdienen. Im Gegenteil! In den Jahren 1965-75 fehlte es in den Betrieben der Drehteilehersteller ständig an Arbeitskräften, vor allem mangelte es an gut ausgebildeten Facharbeitern. Da griffen die Unternehmer der Region zur Selbsthilfe und gründeten die GVD, Gemeinnützige Vereinigung der Drehteilehersteller Heuberg und Umgebung e. V.
Die Betriebe machten es sich zur Aufgabe, gezielt um Nachwuchs zu werben. Sie informieren vor allem Schüler mit Schriften und Zeitungsanzeigen und laden zu Betriebserkundungen ein. Ein ganz wichtiger Aspekt aber ist die fundierte Ausbildung. Neben der betriebsinternen Unterweisung war besonders die Einrichtung einer Fachklasse an den Beruflichen Schulen Spaichingen ein wesentlicher Schritt, um Arbeitsplätze auf dem Heuberg zu schaffen und zu erhalten. Die steigenden Anforderungen durch die rasante Technologie- und Marktentwicklung werden durch Weiterbildungsprogramme aufgefangen. Arbeitslose können sich umschulen lassen, um danach wieder Anschluß ans Berufsleben zu finden.
Das alles kostet natürlich Geld. Die finanzielle Grundlage stellen die über 60 Mitgliedsbetriebe und 30 fördernde Passivmitglieder, unterstützt von Landkreis und Arbeitsamt.
Dieser Eigeninitiative fortschrittlicher Unternehmer ist es gelungen, heimische Arbeitsplätze mit Zukunft zu schaffen und mit gut ausgebildeten Mitarbeitern eine gesunde Regionalstruktur zu sichern.

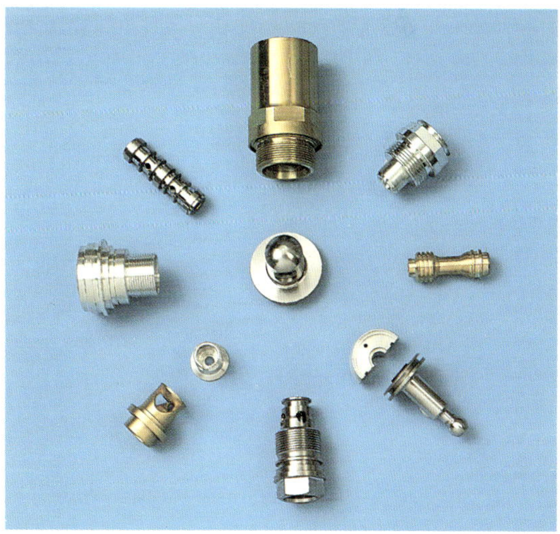

Verschiedene Drehteile

Schalter aus Rietheim

„Kippschalter, Drehschalter, Sicherheitsschalter, Endschalter, Steuerschalter, Regelschalter...." mit Schaltern aus Rietheim werden in der ganzen Welt Maschinen in Gang gesetzt und Geräte betrieben.
1925 gründeten zwei Rietheimer, beide mit dem Namen Johannes Marquardt, eine Fabrik für Geräte-Einbauschalter. Waren es anfangs nur Schalter für wenige Geräte, wie Staubsauger und Radioapparate, so umfaßt heute das Herstellungsprogramm der Firma Marquardt Schalter und Baugruppen für fast alle Anwendungsgebiete der Elektrotechnik, der Elektronik und der Datenverarbeitung. Man findet Marquardt-Schalter in Wasch- und Geschirrspülautomaten, in Kühl- und Gefrierschränken, in Kaffeemaschinen, Mixern und Haartrocknern. Aber auch in optischen und medizinischen Geräten sind Schalter aus Rietheim eingebaut.
Die fortschreitende Automatisierung in vielen Lebensbereichen hat auf das Herstellungsprogramm großen Einfluß. So hat die Firma in Rietheim als erste in Deutschland die Fertigung der sogenannten Mikroschalter aufgenommen. Diese Mikroschalter sind sehr vielseitig verwendbar. Neuerdings werden sie auch im Automobilbau eingesezt, beispielsweise, um die automatische Türverriegelung zu steuern. Große Bedeutung hat der Bau elektronischer Schaltungen, mit denen in Elektrowerkzeugen die Drehzahl des Motors stufenlos geregelt werden kann. Die elektronische Datenverarbeitung bringt nun der Firma Marquardt neue Aufgaben: Mit der Entwicklung und Fertigung von Eingabetasten und programmierbaren Tastaturen für den Computerbereich werden im In- und Ausland neue Absatzmärkte erschlossen.

Zähler aus Aldingen

Großstädte in aller Welt kennen das kleine Aldingen in unserem Landkreis. Diese Verbindung der kleinen Primgemeinde mit Städten in allen Erdteilen kommt durch die Geschäftsbeziehungen der Aldinger Firma Hengstler zustande, deren Produkte „Zähler" und „Zeitsysteme" weltweit gefragt sind.
Vor allem der „Hengstler Zähler" ist das wohl am längsten bekannte Aldinger Erzeugnis. Was läßt sich mit diesem Gerät aber auch alles anfangen: Je nach Konstruktion und Aufgabe kann der Hengstler-Zähler die Zeit erfassen oder Längen messen, Mengen und Gewichte registrieren oder Drehzahlen feststellen. Er versorgt in Stallungen Nutztiere mit Futterportionen, füllt aber auch in Waffelbäckereien die Formen mit der richtigen Teigmenge. Bei Getränkeherstellern zählt er in der Flaschenabfüllanlage die durchlaufenden Flaschen und vermerkt gleichzeitig die Abfüllmenge. Im Straßenverkehr steuert das Gerät die Ampeln und dirigiert bei der Bundesbahn Stellwerke. Ja sogar in der Parfumherstellung wird der Zähler eingesetzt: Er dosiert bei der Zusammensetzung der Parfums feinste Duftstoffe.

Marquardt-Schalter

Hengstler-Zähler

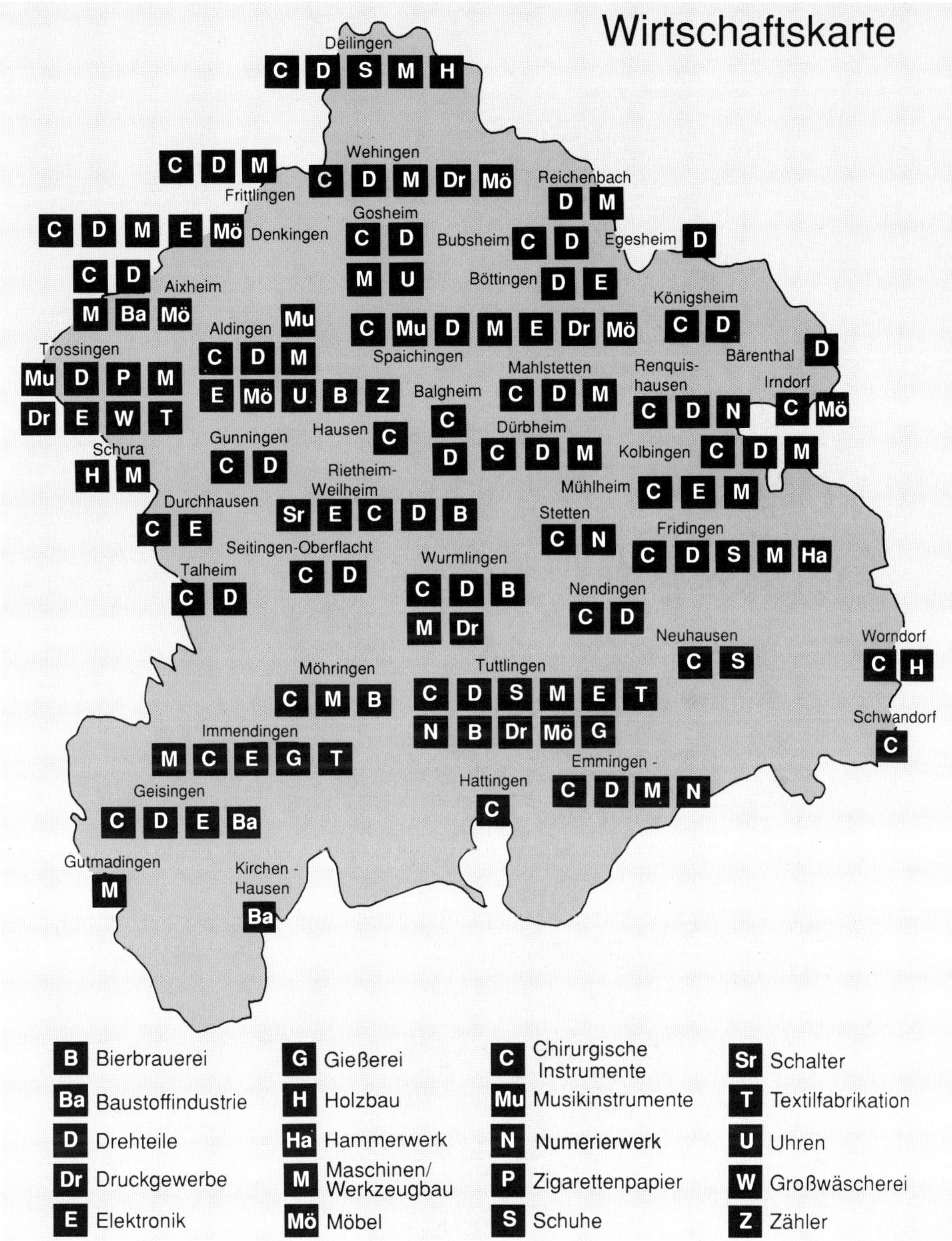
Wirtschaftskarte
Deilingen
C D S M H
Wehingen
C D M Dr Mö
C D M
Frittlingen
Reichenbach
D M
Gosheim
C D
M U
Bubsheim C D
Egesheim D
C D M E Mö Denkingen
C D
Aixheim
M Ba Mö
Böttingen D E
Königsheim
C D
Aldingen Mu
C Mu D M E Dr Mö
Spaichingen
Trossingen
Mu D P M
Dr E W T
C D M
E Mö U B Z
Bärenthal D
Mahlstetten
C D M
Renquis-
hausen
C D N
Irndorf
C Mö
Balgheim
C
D
Hausen C
Dürbheim
C D M
Kolbingen C D M
Gunningen
C D
Schura
H M
Rietheim-
Weilheim
Sr E C D B
Mühlheim C E M
Durchhausen
C E
Stetten
C N
Fridingen
C D S M Ha
Seitingen-Oberflacht
C D
Talheim
C D
Wurmlingen
C D B
M Dr
Nendingen
C D
Neuhausen
C S
Worndorf
C H
Möhringen
C M B
Tuttlingen
C D S M E T
N B Dr Mö G
Schwandorf
C
Immendingen
M C E G T
Emmingen -
C D M N
Hattingen
C
Geisingen
C D E Ba
Gutmadingen
M
Kirchen -
Hausen
Ba
B Bierbrauerei
Ba Baustoffindustrie
D Drehteile
Dr Druckgewerbe
E Elektronik
G Gießerei
H Holzbau
Ha Hammerwerk
M Maschinen/Werkzeugbau
Mö Möbel
C Chirurgische Instrumente
Mu Musikinstrumente
N Numerierwerk
P Zigarettenpapier
S Schuhe
Sr Schalter
T Textilfabrikation
U Uhren
W Großwäscherei
Z Zähler

Skilanglauf auf dem Großen Heuberg

Freizeitkarte

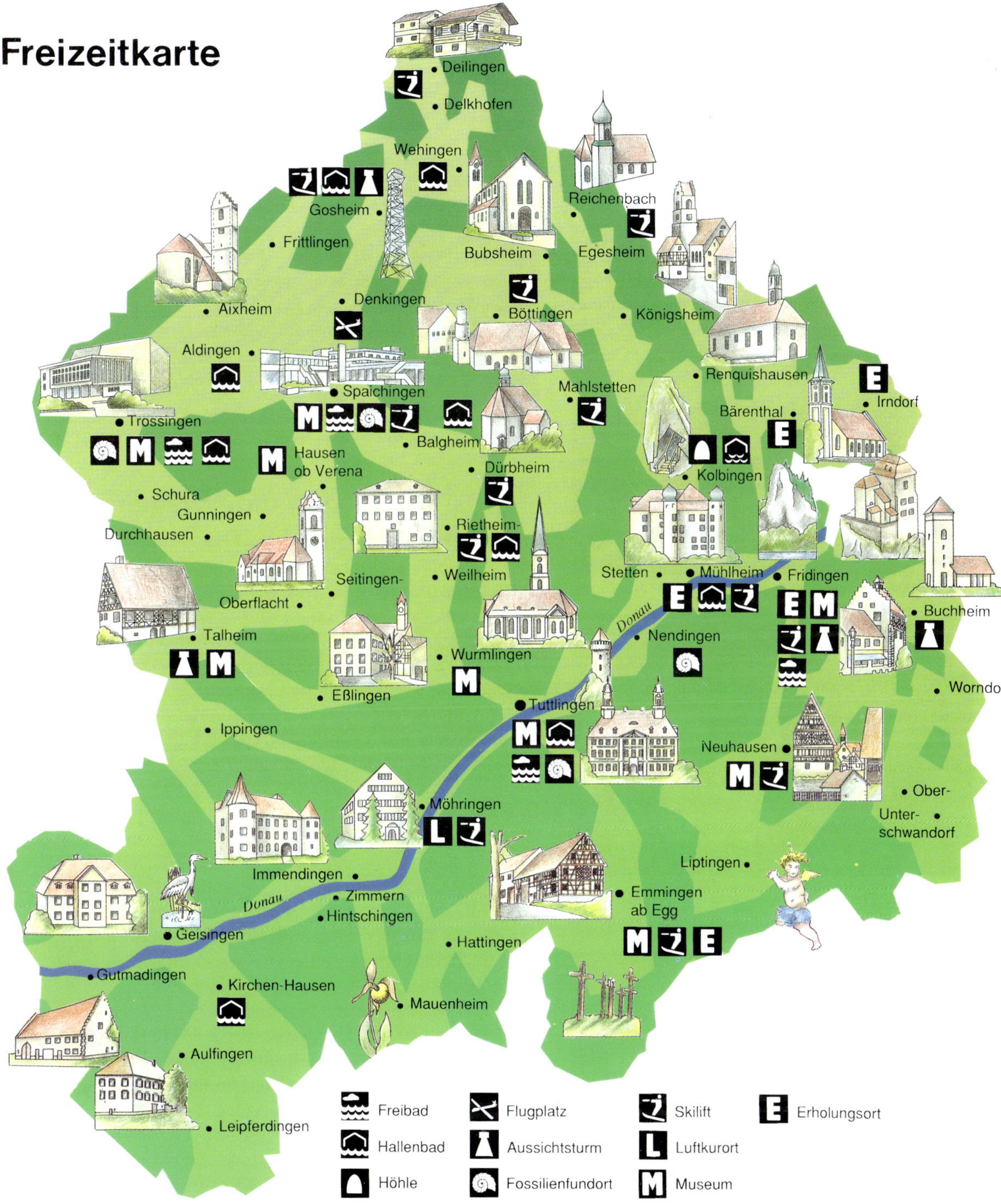

Wanderwege

Ruine Kallenberg

Immendinger Schloß

Ochsenbeckenhaus in Talheim

Auf vielen Wanderwegen – zu schönen Ausflugszielen

Im äußersten Süden des Landkreises liegt das Marktstädtchen *Geisingen*. Vom Rathaus führt ein gut markierter Wanderweg auf den ca. 3 km westlich entfernt liegenden Wartenberg. Dort besichtigen wir das Fürstlich Fürstenbergische Jagdschloß und den Kapuziner. Weiter geht es in den Unterhölzer Wald, der mit dem Unterhölzer Weiher das größte Naturschutzgebiet des Landkreises ist. Wir entdecken dort uralte Eichenbestände und seltene Pflanzen. Bei Dämmerung können wir Rudel von Rot- und Damwild beobachten.

Zwölf Kilometer in südwestlicher Richtung von Tuttlingen aus, liegt der heutige Garnisonsort und ehemalige reichsritterschaftliche Flecken *Immendingen*. Ausgangspunkt unserer Wanderung ist das Immendinger Schloß, das heutige Bürgermeisteramt. Von hier wandern wir in südöstlicher Richtung zur Donauversinkung. Im Sommer ist die Versinkung besonders gut zu erkennen.

Für einen Klassenausflug empfiehlt sich auch der Baum- und Vogellehrpfad. Er beginnt, vom Bahnhof Immendingen aus betrachtet, etwa 1 km entfernt in nördlicher Richtung „an der Staig". Kunstvoll geschnitzte Hinweistafeln informieren den Betrachter über die 40 Baumarten. Dazu zählen sowohl der Mammutbaum als auch die Feldulme oder die Silberbuche und die Platane. Zwischen den einzelnen Baumgruppen wachsen 15 verschiedene Sträu-

Hohenkarpfen

cherarten: das Pfaffenhütchen, der Haselstrauch, Schlehen- und Weißdornbüsche, . . . In den Sträuchern und Bäumen nisten viele Vögel, die ebenfalls auf Hinweisschildern erläutert werden. Natürlich fehlt auf einem solchen Wald- und Vogellehrpfad nicht der Bau der Roten Waldameise und eine Lehrtafel, die den Ameisenstaat erklärt.

Am westlichen Rand der Schwäbischen Alb liegt das ca. 1 000 Einwohner zählende Dorf *Talheim*. Hier wurde der Dichter Max Schneckenburger geboren und ist auch hier begraben. Er schrieb auch die „Wacht am Rhein". In seinem Geburtshaus befindet sich heute das Heimatmuseum. Sehenswert ist auch das „Ochsenbeckenhaus". Von dort wandern wir auf den 977 m hohen „Hohen Lupfen" mit seinem 23 m hohen Aussichtsturm.

Fast gegenüber von Talheim, am östlichen Rand des Landkreises Tuttlingen, auf einem Höhenzug der Schwäbischen Alb südlich der Donau, liegt der ca. 600 Einwohner zählende Ort *Buchheim* mit dem markanten Aussichtsturm, dem „Buchener Hans".

Zwischen Donautal und Bodensee wurde in *Neuhausen ob Eck* ein regionales Freilichtmuseum errichtet (s. S. 100, 101).

In *Kolbingen* erwartet uns eine begehbare und sehenswerte Tropfsteinhöhle.

Vom Aussichtsturm „Gansnest" überblicken wir diese reizvolle Landschaft.

Fridingen an der Donau ist nicht nur durch sein Naturschutzgebiet „Stiegelesfels" bekannt. Der Theaterfreund besucht gerne die Naturbühne Steintäle (s. S. 56).

Östlich von Denkingen finden wir die Sonnenstube Deutschlands, das *Klippeneck*. Im Durchschnitt werden hier die meisten Sonnentage im Jahr in Deutschland registriert. Dazu besitzt das Klippeneck einen der schönsten Segelflugplätze. Von hier aus können wir entlang dem Albtrauf in südlicher Richtung bis zum Dreifaltigkeitsberg wandern. Die barocke Wallfahrtskirche lädt dort zur stillen Andacht ein, auf dem Sporn des Berges ist eine keltische Wallanlage erkennbar.

Hinweistafeln des Baum-Vogel-Lehrpfades

Zwei besondere Lehrpfade

Der Baum-Vogel-Lehrpfad der Gemeinde Immendingen

Die Lehrpfade des Kreises Tuttlingen weisen auf Besonderheiten der Natur hin, regen zum Kennenlernen der Pflanzen, Tiere und Gesteine an und dienen so dem Natur- und Umweltschutz.
Der Baum-Vogel-Lehrpfad der Gemeinde Immendingen zeigt die heimischen Vogelarten und ihre Lebensweise und fordert zum Kennenlernen der Sträucher und Bäume auf.

Der geologische Lehrpfad Tuttlingen

Fünfzehn farbige Lehrtafeln erläutern die Geologie des Albrandes vom „Unteren Weißjura" am Schildrain bis zum „Oberen Weißjura" in Eichen.
Eine Tafel zeigt die 90 m mächtigen Mauerkalke mit dazwischenliegenden Tonbänken, die den Sockel rings um die Stadt Tuttlingen bilden. Die darunterliegenden wasserundurchlässigen Mergel verursachen den Wasserhorizont bei der Bleiche/Papiermühle. Andere Tafeln erläutern die Abtrennung des Honbergs von Eichen, die gewaltige Ausräumung des Leutbergs, die Urdonauschlingen und den heutigen Donauverlauf sowie erdgeschichtliche Zusammenhänge.
Im Steinbruch Eichen finden wir die härtesten, teilweise sogar polierfähigen Kalke, aus welchen z. B. das Rathaus Tuttlingen, der Fruchtkasten (heute Heimatmuseum) und die Stadtkirche erbaut worden sind. An der Oberkante des Steinbruchs entdeckt man ein mit Kristallen überzogenes Gestein, teilweise durch das Wasser ausgelaugt, mit Lehm eingeschwemmt und oft „Katzenköpfe" bildend.
Vor rund 25 Millionen Jahren drang zum letzten Mal das Weltmeer bis nach Tuttlingen vor, wo sich die Meeresküste befand. (Es gab damals noch keine Schwäbische Alb. Kurz vor der heutigen Albhochfläche – vor dem Waldspielplatz – hinterließ das Meer einen Kliffküstenabschnitt mit zahlreichen Bohrlöchern von Meeresbohrmuscheln. Unser Lehrpfad führt uns zu dieser Stelle.) Seitdem hat sich diese Meeresküste, ja das ganze heutige Albgebirge gehoben. Beim Wurmlinger Steigkreuz auf der Albhochfläche findet man noch älteste Urdonauschotterreste, ein sicheres Anzeichen des Aare-Donaulaufs, vor der Eintiefung in das heutige Donautal.
Eine weitere Tafel gibt uns Aufschluß über die Tierwelt des Jurameeres, insbesondere über die „Ammoniten".

„Vogeluhr"

Ammonit

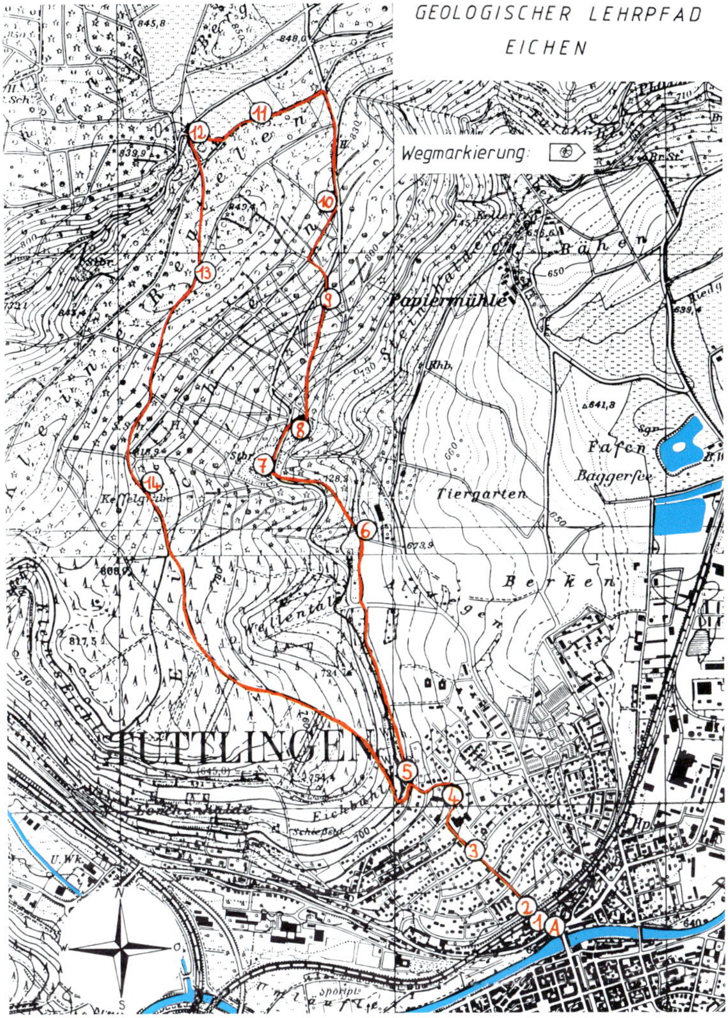

Der Geologische Lehrpfad Eichen

Der Geologische Lehrpfad Tuttlingen hat eine Länge von 6 km und liegt als reizvoller Wanderweg in den Waldgebieten Eichen und Reutelen. Er verläuft wie folgt:

Lehrtafel-Standorte: Stiftungs- und Erläuterungstafel am Aufgang zum Sonnenbuckel. Tafel 1: Am Sonnenbuckel, SW-Ecke der Brücke über dem Eisenbahneinschnitt Tutlingen-Sigmaringen. Tafel 2: Am Sonnenbukkel, NW-Ecke über dem Eisenbahneinschnitt Tuttlingen - Sigmaringen. Tafel 3: Brückenstraße, SW-Ecke der Grünanlage bei der Auferstehungskirche. Tafel 4: Berliner Ring, südlich der Schildrain-Schule. Tafel 5: Gewann Eichen, SO-Ecke Waldrand. Tafel 7: NO-Ecke Steinbruch Eichen. Tafel 8: Erste Waldwegabzweigung rechts – Hangweg Abt. 6. Tafel 9: Waldweg hangaufwärts, kurz vor der Rußbergstraße, Gewann Eichen. Tafel 10: Waldweg links der Rußbergstraße, Gewann Eichen. Tafel 11: Am Traufweg Gewann Reutelen mit Blick auf die unbewaldete Hochfläche des Gewann auf dem Berg. Tafel 12: Südlich des Rastplatzes beim Wurmlinger Steigkreuz.

Szene aus „Die Weber" von Gerhard Hauptmann, Aufführung 1988

Naturbühne Steintäle Fridingen

Die helle Beleuchtung erlischt langsam. Im Zuschauerraum wird es dunkel und nur der schmale, steinige Weg zwischen den Zuschauerreihen und der Theaterbühne bleibt hell erleuchtet. Es herrscht gespannte Stille. Rechts unten, an der engsten Stelle der Schlucht, öffnet sich das Tor der Eingangspforte. Nacheinander erscheinen mehrere in Lumpen gekleidete Gestalten. Auf ihren Schultern je einen Ballen Leinen tragend, schleppen sie sich sichtlich erschöpft bergan. In der Mitte der Bühne werden sie von den Gehilfen des Fabrikanten schon erwartet. Während sie hier für ihre mühselige Arbeit nur einen Hungerlohn bekommen, erkennt der Zuschauer rechts oberhalb der Pforte bereits die vornehme Villa des reichen Fabrikanten. Dagegen liegt die armselige Hütte der Weber links oben noch im Dunkeln. Im Hintergrund begrenzt die steil ansteigende Felswand die ganze Szenerie.

Die Naturbühne trägt ihren Namen zu Recht. Jedes Schauspiel – ob wie hier Hauptmanns „Weber", Schillers „Wilhelm Tell", Dürrenmatts „Besuch der alten Dame" oder Arthur Millers „Hexenjagd" – erhält vor dem Hintergrund dieser Naturkulisse einen ganz besonderen Reiz.

Seit 1963 wurden hier 37 verschiedene Aufführungen gespielt. Dabei ist der Laienspielgruppe des Kulturringes Fridingen die Auswahl sicher nicht immer leicht gefallen. Denn zusätzlich zu der Anforderung, daß das Stück zu dem vorgegebenen Rahmen der Naturbühne passen muß, stellen die Spieler noch weitere Ansprüche: Sie möchten ihre Zuschauer nicht nur unterhalten, sondern durch das Theaterspiel auch zu neuen Gedanken anregen. Deshalb muß das Spiel eine lohnenswerte Aussage enthalten. Gleichzeitig darf es aber nicht zu schwer verständlich sein, damit das Publikum nicht von vornherein abgeschreckt wird, sondern einen Zugang zu Theater und Literatur finden kann. Außerdem muß bei der Auswahl des Theaterstückes natürlich darauf geachtet werden, daß die Anzahl der Rollen, die zu vergeben sind, zur Spielgruppe des Kulturringes paßt. Ist das Stück schließlich ausgewählt und sind die Rollen verteilt, kann schon im Februar mit den Proben begonnen werden. Auch für die Mitglieder, die nicht spielen, gibt es jetzt viel zu tun: Kostüme müssen genäht, Requisiten beschafft, Kulissen gebaut und die Technik organisiert werden.

Dann endlich ist es soweit. Im Juni findet die Premiere statt. Danach wird das Theaterstück an acht Wochenenden jeweils freitags und samstags aufgeführt.

Die Laienschauspieler, die für das Theaterspiel soviel Zeit aufwenden, müssen vom Spielen begeistert sein. Es reizt sie, in fremde Rollen zu schlüpfen, im Rampenlicht zu stehen und die Reaktionen der Zuschauer zu spüren.

Welchen Spaß Theater spielen machen kann, erfahren im Steintäle seit 1977 auch Kinder und Jugendliche. Denn seitdem spielen sie jedes Jahr im Sommer ein Märchen, das mittlerweile nicht nur bei kleinen Gästen sehr beliebt ist.

Die jungen Spieler entdecken schon früh die Freude am Theater. Nachwuchssorgen kennt der Kulturring daher nicht.

Unterhölzer Weiher

Zur Landschaftsgeschichte des Kreisgebiets

Nicht nur Städte, Dörfer und Staaten, sondern auch Landschaften haben ihre Geschichte. Die Mannigfaltigkeit der Gesteine zeugt von dem wechselvollen Geschick der Landschaft unseres Kreises im Laufe der Erdgeschichte. Berge, Täler und Flüsse sind nicht immer so gewesen wie heute. Nur muß man hier in Jahrmillionen denken können. Die Gesteine unserer Landschaft sind vor 150 Millionen Jahren im Jurameer entstanden. Nachdem vor 135 Millionen Jahren das Jurameer abzog und der Grund sich heraushob, begannen Verwitterung, Auflösung, Abtragung und Aufschüttung. Einher ging die Hebung unserer südwestdeutschen Landschaft durch erdinnere Kräfte.

Die einst im Jurameer abgelagerten Schichten wurden freigelegt. Riesige Flüsse modellierten die Landschaft heraus.

Die ältesten Schichten, die noch vor der Jurazeit in der Keuperzeit (vor 200 Millionen Jahren) abgelagert wurden, können wir im nordwestlichen Kreisgebiet um Trossingen, Aldingen und Aixheim erkennen. Dort finden sich Platten mit Stubensandstein, Bunten Mergeln und Knollenmergeln.

Von dort aus steigt die Landschaft gegen den Albtrauf an, der sich von SW nach NO durch das Kreisgebiet oft wie eine Mauer hinzieht.

Südöstlich der Linie Trossingen-Aldingen-Frittlingen liegt über den obersten Keuperschichten die Geländestufe des Schwarzen Juras. Über der Schicht des Schwarzen Juras folgt dann eine sanft ansteigende Stufe des Braunen Juras.

Am Wanderweg zwischen Spaichingen und Gosheim kann man diese Braunjura-Vorhänge beobachten. Doch haben härtere Schichten des Braunen Juras auch Terrassen gebildet, westlich und nördlich von Gosheim in Richtung Deilingen, dort allerdings auch schon von Weißjuraschuttmassen überdeckt.

Eine weitere Braunjuraterrasse finden wir bei Hausen o. V. um den Hohenkarpfen herum und gegen Gunningen und Trossingen hin.

Auch die Abhänge des Hohenlupfen bestehen aus Braunjura, während die Decke des Berges schon Weißjura ist. So bildet eigentlich der Braune Jura den Fuß der Berge, ihre Hochfläche und ihre Stirnen werden von den Schichten des Weißen Juras aufgebaut. Das sind die Schicht- und Massenkalke und die weißen Schwammstotzen (aus Schwämmen des einstigen Meeres), die den Felsenkranz bilden, der die Talkanten begleitet.

Diese ganze Juratafel ist nach SW geneigt. Der Tafel wurden dann von Süden her Molasse (Meeresablagerungen des Voralpenmeeres) aufgeladen, so in der Hegaualb. Riesige Flüsse aus dem Schwarzwald schütteten die Nagelfluh (zusammengebackene Kieselbatzen) des Witthoh auf.

Schließlich trugen auch noch die Gletscher der Rißeiszeit Moränen bis in die Nähe von Neuhausen ins Kreisgebiet.

Eine Besonderheit im südöstlichen Kreisgebiet, in der Hegaualb, ist der Vulkanismus mit Vulkanausbrüchen in der Zeit vor 10 bis 7 Millionen Jahren.

Nun ist das Juragestein auch in besonderem Maße der Verkarstung ausgesetzt, ein Vorgang, bei dem Kalk durch Wasser aufgelöst wird. So entstanden im Albkörper riesige Hohlräume, die heute auch als Höhlen zugänglich sind. Die löcherigen Dolomitsteine (Katzenköpfe) auf der Albhochfläche zeugen davon, ebenso die die zahlreichen Erdfälle (Dolinen). Das sind Hohlräume, die dicht unter der Oberfläche lagen und eingebrochen sind. Zahlreiche Trockentäler auf der Albhochfläche belegen diesen Vorgang. Das eindrucksvollste Beispiel der Kalkauflösung ist die Donauversinkung zwischen Immendingen und Möhringen, wo ein ganzer Fluß in den Tiefen verschwindet.

Die Donauversinkung

Bei Immendingen tritt die Donau in die Weißjuraschichten ein. Zwischen Immendingen ist der normale Schichtaufbau erheblich gestört. Die Weißjuraschicht Beta ist hier stark verbogen. Diese Erscheinung ist als „Immendinger Flexur" bekannt. Das Flußbett grenzt im „Brühl"direkt an große Felsspalten, in denen das Wasser in großem Umfang versikkern kann, so daß das Flußbett im Sommer oft wochenlang total ausgetrocknet ist.

Aber wohin verschwindet die Donau?

Durch Färbversuche hat man festgestellt, daß sich das Wasser im zerklüfteten Juragestein einen unterirdischen Weg nach Süden sucht. Bei dem kleinen, zwölf Kilometer Luftlinie entfernten Hegaustädtchen Aach kommt das Wasser der Donau im sogenannten Aachtopf als Quelle heraus. Es braucht zwei bis zweieinhalb Tage für diese Strecke durch die unterirdischen Gänge. Mit einer durchschnittlichen Schüttung von 9 000 l/s (manchmal schüttet sie nur 1 300 l/s und dann wieder 25 000 l/s) ist die Aachquelle die größte Quelle Deutschlands.

Das ist nun aber viel mehr Wasser, als die Donau bei Immendingen verliert.

Als man weiterforschte, entdeckte man, daß die Donau noch an vielen anderen Stellen auch angezapft wird, z. B. in Tuttlingen, besonders aber dann bei Fridingen, wo man im Flußbett ebenfalls Schlucklöcher entdeckte. Da kann man aber nicht mehr nur von einer Versickerung sprechen, da ist das Wort Versinkung angebracht. Inzwischen hat man festgestellt, daß die Aachquelle ein Einzugsgebiet von über 300 km^2 hat und weit in den Einzugsbereich der Donau eingedrungen ist. So nimmt die Aach unterirdisch der Donau das Wasser ab und liefert es an den Rhein. Sie mündet bei Radolfzell in den Bodensee und übergibt es dem Rhein, der gleich etwas südlich den Untersee verläßt.

Nun hat man auch festgestellt, daß diese unterirdischen Wässer auch weiter Kalk auflösen, denn das Donauwasser, das mit sieben Härtegraden aus dem kalkarmen Schwarzwald kommt, sprudelt im Aachtopf mit 10 Härtegraden hervor. Die einfache Rechnung ergibt, daß diese Wässer im Jahr 6 000 m^3 Kalk auflösen, das sind täglich etwa 16 m^3 Kalkgestein.

Das erklärt auch, daß sich die Vollversinkungstage der Donau von 1880 bis 1980 von 80 Tagen auf 200 Tage vermehrt haben.

Wenn man erdgeschichtlich denkt, kann man ausrechnen, daß die Donau in wenigen tausend Jahren hier ganz verschwunden sein wird (s. S. 74 – 77).

Donauversinkung

Erdgeschichtliche Tabelle für die Schwäbische Alb

		Alter		Markante Ereignisse und Schichten
Erdneuzeit/Känozoikum	Quartär	Holozän		Bodenbildung, Einwirkung des Menschen auf die natürliche Umgebung
			10 000 J.	
	Quartär	Pleistozän		mehrmalige Vergletscherung des Alpenvorlands bis auf kleine Teile der südlichen Schwäbischen Alb hinauf
			~2 Mio. J.	
	Tertiär	Pliozän		Entwicklung des heutigen Flußnetzes
			~ 7 Mio. J.	
	Tertiär	Miozän	~ 15 Mio. J.	Vulkanismus auf der Mittleren Alb und im Hegau, Meteoreinschläge auf der Ostalb, Meeresküste etwas nördlich des Albsüdrands (Kliff)
	Tertiär	Oligozän		Meere im Molassebecken nördlich der Alpen, Füllung von Karstspalten auf der Alb
			~ 38 Mio. J.	
	Tertiär	Eozän Paläozän		
			~ 65 Mio. J.	
Erdmittelalter/Mesozoikum	Kreide	Kreide		in Südwestdeutschland keine Ablagerungen, festländische Verwitterung, eventuell auch Verkarstung der Jurakalke
			~135 Mio. J.	
	Jura	Oberer = Weißer Jura		in Süddeutschland warmes, meist flaches Meer, reiches Leben, Bildung mächtiger Kalksteine, weniger Mergel
			~155 Mio. J.	
	Jura	Mittlerer = Brauner Jura		bis zum Ende des Braunjura unterschiedliche Meeresverbreitung mit Küstenbildungen (eisenhaltige Sandsteine)
			~175 Mio. J.	
	Jura	Unterer = Schwarzer Jura		epsilon (Posidonienschiefer) mit reicher Lebewelt, Vordringen des Meeres
			~195 Mio. J.	
	Trias	Keuper Muschelkalk Buntsandstein		zeitweilig wüstenhaftes Festlandsklima, zeitweilig eindampfendes Meer
			~225 Mio. J.	
Erdaltertum/Paläozoikum				nur örtlich im Untergrund Ablagerungsgesteine, sonst Grundgebirge (Granite, Gneise)

Zur Landschaftsgeschichte der Baaralb

Die Baaralb, zu der auch das Bergland südlich von Geisingen bis zur Aitrach zählt, ist von fünf Tälern in Bergstöcke zerlegt. Die Bäche, die aus dem Braunjuragebiet kommen, haben sich hier durch den Weißen Jura hindurch zur Donau durchgesägt: die beiden Talbäche von Öfingen und Ippingen her, der Krähenbach von Talheim her, die dreiarmige Elta aus dem Raum Durchhausen und Gunningen.

Die bewaldeten Weißjuraberge haben alle Oberverebnungen („Sargdeckelform"), weil sie eine Decke aus den wohlgebankten Kalken haben (Weißjura Beta). Ebenfalls eine Decke aus diesen Kalkbänken haben der Hohenlupfen und der Hohenkarpfen, die aber schon außerhalb des Albtraufs im Braunen Jura liegen. Man nennt diese Albvorberge auch Ausliegerberge.

Der Schwarze Jura (Lias) wird auf der Linie Tuningen-Schura-Aldingen vom Braunen Jura (Dogger) überlagert. Die Schwarzjuraflächen sind Ackerland, der Braune Jura hat noch Ackerland, meist aber Wiesenland mit Obstbäumen. Er bildet die Hänge am Albtrauf. Wenn man die Weißjurabergstöcke erstiegen hat, kann man auf den bewaldeten Hochflächen wieder bequem wandern.

Auf eine Besonderheit ist bei Trossingen hinzuweisen, wo eine noch tiefere Schicht als der Jura ansteht und in unruhigen Geländeformen erkennbar ist. Es ist dies der Obere Keuper. In einer Schicht dieses Keupers, den Knollenmergeln, hat man Skelette von Sauriern gefunden. Das größte davon, der „Plateosaurus Trossingensis", der vor 200 Millionen Jahren hier gelebt hat, war 8 m lang. Er ist der „Star" des Museums am Löwentor in Stuttgart. Ein Abguß dieses Sauriers steht im Heimatmuseum in Trossingen.

Ein weiterer bemerkenswerter geologischer Aufschluß im Keuper liegt bei Neuhaus an der Prim. Dort sind in besonders anschaulichem Profil die Schichten der Bunten Mergel freigelegt. Außerdem findet man in der Nähe kleine Steinbrüche im Stubensandstein.

Hungerbrunnen, Tuffstein, Höhlen, Trockentäler, Dolinen auf dem Großen Heuberg

Die Kuppenalb des Heubergs ist das höchst gelegene Gebiet des Landkreises, gleichzeitig aber auch der Schwäbischen Alb überhaupt. Um den höchsten Berg der Schwäbischen Alb, den Lemberg (1 015 m), gruppieren sich weitere sechs 1000er-Berge.

Der wichtigste Bach, der sich aus dem Braunen Jura durch den Weißen Jura hindurchgenagt hat, ist die zweiarmige Bära (Untere und Obere Bära). In den anderen, oft wildromantischen Tälern zur Donau hin, fließen nur noch spärliche Gewässer. Die Verkarstung des Gebirges ist hier schon sehr weit fortgeschritten.

Da und dort trifft man auf dem Heuberg auf kreisrunde tiefe Löcher. Das sind Erdfälle (Dolinen). Auch sie gehen auf die Verkarstung zurück, denn da sind unterirdische Hohlräume eingestürzt.

Nach langer Regenzeit sind die Hohlräume des Albkörpers ganz mit Wasser gefüllt. Da kann es sein, daß aus einem solchen Hohlraum, das Wasser an die Oberfläche drückt. Da entsteht dann mitten im Feld plötzlich eine Quelle. Man nennt diese Quellen auch Hungerbrunnen, weil sie ein Hungerjahr ansagen sollen. Das ist natürlich so zu erklären, daß in besonders nassen Jahren eben die Ernte verdirbt.

Nun kommen auch an den Talhängen oft Quellen heraus. Diese nennt man Karstquellen. Natürlich ist ihr Wasser besonders kalkhaltig. Wenn das Wasser nun aus der Kälte der Tiefe an die warme Außenluft kommt, sondert es den Kalk besonders leicht aus. Es bildet sich Tuffgestein. Der Wulfbach bei Mühlheim hat bei der Mühlheimer Altstadt einen riesigen Tuffsteinklotz aufgebaut. Im Bäratal hat man diesen Tuff in Steinbrüchen abgebaut. Im feuchten Zustand kann man ihn sägen. Später wird er stahlhart. Von den Bärenthaler Tuffsteinbrüchen wurden die Tuffsteine mit Pferdefuhrwerken und später mit Lastwagen weit weg zum Häuserbau gefahren. Die Bahnhöfe der Donautalbahn sind fast alle aus Tuffstein gebaut. Ein kleiner Tuffsteinbruch bei Bärenthal ist auch heute noch in Betrieb. In Ensisheim im Bäratal kann man die Wände des ehemaligen großen Tuffsteinbruches bewundern.

Belemnit

Seeigel, versteinert

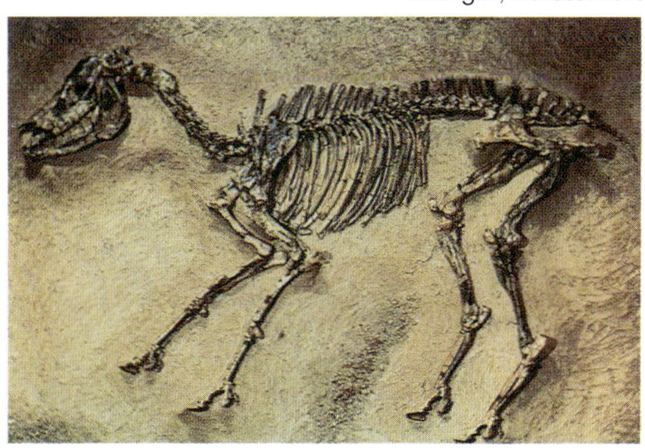

Urpferd

Doline im Irndorfer Hardt

Tropfsteine in der Kolbinger Höhle

Durch die Verkarstung ist aber mit den Höhlen eine herrliche Unterwelt entstanden. Man kommt auf dem Heuberg rasch auf etwa 30 Höhlen und Höhlenruinen, Felsschirme und Felslöcher, Schächte und Felsgrotten.

Wer das alles einmal in Augenschein nehmen will, der sollte die Kolbinger Höhle, die einzige gut zugängliche Höhle auf dem Heuberg, einmal besuchen. Auch die Mühlheimer Felsenhöhle ist mit Lampen zugänglich. Bei Forschungsfahrten auf eigene Faust muß man aber sehr vorsichtig sein, da man sich da rasch in unnötige Gefahr begibt, die man vorher nicht absehen kann.

Als die großen Hohlräume im Inneren der Erde gebildet waren, begann ein neuer Vorgang. Wenn jetzt die kalkhaltigen Wasser in diese unterirdischen Räume eindrangen, sonderten sie wieder den Kalk aus, den sie von den Wanderungen durch das Gestein mitgebracht hatten. So entstanden in diesen

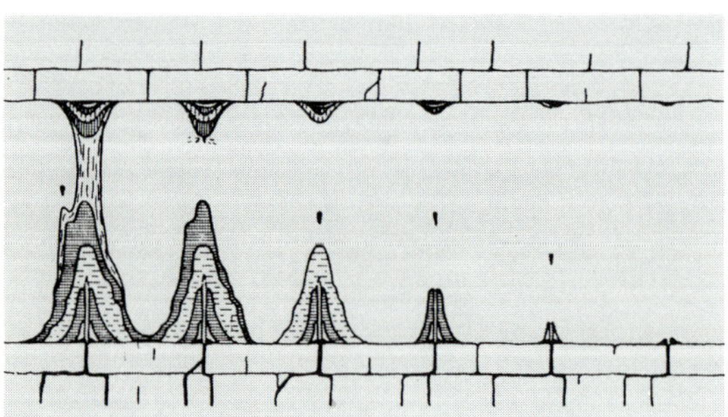

Entstehung von Tropfsteinen (nach Wagner 1950). Oben Stalaktiten oder Deckentropfsteine, unten Stalagmiten oder Bodentropfsteine.

Hohlräumen Tropfen um Tropfen die wundersamen Tropfsteingebilde, die Stalaktiten (Deckenzapfen) und Stalagmiten (Bodenzapfen), Versinterungen an der Wand, Sinterfahnen und Sinterleisten. Über vorspringendem Gestein entstanden Sinterschleier und Baldachine. Tropfsteine wuchsen zu Kaskaden, und da und dort entstanden Sinterbecken, schließlich aber auch Bergkristall und „Teufelskonfekt" (kleine Steinkugeln in den Sinterbecken).

Aber auch Tiere leben in den Höhlen, die Höhlenspinne (Meta menardi) und Springschwänze. Fledermäuse überwintern an der Decke.

Wo Licht ist, entsteht Grün. Man nennt dieses Grün die Lampenflora.

Wenn auf dem Heuberg Baugruben ausgehoben oder Wasserleitungen gegraben werden, kommen die Fossiliensammler. Wer Glück hat kann da und dort einmal eine „Schnecke", einen Ammoniten, finden, den er kaum mit beiden Armen umfassen kann. Es gibt diese „Ammonshörner", die Reste der Tiere aus dem einstigen Jurameer, also über 150 Millionen Jahre alt, in allen Größen. Besonders Steinbrüche sind für die Suche geeignet. Wenn man da mit einem Hämmerchen im Gestein klopft, findet man bald kleinere und größere Exemplare oder auch spitze Belemniten oder gar einen Seeigel.

Bei Nusplingen, gleich hinter der Kreisgrenze, hat man wunderschöne Exemplare gefunden. Viele Sammler auf dem Heuberg haben große Schätze dieser Ammoniten gesammelt und stellen sie oft in ihren Gärten aus. Für den Wissenschaftler sind diese „Petrefakten" von besonderer Bedeutung. Nach ihnen wird die Schichtfolge des Juragesteins bestimmt.

Nagelfluh

Bohnerze und ein „Urweltfenster" auf der „Eck" und in der Hegaualb

Auch die „Eck" weist einige Besonderheiten der Geologie auf. Bei Neuhausen ist die „Eck" eine Weißjurahochfläche mit den typischen Trockentälern und Dolinen, von denen die Harreiser Erdfälle besonders bekannt sind.

Wenn man von Neuhausen aber südostwärts in den „Schindelwald" wandert, erscheint plötzlich eine ganz neue Gesteinsart. Bis hierher haben in der Riß-Eiszeit die Gletscher der Alpen ihren Schutt verfrachtet. Man nennt diese Schotter Moränen. Im Schindelwald entdeckt man außerdem noch ein kleines Hochmoor, ein Relikt aus der Eiszeit.

Auf der „Eck" ist die Hochfläche teilweise mit der sogenannten „lehmigen Albüberdeckung" überdeckt. Diese stammt aus dem Vorgang der Verwitterung. In diesem Lehm hat sich Eisenerz gebildet. Man findet darin bohnengroße „Bohnerze". Am besten entdeckt man sie nach Regengüssen oder nach der Schneeschmelze.

Besonders reiche Vorkommen entdeckte man bei Neuhausen und bei Emmingen-Liptingen.

Der hohe Bergrücken des Witthoh ist eine mächtige Schotteraufschüttung. Diese Schotter mit den runden „Kieselbatzen" müssen von mächtigen Flüssen hierher verfrachtet worden sein. Sie sind untereinander fest verbacken und sehen in Aufschlüssen aus wie Nägelköpfe. Allerdings liegen die Schotter mit Schwarzwald- und Juragestein einfach so auf den Äckern herum. Die Aussichtsplatte auf dem Witthoh ist aus Juranagelfluh aufgebaut. Aber auch gleich daneben befindet sich ein kleiner Aufschluß.

Vor 15 bis 7 Millionen Jahren waren im Hegau die Vulkane tätig. Aus dieser Zeit stammen die schwarzen Basalte auf dem Wartenberg und auf dem Hewenegg bei Hattingen. Beides sind Vulkanruinen.

Auf dem Hewenegg wurde dieser Basalt in einem Steinbruch abgebaut. Dabei wurde im Krater ein inzwischen weltberühmter Fund gemacht. Es lagen dort 12 Skelette einer Antilopenart, Nashornskelette und Skelette von Schildkröten. Der wichtigste Fund aber waren mehrere Skelette des „Hipparion", des Urpferdes, das damals an den Füßen nicht einen Huf sondern drei Zehen hatte. Man schätzt sein Alter auf 10 Millionen Jahre.

Im Hewenegg-Steinbruch ist ein richtiges „Urweltfenster" entstanden, ein Kleinod für die Wissenschaftler, die dort die vulkanischen Ereignisse besonders gut studieren können.

Es konnte verhindert werden, daß dort eine Mülldeponie angelegt und der Krater zugeschüttet wurde. Heute haben in diesem Naturschutzgebiet seltene Tier-und Pflanzenarten einen günstigen Lebensraum.

Monats- und Jahresmittelwerte der Wetterstation Klippeneck (973 m ü. NN) der Jahre 1951 bis 1980

Monat	**Monatsmittel Lufttemperatur**	**Monatssumme Niederschlag**	**Monatssumme Sonnenschein**
Januar	- 2,1 °C	51 mm/qm	76 Std.
Februar	- 1,4 °C	53 mm	94 Std.
März	+ 1,5 °C	50 mm	138 Std.
April	+ 4,9 °C	66 mm	166 Std.
Mai	+ 9,3 °C	89 mm	203 Std.
Juni	+ 12,5 °C	124 mm	215 Std.
Juli	+ 14,5 °C	96 mm	239 Std.
August	+ 14,0 °C	116 mm	218 Std.
September	+ 11,5 °C	62 mm	187 Std.
Oktober	+ 7,2 °C	56 mm	153 Std.
November	+ 2,0 °C	59 mm	85 Std.
Dezember	- 0,8 °C	48 mm	79 Std.
Jahr	+ 6,1 °C	869 mm	1852 Std.

Extremwerte seit 1946 bis heute auf der Wetterstation Klippeneck

Absolutes Lufttemperaturmaximum:	33,7 °C am 27.07.1983
Absolutes Lufttemperaturminimum:	- 27,1 °C am 10.02.1956
Höchste tägliche Niederschlagsmenge:	84,6 mm am 07.07.1987
Höchste monatliche Niederschlagsmenge:	246,4 mm im Juni 1975
Höchste Schneehöhe:	93 cm am 22. u. 26.02.1963
Höchste monatliche Sonnenscheindauer:	340,5 Stunden im Juli 1983

Wetter und Klima im Kreisgebiet

Durch den Kreis Tuttlingen geht der 48. Grad nördlicher Breite, und das Hauptgebiet des Kreises liegt zwischen dem 8. und 9. Grad östlicher Länge.
Dieser geographischen Lage nach zählt der Kreis Tuttlingen zum gemäßigten, etwas feuchtkühlen Klima Mitteleuropas mit leicht kontinentaler Prägung.
Vom Süden her wird dieses Klima beeinflußt vom warmen Bodenseeklima, vom Norden und Westen her vom rauhen Klima der Schwäbischen Alb und der Baar. Das ganze Gebiet gehört überwiegend zum Klimabezirk der Schwäbischen Alb mit einer mittleren Niederschlagsmenge von 800 - 900 mm, einem Jahresmittel von 8 Grad Celsius und vorherrschenden westlichen bis südlichen Winden.
Nun zeigen sich aber in den Naturräumen des Kreisgebietes auch lokale klimatische Unterschiede. Auf den Höhen des Heubergs sind die Temperaturen und die Niederschläge anders als in den Tallagen und auf der Baar-Hochebene.

Sonnenschein und Bewölkung

In den Tallagen kommt wegen der häufigen Nebelbildung die Sonne weitaus weniger durch als in den Höhenlagen. So beträgt das langjährige Mittel der Sonnenscheindauer in Tuttlingen 1 600 Stunden im Jahr, in Emmingen ab Egg ca. 1715 Stunden im Jahr und auf dem Klippeneck 1915 Stunden im Jahr. Man nennt das Klippeneck auch die „Sonnenstube Deutschlands", weil das die höchste Sonnenscheindauer Deutschlands ist.

Die Luftfeuchtigkeit

In den freien Höhenlagen des Heubergs und der Eck ist im Tages- und im Jahresverlauf eine große Gleichmäßigkeit der Luftfeuchtigkeit zu verzeichnen. Im Sommer herrscht in den Tälern um die Mittagszeit oft große Hitze, wenn auf den Höhen ein angenehm kühler Wind geht. Um die Mittagszeit im Winter liegen in den Tälern meist starker Taldunst und Nebel, während auf den Höhen der Sonnenschein vorherrscht und oft eine herrliche Fernsicht zu den Alpen gewährt. Die ausgesprochenen „Schwületage" sind im Kreisgebiet nicht so häufig wie z. B. in der Rheinebene (Kreisgebiet: 4 - 6 Tage; Rheinebene: 14 Schwületage).

Die Temperaturen

Wenn Kaltluft einfließt, bleibt diese in den Tälern oft lange wie eine träge Masse liegen, besonders im Faulenbachtal und im Gebiet der Baar. Da kann es dann zwischen 130 und 150 Frosttage im Jahr geben (Freiburg 49, Stuttgart 88). Es kann also durchaus vorkommen, daß es im Winter auf den Höhen des Heubergs auch einmal wärmer ist als in den Tälern ringsrum.

Die mittleren Temperaturen im Januar sind für das Baar-Becken -4° C, für den Heuberg -2,1° C und für Tuttlingen -1,3° C (Freiburg +3,6° C).

Im Juli hat Tuttlingen +15,2° C im Mittel, der Heuberg +14,5° C im Mittel (Freiburg +19,9° C im Mittel).

Klimagutachten

Die Orte Möhringen, Emmingen ab Egg, Fridingen und Mühlheim ließen für die Anerkennung als Erholungsort ein Klimagutachten erstellen und wurden als sehr günstig eingestuft.

Dabei wurden hervorgehoben die hohe Sonnenscheindauer, wenig Tage mit Niederschlägen in den Monaten September und Oktober, warmer, freundlicher Herbst, im Sommer wenige Tage mit Schwüle, in Tal- und Muldenlagen im Sommer starke Abkühlung, Klimaausgleich durch ausgedehnte Wälder, tiefe Januartemperaturen, ein insgesamt also kontinental geprägtes Klima, mit ausreichenden, sehr günstig verteilten Niederschlägen. Winter und Sommer dauern hier jeweils etwa 5 Monate, Herbst und Frühjahr sind kurz und sonnig.

. . . im Tal kälter als auf der Höhe

Der Unterhölzer

Genau da, wo die Donau in das Kreisgebiet hereinkommt, liegt gleich linkerhand unterm Basaltvulkan das größte Naturschutzgebiet des Landkreises Tuttlingen mit 143 ha. Wenn man das Gebiet durchwandert kann man danach kaum sagen, was einen nun besonders beeindruckt hat, der Unterhölzer Forst, ein ehemaliger Wildpark mit 150 Jahre alten Lärchen, den 200 Jahre alten Buchen und den 400 Jahre alten Eichen, oder der Unterhölzer Weiher mit dem sich anschließenden Birkenried, einem Hochmoor, das von einem Wiesenmoor umlagert ist.

Das Moor stammt aus der Eiszeit und ist ein Relikt der eiszeitlichen Donau. Der Weiher ist angestaut, wirkt aber durchaus natürlich. Schon in einer Beschreibung von 1681 wird das Moor „in den birken" erwähnt. Es ist reich an botanischen Kostbarkeiten der Wasser-, Sumpf-, Moor- und Riedgesellschaften. Außerdem ist auch der Weiher beliebter Rastplatz für Zugvögel auf dem Durchzug.

Vom Unterhölzer Forst heißt es, er sei „der Walt, genannt der Unterholtzer, do die wolf sint". Was aber diesen Forst, der dem Hause Fürstenberg gehört, so bedeutsam macht, ist, daß er schon seit 1787 wie ein Naturschutzgebiet geschont wurde, denn es heißt in einer Urkunde aus diesem Jahr, „daß darin kein Axt gehauen hat".

In der napoleonischen Zeit versteckten die Bauern der Baar ihr ganzes Vieh in diesem Wald, an die 6000 Stück. Da wurde natürlich aller Jungwuchs abgefressen.

Ein schnurgerader Weg, der mitten durch den Forst führt, so daß er mit Kutschen befahren werden konnte, erinnert an die Zeit, da Kaiser Wilhelm II. vor dem Ersten Weltkrieg hier an Hofjagden teilnahm.

Von 1787 bis 1918 war hier ein Tiergehege mit allen wildlebenden Tieren der Heimat. 1918 schossen meuternde Truppen, die vom Krieg auf dem Rückmarsch waren, wahllos das ganze Wild nieder. Das war das Ende des weitum beliebten Wildtiergartens. Man muß einmal das Gebiet vom „Rankantoni" bis zum „Eckjakob" durchwandern, von einem „Torhäusli" zum andern. Da darf man dann auch geschwind einmal wieder an den Antoni und den Jakob denken, die getreue Hüter und Schützer dieser urtümlichen Wälder waren.

Das „Dürbheimer Ried"

An der europäischen Wasserscheide zwischen Prim (zum Neckar und zum Rhein) und Faulenbach (zur Donau) bei Dürbheim liegt das große Moorgebiet des „Dürbheimer Riedes". Manche führen die Entstehung dieses Moores darauf zurück, daß hier an der Wasserscheide sich einst ein See gebildet hatte, der langsam verlandete und zum Moor wurde. Andere setzen seine Entstehung in der Würmeiszeit an (15000 Jahre vor heute), als der Große Heuberg von einer Gletscherkappe bedeckt gewesen sei, von der eine Gletscherzunge zwischen Dreifaltigkeitsberg und Hirnbühl heruntergereicht habe, bis dahin, wo heute die Prim entspringt.

Das Moor, das hier in der Faulenbachsenke entstanden ist, bezeichnet man als Wiesenmoor. Sein Aufbau wurde genau erforscht. Über einer wasserundurchlässigen Braunjura-Lehmschicht liegt Schotter, der von Mudde (feiner Schlamm) bedeckt ist. Über dieser Mudde liegt der Torf unter der Wasserfläche. Im Wasser entdeckt man zum Ufer hin den Schwimmblatt- und Tauchblattbestand, dann folgt der Schilfgürtel, der Seggenbestand und das Schneidgras (das heißt so, weil es mit seinen scharfen Rändern alle anderen Pflanzen um sich herum abschneidet). Durch das Binsicht kommt man dann auf die feuchten Wiesen hinaus, in denen als kennzeichnende Pflanze der Schlangenknöterich mit seinen rötlich-weißen Ähren in großer Gesellschaft wächst. Zur Lebensgemeinschaft des Flachmoores gehören aber auch noch Sumpfknabenkraut, Sumpfhaarstrang, Sumpfvergißmeinnicht, Weichwurz und Bittersüßer Nachtschatten, Hahnenfuß und Labkraut. Wo der Boden fester wird, haben sich auch Holzgewächse angesiedelt: Birken, Kiefern und breitblättrige Weiden.

In Zeiten der Brennstoffknappheit wurde hier Torf gestochen. Es bestand sogar der Plan, das ganze Moor zu entwässern und den Torf planmäßig abzubauen. Allerdings wurde die Entwässerung des Riedes immer wieder weiter betrieben, und der Faulenbach wurde begradigt. In den aufgelassenen Torfstich wurde Müll eingefüllt. Am schlimmsten wirkte sich die Ablagerung eines giftigen Karbidschlammes aus. Es wird noch viele Jahre dauern, bis sich das Moor von seiner Vergiftung erholt hat.

Seitdem aber das Moor unter Naturschutz gestellt ist, zeigt sich eine erfreuliche Zunahme und Neuansiedlung von Pflanzen und Tieren.
Neben den allgemein verbreiteten Vogelarten trifft man hier die besonderen Arten, die Heckenbraunelle, das Braunkehlchen und den Kiebitz. Zur Zeit des Vogelzuges rasten hier Tausende von Vögeln auf dem Durchzug.
Die Frösche sind noch nicht wieder zahlreich. Erfreulich ist die Zunahme der Kröten. Die Naturschützer müssen an der Bundesstraße im Frühjahr bei der Krötenwanderung einen mehrere hundert Meter langen Zaun ziehen, damit nicht zu viele Kröten überfahren werden.
Auf der freien Wasserfläche tummeln sich Krickenten, Stockenten, Bläßhuhn, Teichhuhn und Zwergtaucher.
Mit reißendem Flug jagt die Libelle durchs Binsicht, Schmetterlinge umgaukeln die Blüten, aber auch andere Insekten beleben das Ufer und Kleinkrebse den Sumpf.
Inzwischen wurde in der Nähe ein Fischteich mit einer langen Flachwasserzone angelegt. Zwischen diesem Teich und dem Moor ist eine flache Zone mit Feuchtwiesen. Hier fühlen sich besonders das Braunkehlchen und der Kiebitz wohl.
Wenn die Entwicklung im Moor so weitergeht, wird auch in dieser Lebensgemeinschaft bald wieder ein ökologisches Gleichgewicht herrschen, so daß dieses Kleinod, ein Relikt aus der Urlandschaft in der Faulenbachsenke, doch erhalten bleibt.

Im Dürbheimer Ried

Das Moor liegt schwer und weit
in sommerlicher Glut.
Ein Hauch von Urvergangenheit
weht über brauner Flut.

Am Weidenbruch entlang
der Enten stiller Zug.
Vom Röhricht Vogelsang,
durchs Schilf Libellenflug.

Nichts, was die Stille bricht.
Aus Dunst ein weißer Flor
verzaubert mild und licht
das urzeittiefe Moor.

Fritz Schray

Dürbheimer Ried

Hochsitz im Hochmoor „Wilde Höll"

Gelber Enzian

Heidekraut

Hochmoor „Wilde Höll"

Blauer Eisenhut

Arnika

Färberscharte

Im Irndorfer Hardt

Irndorfer Hardt

Wer einmal ein Stück Landschaft so sehen will, wie es wohl vor etwa 10 000 Jahren bei uns ausgesehen hat, der muß an einem späten Herbsttag ins Irndorfer Hardt gehen, wenn im lichten Baumbestand der Birken, Weidbuchen, Einzelfichten, Mehl- und Vogelbeerbäume das dürre Heidegras im Winde weht.
Entstanden ist diese Heide durch Verwitterung des Juragesteins, als sich in einer großen Mulde Lehm abgelagert hat, hier auf einer Fläche von nahezu 100 ha. Das Birkenwäldchen, eine ganz große Seltenheit auf der Schwäbischen Alb, ist ein Relikt aus der Nacheiszeit. Diese Wiesenmulde hat aber auch noch eine Besonderheit im Kleinklima. In dieser Mulde gibt es lang Spätfröste, so daß die Wiesen sich sehr langsam entwickeln und schließlich nur einmal im Jahr gemäht werden können. Deshalb nennt man diese Wiesen seit altersher auch „Mähder". So ist hier ein Stück Landschaft entstanden, das Verhältnisse wie auf kalkarmen Bergwiesen in den Alpen aufweist. Und so ist dann auch die Pflanzenwelt hier: Heidekraut, Borstengras, Ginster, Arnika, Blutwurz, Felsen-Labkraut, Hainsimse und Bergnelke. Diese „Holzwiesen", wie sie auch genannt werden, wurden bereits 1938 unter Schutz gestellt.

Das Hochmoor „An der Wilde"

Ein Hochmoor auf der Schwäbischen Alb! Das ist natürlich eine ganz große Seltenheit. Hochmoore sind doch sonst nur die Zierde des Hochschwarzwaldes, des Allgäus und Oberschwabens. Weil nun ein Hochmoor im Schindelwald südlich von Neuhausen ob Eck liegt, zählen manche den Schindelwald schon nicht mehr zur Schwäbischen Alb, sondern zum Alpenvorland. Und eigentlich haben sie recht. Bis hierher waren nämlich vor 100 000 Jahren in der Rißeiszeit die Gletscher der Alpen vorgedrungen und hatten hier Moränen mit Geröllen aus den Alpen abgelagert. In diesen Moränen begann dann vor etwa 10 000 Jahren an einer sumpfigen Stelle die Bildung eines Hochmoores, wie das auch in anderen Moränengebieten so der Fall war. Auf einem flachen Moor wuchsen die Bleichmoose ganz besonders stark, so daß sich der Torf aus den Bleichmoosen schließlich wie ein Uhrglas über den Grundwasserspiegel aufwölbte. Das ist das Hauptkennzeichen des Hochmoores.
Die beherrschende Pflanze der Hochmoore ist das Bleichmoos, das es in vielen Arten gibt. Auf diesen schwellenden, bleichen, bald mehr grünlich, bald gelblich, rötlich oder bräunlich gefärbten Moospolstern siedelte sich dann eine eigenartige Pflanzengesellschaft an. Zu ihr gehören die Rauschbeere, die Heidelbeere und die Preiselbeere. Unter den Halmgewächsen ist es besonders das Wollgras mit seinen weißen Haarschöpfen. Wo der Boden fester wird, gedeihen auch Bäume. Da wächst die Moorbirke, die Moorkiefer, das Pulverholz und die Erle.
Das Moor ist natürlich auch das Reich der Frösche und Kröten. Unter den Vögeln trifft man hier den Rohrspatz an, der hier seinen Nistplatz hat. Hier lebt auch der Perlmutterfalter, dessen Raupen am Wiesenknöterich leben. An den krautigen Sumpfpflanzen kann man verschiedene Käfer entdecken, das rote Kugelkäferchen und den hüpfenden Erdflohkäfer. Auch Mücken und Schnaken fehlen nicht. An schwülen Sommertagen erfüllen sie in Schwärmen die Luft. Außerdem leben zahlreiche Spinnen in Sumpf und Moor und bauen dort ihre kunstvollen Netze.
Weil das Moor „An der Wilde" stark gefährdet ist, wurde es 1987 ganz unter Schutz gestellt.

Pfingstnelken

Blumenreiches Land

Ob wir auf der Baar oder im Hegau, auf dem Heuberg oder im Donautal wandern, überall begegnen uns vielerlei Pflanzen, die hier ihre ganz besonderen Lebensräume haben. Da sind die Pflanzen der Geröllhalden und der Trockenrasen, die Pflanzen der Schluchtwälder und Steppenheide, schließlich auch die Pflanzen der Moore und Riede und sogar eines Birkenwäldchens.

Im *Frühjahr* sind es besonders die Frühblüher in den Schluchtwäldern der Donauseitentäler, die kurz nach der Schneeschmelze oder gar noch im letzten Schnee blühen.

Da ist zunächst das große Schneeglöckchen, die Frühlingsknotenblume oder Märzenbecher mit seinen weißen Glöckchen. Seine Standorte sind Ursental, Lippachtal und Hintelestal. Droben in Ippingen blüht das kleinere Schneeglöckchen in den Streuobstwiesen mitten im Dorf.

Neben dem Märzenbecher entdeckt man die lavendelblauen Leberblümchen und die trübroten Traubenblüten des Lerchensporns, den Gelbstern und die massigen, dichten, weißen Kerzen der Pestwurz.

Aber auch oben auf der Höhe des Heubergs beginnen auf den Trockenrasen sich Frühlingsblüten zu entfalten. Im fahlen Gras öffnen sich die violettblauen Glocken der Küchenschelle, im Volksmund auch „Osterglocken" genannt. Am Waldrand blühen Frühlings-Platterbse und Buschwindröschen. Wer Glück hat, der findet am Wiesenrain die azurblauen Blüten des Frühlingsenzians, im Volksmund „Schusternägeli". Kommt das erste Grün in die Wiesen, dann blüht dort die Kleine Traubenhyazinthe, das Kleine Träubel oder das Baurebüeble. Die Wiese ist ganz blau von diesen reizvollen Frühlingsboten. Wenn es nun in den Mai hineingeht, dann kann man auch schon die ersten Orchideen finden, das schwefelgelbe, nach Holunder duftende blasse Knabenkraut, und daneben steht in gleicher Üppigkeit das Mannsknabenkraut.

Spät im Mai entdeckt man da und dort in der Orchideenherrlichkeit den Frauenschuh und die Fliegen- und die Bienenragwurz mit ihren seltsamen Blüten. Auf den Felsen blüht die Pfingstnelke und am Geröllhang das Alpenmaßlieb.

Nun kommen wir in den *Sommer* hinein. Die Wiesen stehen in voller Blüte. In den Hecken haben die zahlreichen Wildrosenarten ihre Blütenpracht entfaltet. Die Graslilie blüht.

Im Moor blüht das Blutauge, geheimnisvoll dunkelkarminrot. Auf den Bulten blüht die kleine rosarote Moosbeere und daneben eine fleischfressende Pflanze, der Sonnentau. Wollgrasbäuschchen wehen im Wind.

Auf den trockenen Schafweiden heben die mächtigen Disteln ihre violettroten Köpfe in die Höhe, die Kugeldistel und die Eseldistel.

Im Birkenwäldchen des Naturschutzgebietes Irndorfer Hardt blühen Heidekraut und Arnika.

An den Waldrändern entdeckt man immer wieder seltene Orchideen. Im Wald drinnen blühen Purpurlattich, die Nestwurz, eine Moderorchidee, das Waldvögelein und die Waldhyazinthe.

Nun geht es zum *Herbst* hin. Auf öden Wiesen blüht jetzt neben der Herbstzeitlose noch ein später Enzian, der rotblaue Deutsche Enzian, manchmal auch noch der blaue Gefranste Enzian. Dazu dann natürlich das Wahrzeichen der Alb, die Silberdistel mit ihren herrlichen Sternen. In der Hecke schwillt die Beere. Die blauen Schlehen sind reif, das Pfaffenhütchen leutet rot aus dem Gebüsch, der Schneeball zeigt seine roten Beerendolden, der schwarze Liguster glänzt im Schatten. Man findet die Mehlbeere und draußen am Straßenrand die Vogelbeere.

Das Blumenjahr geht zu Ende. Aber es gibt so viele herrliche Blumenbücher, in denen man viel Wissenswertes über Blumen erfahren kann. Man sollte sich in den Bestimmungsbüchern informieren und sich die Blüten einprägen, damit man sie gleich erkennt, wenn man ihnen draußen begegnet. In manchen Orten gibt es Gruppen für „Aktive Naturbeobachtung". Da kann man sich gegenseitig unterstützen und helfen. Und wenn man die Blumen erst richtig kennt und liebt, dann will man sie auch schützen.

Hohler Lerchensporn

Märzenbecher

Gewöhnliche Küchenschelle

Frühlingsenzian

Traubenhyazinthe

Schlehdornbusch

Versorgung und Entsorgung

Die alte Hülbe in Mahlstetten um 1930

Die Wasserversorgung einst und jetzt

Der Landkreis Tuttlingen mit seinen verschiedenartigen Landschaftsgebieten ist trotz vergleichsweise hoher Niederschläge schon immer von natürlicher Wasserarmut gekennzeichnet. Die Ursache liegt in der Bodenbeschaffenheit und geologischen Gesteinsformation begründet. Die Niederschläge werden vom zerklüfteten und stark verkarsteten Weißjura-Kalkgestein relativ schnell aufgenommen, versickern in Vertiefungen, Spalten sowie Erdeinbrüchen und fließen unterirdisch ab.

Vor allem für die Bewohner des Heubergs stellte die Wasserknappheit seit frühester Zeit ein tägliches, lebensbedrohendes Problem dar, denn Bäche und Quellen gibt es nur in den Tälern. Deshalb mußte das Regenwasser künstlich aufgehalten werden. Einfallsreich behalfen sich die „Heuberger" auf verschiedene Weise:

Das von den Stohdächern herabrinnende Regenwasser wurde in sogenannten „Dachbrunnen" aufgefangen.

Die Niederschläge sammelte man in gemeinschaftlich angelegten Dorfweihern, den „Hülen" (mancherorts auch „Hülben" genannt), deren Wasser für Vieh, Hausputz, Gartenbewässerung und im Bedarfsfall zum Feuerlöschen benutzt wurde.

Bei sommerlicher Trockenheit oder wenn in winterlicher Frostperiode Brunnen und Hülen zugefroren waren, mußte das fehlende Wasser kilometerweit per Pferdefuhrwerk oder Ochsengespann aus dem Tal über steile und vereiste „Steigen" zu den Heubergdörfern heraufgekarrt werden. Wer kein eigenes Gespann besaß, war gezwungen, das Wasser zu einem Preis von 50 Pfennig pro Hektoliter zu kaufen.

In strengen Wintern wurden Säcke mit Schnee am Ofen zum Schmelzen gebracht, um zusätzliches Wasser zu gewinnen.

Die mit Galgeneinrichtung versehenen Dorfbrunnen (bis 6 m tief) lieferten Grund-, Quell- und Einlaufwasser, dessen hygienische Beschaffenheit nicht immer einwandfrei war.

Das Wassertragen war meist Aufgabe der Frauen. Voll Stolz leerten sie das dem Brunnen entnommene Wasser in ihre Kübel und trugen diese mittels Polster oder „Bauscht" auf dem Kopf nach Hause.

Carl von Ehmann, erster Staatstechniker für das öffentliche Wasserversorgungswesen im Königreich Württemberg, hatte als erster die Idee, das durchs Erdinnere gesickerte und im Bäratal wieder zutage tretende Wasser anzustauen, um es dann mittels Pumpen und Rohrleitungen wieder auf die Hochfläche „hochzudrücken" und dort in großen Reservoirs zu speichern. Aus diesen Speicherbehältern sollte das Wasser schließlich mittels eines Verteilernetzes und kraft natürlichen Gefälles den Häusern und Endabnehmern zugeführt werden.

Im Jahre 1880 schlossen sich die württembergischen Gemeinden Kolbingen, Königsheim, Bubsheim, Renquishausen mit vier badischen Heubergorten zusammen, kauften die Hammermühle im Bäratal mit Wassernutzungsrecht und begannen den Bau eines Pumpwerkes und der Wasserleitung zu den Heuberggemeinden. Am 12. Dezember 1884, mittags 12.00 Uhr, floß das erste Talwasser aus den Hydranten und in Kolbingen wurde ein großes Freudenfest gefeiert. Die Bürger von Renquishausen stimmten - wie die Chronik überliefert - freudig in das eigens komponierte „Wasserlied" ein, das mit dem Vers endete:

Wer uns verhalf zum weißen Wein,
den uns die Brunnen geben,
der soll von uns gepriesen sein
durch unser ganzes Leben.

Am 13. Dezember 1887 war auch für die Gemeinde Königsheim der Tag gekommen, an dem nach langwierigen Bauarbeiten erstmals das Wasser vor Ort aus dem Brunnen floß. Hierüber berichtet der „Heuberger Bote":

„Die Schächte wurden geöffnet, die Hydranten aufgeschlossen und alsbald entquoll dem eisernen Munde von den sechs neuen Ortsbrunnen das klare, herrliche Quellwasser aus dem Bäratal in solch erstaunlicher Fülle, daß dies zu sehen eine Lust und ein Hochgenuß von hier oben ganz unbekannter Art war."

Erst nach dem Zweiten Weltkrieg war die Wasserversorgung soweit vorangetrieben, daß alle Haushaltungen der Heuberggemeinden einen eigenen Wasseranschluß besaßen.

Die Donauversinkung und ihre Folgen für Wirschaft, Handel und Bevölkerung des Landkreises Tuttlingen

Die Sorge um ausreichendes und nutzbares Wasser beschäftigte seit Jahrhunderten die Bewohner des Donautales, da der Fluß bei seinem Lauf durch das Kreisgebiet mit einem Naturereignis besonderer Art aufwartet: Im Gewann „Brühl" zwischen Immendingen und Möhringen, im Stadtgebiet Tuttlingens sowie bei Fridingen versinkt ein beträchtlicher Teil des Donauwassers im klüftigen und verkarsteten Weißjuragestein und tritt nach einem unterirdischen Lauf von 12 km und einem Gefälle von 183 m nahe dem Städtchen Aach als Deutschlands stärkste Quelle mit einer Durchschnittsschüttung von 10 000 l/s wieder zutage. Im Donaubett verbleibt nur ein jahreszeitlich unterschiedlicher Wasserstand, der bei anhaltender Trockenheit im Sommerhalbjahr vollständig verschwindet.

Die starken Wasserverluste beeinträchtigten in hohem Maße das Leben der Donautalbewohner, die Entwicklung der Gemeinden sowie der landwirtschaftlichen, gewerblichen und industriellen Betriebe.

Etwa seit dem Jahre 1700 wurde wiederholt von Bewohnern der besonders stark betroffenen Stadt Tuttlingen versucht, die Versinkungsstellen zu verstopfen oder durch Aufwerfung kleiner Dämme den Wasserfluß in Richtung Möhringen und Tuttlingen zu verstärken, um die Fischerei und Wasserversorgung der ansässigen Betriebe (Müller, Gerber, Färber) und das Hüttenwerk Ludwigstal vor Schaden zu bewahren.

In seinem Buch „Der Schuldenmüller" beschreibt August Ganther auf anschauliche Weise, wie groß um 1850 die Wassernot war:

„Die Augustsonne stach und die Gluthitze lag brütend im breiten Donautal; das Wasser der Donau versiegte, das Mühlrad der Möhringer Donaumühle stand still. Die Donauversinkung verschlang das wenige Wasser. Auch des Müllers Nachbar, ein Gerber, war in Mitleidenschaft gezogen und außerdem eine an der Donau in Tuttlingen gelegene Spinnerei und Weberei der Firma 'Groß und Konsorten'. Der Donaumüller Harter war der Verzweiflung nahe. Mit großem Interesse las er deshalb einen blauen Zettel, der ihm durchs offene Fenster in seine Stube geworfen wurde:

'Heute abend Punkt halb neun Uhr Volksversammlung im Gasthaus zur Krone. Vortrag des Herrn Fabrikanten Theodor Tausig aus Tuttlingen über die Donauversickerung. Eintritt frei. Alle Männer Möhringens sind freundlich eingeladen.'

Der Kronenwirt strahlte und glänzte gleich der Sonne übers ganze Gesicht, denn er errechnete schon im voraus seinen Gewinn.

Die Krone war bis zum letzten Platz besetzt. Einer der Einberufer dieser Versammlung, der am Herrentisch sitzende Kirchenfondrechner Leo Ischler, eröffnete die gewichtige Versammlung. Er erteilte dem Referenten aus Tuttlingen das Wort. Dieser richtete folgenden Appell an die Versammelten:

'So wie zur Zeit die Verhältnisse liegen, kann und darf es nicht bleiben. Es ist Pflicht aller, die ein Herz in der Brust tragen, heilige Pflicht aller, die Weib und Kind lieben, mitzuwirken, daß unverzüglich Wandel geschaffen wird. Kein Klagen und Jammern hilft hier, kein Schimpfen und Krakeelen hinter dem Wirtstische. Worte sind genug gefallen. Nun laßt uns Taten sehen. Vereinte Kräfte führen zum Ziel! Stehet auf, Mann für Mann! Laßt uns Hacke und Schaufel ergreifen, laßt uns hineilen zum Hattinger Berg, der, ein unheimlicher Wolf, unsere liebe Donau, unser Rotkäppchen, verschlungen hat. Laßt uns den Rachen des Untieres mit wuchtigen Wacken füllen, daß es ihm für immer und ewig vergehe, uns Schaden zuzufügen. Auf, Männer, auf! Und sie wird wiederkehren, unsere liebe, teuere, blaue Donau!'

Donnernder urgewaltiger Beifall belohnte den Redner, und so zog man zu mitternächtlicher Stunde bis zum letzten Mann bis zur Donauversinkungsstelle. Unheimliches Leben kam in die Menge, denn mit Spieß und Horn eilte keuchend der Nachtwächter herbei und wollte die nächtlichen Störenfriede anrempeln. Die gewichtige Hand des Amtsdieners Maiermichel, der den Möhringern wohlgesonnen war, hielt ihn zurück.

Weit über Hundert wanderten über die gedeckte Brücke hinaus zur Versinkungsstelle. Die Versinkungslöcher wurden so gut es ging verstopft und der Donau in ihrem

Bett eine Wasserrinne gegraben. Keiner von allen soll sich dieser wichtigen Aufgabe entzogen haben.
Frohen Mutes ging es beim Morgengrauen zurück in die Krone, wo sich die Möhringer bei reichlich Speise und Trank von den nächtlichen Anstrengungen am Hattinger Berg zu erholen gedachten.
Als der Müller Harter aus seinem Morgenschlummer, der wegen Wassermangel länger dauerte als gewöhnlich, erwachte, traute er seinen Ohren nicht. Langsam und stetig drehte sich das Mühlrad. Die Folge war, daß zwei Tage später im Werk der Spinnerei Tenbrink an der Aach ein Rückgang des Wassers festgestellt wurde."

Nachdem im Auftrag der badischen Regierung 1877 erstmalig am „Brühl" bei Immendingen ein Salzungsversuch durchgeführt wurde und das versalzene Donauwasser nach drei Tagen im Aachtopf wieder zutage trat, war der Zusammenhang zwischen Donauversinkung und Aachquelle eindeutig bewiesen.
In den Folgejahren entwickelte sich ein heftiger Streit zwischen dem Großherzogtum Baden und dem Königreich Württemberg um das Anrecht auf das versinkende Donauwasser. Gegen die mehrmaligen Versuche der württembergischen Tuttlinger, die Versinkungsstellen zu verstopfen, protestierten vor allem die Gewerbebetriebe an der Aach, da sie ein Absinken der dringend benötigten Wassermassen aus dem Aachtopf befürchteten.
Von Jahr zu Jahr verschlimmerte sich die Situation, denn die Anzahl der Vollversinkungstage stieg stetig an:

1884 -1904: 80 Vollversinkungstage
1905 - 1915: 110 " " "
1916 - 1920: 153 " " "
1921 - 1925: 170 " " "
Im Trockenjahr 1921 versank die Donau sogar an 309 Tagen vollständig.

Selbst die Staatskabinette von Baden und Württemberg wurden zur Rechtsklärung bemüht, bis es schließlich zu einem Prozeß vor dem Reichsgericht in Leipzig kam, der jedoch nicht die erhoffte Lösung brachte.
Im Jahre 1937 trat das Donau-Aach-Gesetz in Kraft, wonach jegliche Veränderung des Donauflußlaufes untersagt wurde und für einen Zeitraum von 30 Jahren Ruhe zwischen den streitenden Parteien eintrat.
Nach dem Zusammenschluß von Baden und Württemberg wurde im Jahre 1967 ein gemeinsamer Plan zur Behebung des Wassermangels mit dem Bau eines 1,8 km langen Umleitungsstollens (Breite 2 m, Höhe 1,8 m) durch den Berg zwischen Immendingen und Möhringen gefaßt.
Die Fertigstellung und Inbetriebnahme des 4 Millionen DM teueren Projekts erfolgte schließlich im Jahre 1971. Ein Teil des Donauwassers wird seitdem an den Versinkungsstellen vorbei und bei Möhringen wieder in das ursprüngliche Flußbett geleitet, so daß es letztlich bei Fridingen infolge Versinkung doch wieder der Aachquelle zugute kommt.
Die Stollendurchflußmenge ist genauestens festgelegt:
Zeigt der Wasserpegel bei Kirchen-Hausen mehr als 5 m^3/s an, kann bis zum Ansteigen von 6,6 m^3/s jeweils 1 m^3 Wasser pro Sekunde in den Stollen geleitet werden. Beträgt der Wasserstand 10,7 m^3/s, darf bis 1,6 m^3/s in den Stollen geleitet werden.
Die Auswirkung dieser Regelung ist – wie die Folgejahre gezeigt haben – für die Donauanlieger nach wie vor unbefriedigend, da vor allem in den Sommermonaten der Wasserstand der Donau nie ganz ausreicht, den Umleitungsstollen in vereinbarter Weise zu fluten.

Umleitungsstollen bei Immendingen

Der Quelltopf der Aach bei Aach im Landkreis Konstanz

Dem Geheimnis der Aachquelle auf der Spur

Den unterirdischen Wegen des versickernden Wassers nachzuspüren, reizte schon immer die Wasser- und Höhlentaucher. Erste Tauchversuche im Aachtopf wurden im Jahre 1962 von Froschmännern des Tauchclubs Singen durchgeführt, um die Wassertiefe zu messen und festzustellen, wie weit ein Eindringen in das Höhlensystem möglich sei. Dabei stellte man fest, daß in 9 m Tiefe von Norden her ein Höhlenfluß in die Aachquelle mündet.

Im Jahre 1967 gelang es dem jungen Höhlentaucher Jochen Hasenmayer, bis 350 m in die Wasserhöhle vorzudringen. Er berichtet von seinem aufregenden Tauchversuch:

„Das Tageslicht bleibt schnell zurück. Die Sichtweite beträgt etwa 1,2 m. Kopfüber geht es im Scheine der Helmlampen die senkrechten Wände des Quellschachtes hinunter. In 9 m Tiefe liegt eine mit muschelförmigen Korrosionsdellen überzogene Feldstufe. Vor ihr, über weißem Kieselgrund, öffnet sich im rotbraunen Fels ein düsterer Tunnel, die engste Stelle der Unterwasserhöhle. Hier in der Düse erreicht die Strömung ihre Höchstgeschwindigkeit.

Die Wucht der ihm in jeder Sekunde entgegentreibenden 5,5 Kubikmeter Wassermassen erfaßt den Taucher voll. Der Wassersog zerrt am lampenbestückten Helm. Nach Norden geht es in die sich flaschenförmig weitende Höhle. Nur noch die rechte Hand und der sich schnell senkende Kiesgrund sind zu erkennen. Die Strömung ist bald kaum mehr zu spüren. Der Tiefenmesser am Handgelenk zeigt auf 17 m. Ohne Aufenthalt mit gleichmäßigen Flossenschlägen gleite ich durch einen großräumigen, kluftartigen, doch übersichtlichen Gang. Von meiner Gürtelrolle spult sich ein dünner Edelstahldraht ab, er soll später den Rückweg weisen. Bei 110 m, an der Endspalte von 1962, finde ich überraschend schnell den Weiterweg; eine starke unberechenbare Strömung drückt mich in einen unbekannten Gang. Das Wagnis lohnt sich, schon nach weni-

gen Metern gibt ein dritter Gang die alte Vorstoßrichtung nach Norden frei. Er ist schmal und scheint im toten Wasser zu liegen. Sein Boden ist verschlammt. Die Stille unter Wasser wird nur unterbrochen vom Zischen des Lungenautomaten und vom Blubbern der Atemluft. Über 200 m weit im Berg, weit jenseits der Grenze des normalen Höhlentauchers, zerrt die Ungewissheit über den Verlauf des Rückweges an den Nerven. Wird es gelingen, aus dieser mit Finsternis und trübem, strömendem Wasser erfüllten Gruft wieder herauszufinden an Luft und Licht? Bei gleichbleibenden Wassertiefen um 14 m zieht der Gang weiter und weiter nach Norden. Immer wieder kontrollieren die Arme den korrekten Ablauf des Sicherungsdrahtes. Allmählich wird eine Gegenströmung spürbar, wird der Fels glatter, der Boden schlammfrei, weichen die Wände aus dem Sichtbereich. Irgendwo muß ich eine Abzweigung übersehen haben. Dann sind 4 Fächer der Gürtelrolle beinahe leer. Jedes Fach enthielt 80 m Draht. Somit müssen die 285 m der 'Source de Cassis', der längsten Unterwasserhöhle der Erde, übertroffen sein! Doch wenig später, bei 350 m, endet der Gang als Sackgasse. Zwei zurückführende Spalten und ein stark durchströmtes Loch an der Decke sind unpassierbar. Der längste, jemals in einer Höhle durchgeführte Tauchvorstoß ist zu Ende. Bei der Befestigung des Sicherungsdrahtes an der Wand gibt es noch einen gefährlichen Zwischenfall. Ich trenne den falschen Draht ab. Der Rückzug ist abgeschnitten! Einige bedrohliche Minuten vergehen, bis der inzwischen 20 m weit abgetriebene Ariadnefaden wiedergefunden ist. Geleitet vom Sicherungsdraht, geschoben von der Strömung, wird der Rückweg überraschend schnell und glatt durchgetaucht. Nach einer einstündigen Tauchfahrt kehre ich mit den herauftreibenden Wassern zum Tageslicht zurück. – Temperatur 10° C – ."

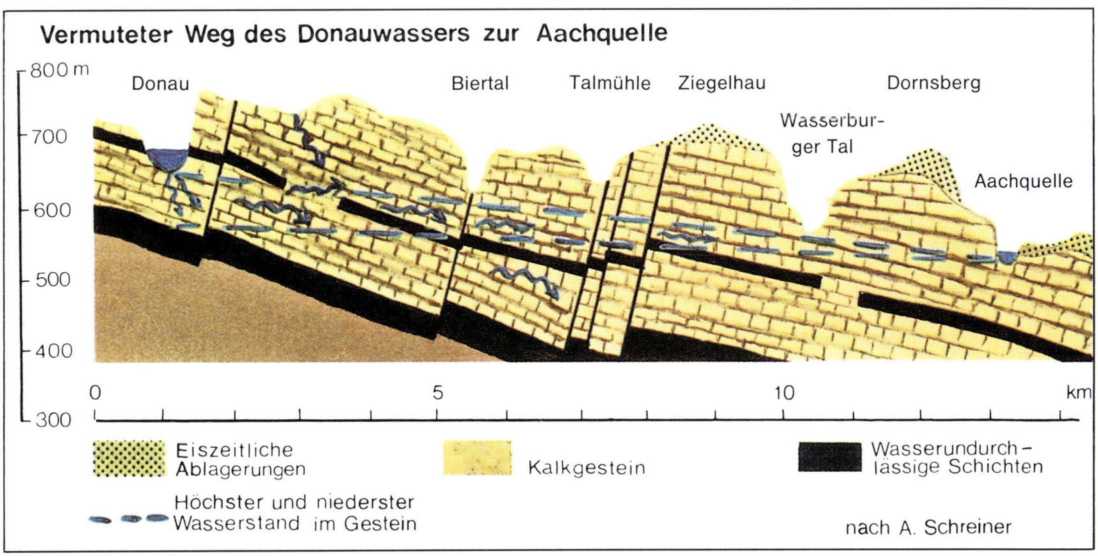

Trinkwasser aus dem Bodensee

Völlig anders als auf dem Heuberg stellt sich die Wasserversorgung für die Stadt Tuttlingen und Umgebung dar.
In frühester Zeit waren Quellen die ersten Trinkwasserspender. Da diese jedoch bei stetiger Zunahme der Wohnbevölkerung nicht mehr ausreichten, war zusätzlich die Nutzung von Grundwasser erforderlich. Man legte Tiefbrunnen über unterirdischen Wasseradern an, aus denen das Wasser zunächst mit an Seilen befestigten Gefäßen heraufgezogen, später mit Hebelpumpen („Gumpern") herausgepumpt wurde. Die erste Nachricht von einer Wasserleitung zur Stadt stammt aus dem Jahre 1520. Der „Günterstaler Handschrift Nr. 11" aus der Badischen Landesbibliothek ist folgende Notiz zu entnehmen:
„Anno 1520 ist der Brunn zu Duttlingen, welcher von dem Oberen Thor bis Tuttentals Brunnen 3000 Schritt sein soll, in die Stadt gericht worden."
Als Wasserleitung verwendete man aus Forchenstämmen hergestellte Holzrohre, sogenannte Deichel. Die einzelnen Rohre waren 2 bis 3 m lang und wurden mit Hilfe von Blech- oder Eisenbuchsen miteinander verbunden.
Die öffentlichen Stadtbrunnen lieferten nun den Haushalten das benötigte Wasser. Die Hausfrauen füllten dort täglich ihre „Gölten", die großen Holz- oder Blechgefäße, und trugen das köstliche Naß auf dem Kopf oder fuhren es in kleinen Wagen nach Hause.
Da die alte Stadtanlage ufergleich mit dem Donaubett war, besaß manches Haus einen eigenen Schöpfbrunnen, denn im humusreichen Boden konnte man leicht bis zum Grundwasser vordringen.
1895 errichtete die Stadtverwaltung eine erste Zentralwasserversorgung. Durch den Bau einer 100 m langen Sickergalerie, die in einem Sammelschacht beim alten Wasserwerk endete, wurde das im Donaugebiet unterhalb der Stadt gespeicherte Grundwasser genutzt.
Auf dem Honberg (689 m über NN) baute man einen aus zwei Kammern mit je 600 m^3 Inhalt bestehenden Hochbehälter.
Da die Fördermenge oft verschieden und der Wasserablauf ungleichmäßig ausfielen, war zum Ausgleich eine Speicherung des Wassers notwendig. Der Wasserstand im Hochbehälter wurde durch Einrichtung einer Fernmeldeanlage ständig überwacht.
Die Inbetriebnahme der Hauptwasserleitung zur Stadt erfolgte am 25. Januar 1886 und ließ 6 Stadtbrunnen entbehrlich werden. Der Wasserverbrauch steigerte sich bei gleichmäßiger Zunahme der Wohnbevölkerung und zunehmender Bebauung von Jahr zu Jahr und machte nach und nach eine Erweiterung bzw. den Neubau von Hochbehältern an der Kammerhalde auf Höhe 730 m über NN für den südlichen Teil der Stadt, also Brunnental, Haken und Unterm Leutenberg, notwendig.
In den Jahren 1934/35 errichtete die Stadt eine Pumpstation in der Balinger Straße mit zugehörigem Hochbehälter auf „Eichen" für den Nordteil der Stadt.
Nach dem Zweiten Weltkrieg ordnete das Innenministerium die Stilllegung der Brunnenanlagen an. Stattdessen baute man eine neue Fassungsanlage bei der „Bleiche" und im Jahre 1949 einen Brunnen von 2 m Durchmesser, 6,50 m Tiefe und 2 Sickergalerien von je 50 m Länge mit einer Leistung von 35 l/s, ferner einen modernen Horizontalfilterbrunnen.
Ein wichtiges Ereignis in der Geschichte der Tuttlinger Wasserversorgung stellte der Beitritt zum Zweckverband Bodensee-Wasserversorgung am 15. Oktober 1962 dar.
Seit 1983 ist Tuttlingen der Arbeitgemeinschaft Bodensee-Rhein angeschlossen. Gut ein Drittel der Jahresmenge von 1,6 Millionen Kubikmeter Trinkwasser, welches die Bürger der Stadt verbrauchen, stammt aus den Tiefen des Bodensees.
Über das Leitungssystem des „Zweckverbandes Bodensee-Wasserversorgung" (BWV), ausgehend beim Sipplinger Seepumpwerk, erhalten die südlichen Stadtteile täglich Trinkwasser von hoher Qualität. Das in 60 m Tiefe entnommene Bodenseewasser, welches natürlichem Grund- und Quellwasser gleicht, wird anschließend in Filter- und Ozonanlagen von Keimen und Bakterien befreit und als reines klares Trinkwasser in Stahl- oder Betonrohrleitungen vom Sipplinger Berg nach Norden transportiert, bis es schließlich die Stadt Tuttlingen erreicht.

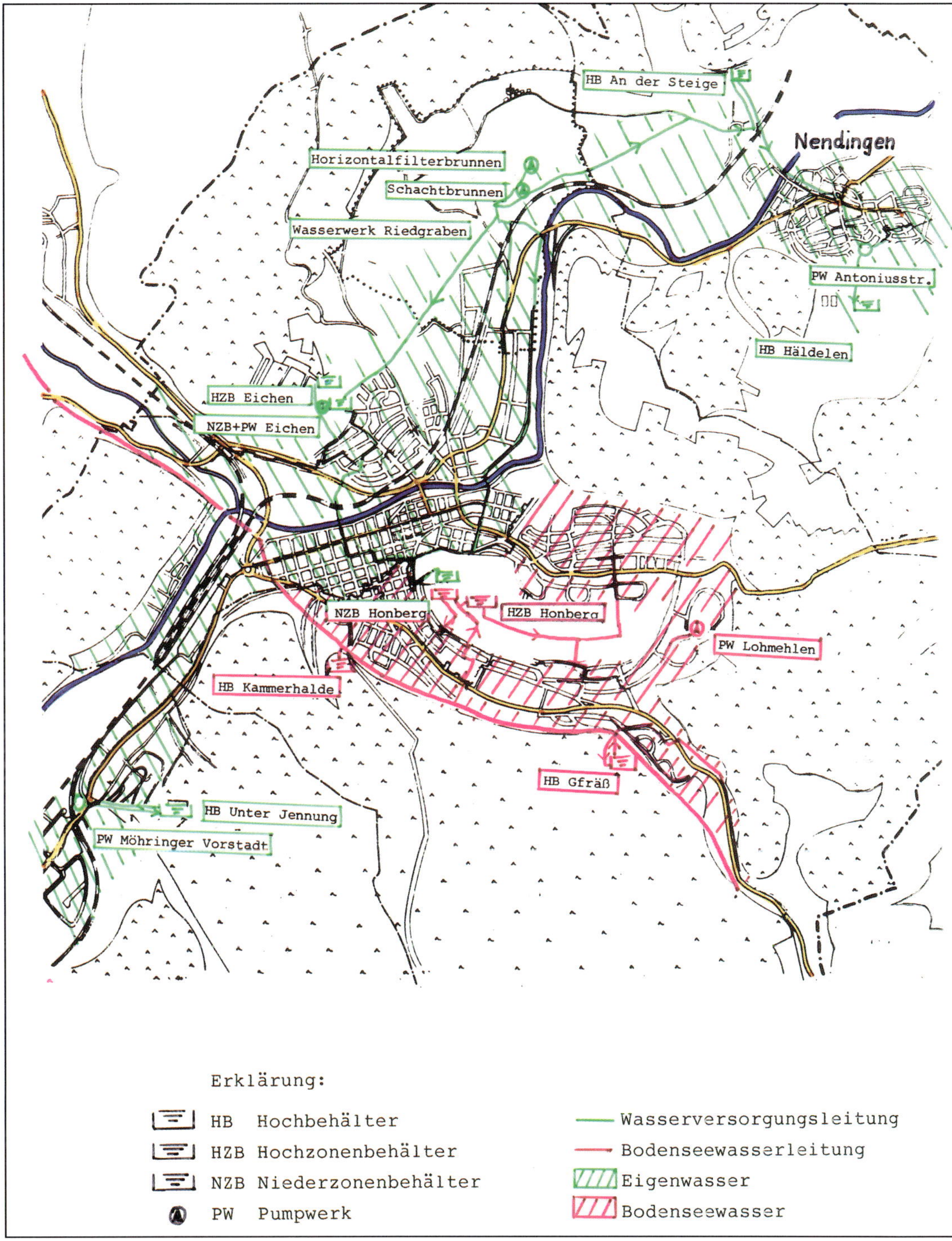
HB An der Steige
Nendingen
Horizontalfilterbrunnen
Schachtbrunnen
Wasserwerk Riedgraben
PW Antoniusstr.
HB Häldelen
HZB Eichen
NZB+PW Eichen
NZB Honberg
HZB Honberg
PW Lohmehlen
HB Kammerhalde
HB Gfräß
HB Unter Jennung
PW Möhringer Vorstadt
Erklärung:
HB Hochbehälter
HZB Hochzonenbehälter
NZB Niederzonenbehälter
PW Pumpwerk
Wasserversorgungsleitung
Bodenseewasserleitung
Eigenwasser
Bodenseewasser

Die Stromversorgung des Landkreises Tuttlingen

Ein Rückblick auf die Entwicklung der öffentlichen Stromversorgung des Landkreises Tuttlingen führt uns in das Jahr 1894. Damals beschloß der Gemeinderat der Stadt Tuttlingen den Bau einer „Elektrischen Zentrale" an der Weimarstraße. Das Werk wurde in den Jahren 1895 und 1896 von der Maschinenfabrik Eßlingen zur Erzeugung von Gleichstrom erstellt. Am Abend des 25.11.1895 konnten erstmals die Maschinen für die Straßenbeleuchtung in Betrieb genommen und wenig später die ersten Häuser mit elektrischem Strom versorgt werden.

Nach 1900 wurde das Leitungsnetz, bedingt durch die Zunahme von Wohnungsbauten und Gewerbebetrieben, immer mehr ausgeweitet. So betrug die vom Elektrizitätswerk abgegebene Energie 1897 ca. 151 000 kWh, 1900 jedoch schon 298 000 kWh.

Wegen häufiger Spannungsschwankungen, mangelhafter Straßenbeleuchtung und ungünstiger Stromtarife wünschte die Bevölkerung im Laufe der Zeit eine Übernahme des Elektrizitätswerkes durch die Stadt Tuttlingen.

Am 1. Juli 1910 war es schließlich soweit. Das Elektrizitätswerk mit Gebäuden, Maschinen und gesamtem Freileitungsnetz ging für eine Kaufsumme von 625 000 Mark in städtischen Besitz über. Der Lichtstromverbrauch steigerte sich nun stetig von 119 000 kWh im Jahre 1910 auf 680 000 kWh im Jahre 1929. Die ständige Zunahme des Strombedarfs in den Haushalten und Industriebetrieben erforderte entweder eine Erweiterung der maschinellen Anlagen oder einen Strombezug von auswärts. 1918 kam ein Stromlieferungsvertrag mit dem Kraftwerk Laufenburg a. Rh. für die Dauer von 15 Jahren mit folgendem Wortlaut zustande:

„Die Stadt Tuttlingen wird vom Kraftwerk Laufenburg direkt durch Drehstrom von 15 000 Volt 50 Hz mit maximal 450 kW Leistung über eine neu zu bauende Leitung von Immendingen her mit Energie versorgt."

Das Stadtgebiet wurde nun nach und nach mit einem zusätzlichen Drehstrom-/Wechselstromnetz mit Anschlußmöglichkeit für Großabnehmer und Häuser in den Neubaugebieten ausgestattet, wobei das städtische Elektrizitätswerk in der Weimarstraße künftig nur noch als Verteilerstation diente.

Die Stromversorgung der übrigen Gemeinden des Landkreises beginnt erst im Jahre 1912. Damals schlossen sich 20 Gemeinden anläßlich einer Amtsversammlung zu einem Verband zwecks Erzeugung und Versorgung mit elektrischem Strom zusammen. Man gab ihm den Namen „Gemeindeverband elektrischer Überlandzentrale für den Bezirk Tuttlingen."

Den elektrischen Strom lieferte zunächst das Großkraftwerk Laufenburg. Der Verbandsvorsitzende Franz Heinkele aus Wurmlingen strebte jedoch eine Unabhänigkeit vom Fremdstrombezug mit dem Ziel an, selbst elektrischen Strom zu erzeugen.

Nachdem die Stadtgemeinde Fridingen 1913 dem Gemeindeverband beigetreten war, erwarb man zunächst die an der Bära gelegene Stadtmühle, um sie zu einem Wasserkraftwerk auszubauen. Nach Fertigstellung im Jahre 1915 betrug die durchschnittliche Jahreserzeugung an Strom ca. 200 000 Kilowattstunden. Vom Kraftwerk Laufenburg mußten zur Energieversorgung zusätzlich noch 3 663 527 kWh bezogen werden.

Mit der Inbetriebnahme des als Laufwasser- und Pumpspeicherkraftwerk gebauten Donaukraftwerks Fridingen im März 1923 konnte in den folgenden Jahren fast die Hälfte des rasch ansteigenden Energiebedarfs gedeckt werden. Mittels eines Kanals wurde hier das Donauwasser zum Kraftwerksgebäude geleitet, strömte durch drei Zwillingsturbinen und gelangte schließlich in einen von Fridingen Richtung Beuron führenden 1400 m langen Stollen, der unterhalb des Knopfmacherfelsens in die Donau mündete. Mit dem Bau dieses Stollens konnte ein für die Stromerzeugung erforderliches Wassergefälle von etwa 15 m erreicht werden.

In früherer Zeit übertrugen große Treibriemen die Kräfte zwischen Turbine und Generator, die heute jedoch unmittelbar zusammengeschaltet sind.

Zum Donaukraftwerk gehörte damals auch ein auf dem „Gansnest", einer Anhöhe nahe Fridingen, er-

bautes Pumpspeicherwerk (Baujahr 1922).
Zur Nachtzeit, wenn der Strombedarf geringer war, wurde mit Hochdruckpumpen Donauwasser in das dortige Staubecken gepumpt. Dieses Wasser trieb in Stunden höherer Belastung die Hochdruckturbinen an, wodurch dann Spitzenstrom erzeugt wurde.

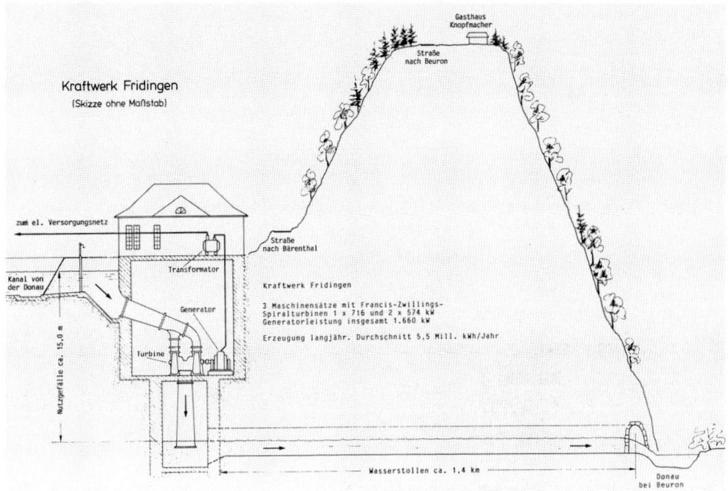

Vor einigen Jahrzehnten hatte der im Fridinger Kraftwerk erzeugte Strom noch große Bedeutung für die Versorgung der Region. So soll einmal das Trossinger Eisenbähnle stehengeblieben sein, weil der Kraftwerksmeister in Fridingen vergessen hatte, rechtzeitig für genügend Spitzenstrom zu sorgen.
Dem stetigen Anstieg des Stromverbrauchs war das Kraftwerk Fridingen im Laufe der Zeit nicht mehr gewachsen. Besonders nachteilig für die Energieerzeugung wirkten sich auch die großen Wasserstandsschwankungen der Donau aus.
Heute beträgt der Anteil des Kraftwerks Fridingen an der Stromversorgung des Landkreises Tuttlingen weniger als 1%.
Das Pumpspeicherwerk auf dem „Gansnest" wurde im Jahre 1960 stillgelegt. Bauliche Schäden und ein hoher Kostenaufwand für die Betriebsführung ließen es unrentabel werden.
Auch die Stadt Tuttlingen, die bisher elektrische Energie vom Kraftwerk Laufenburg bezog, strebte nun den Anschluß an den „Gemeindeverband Überland" an. Man versprach sich dadurch mehr Unabhängigkeit, eine Stärkung der südbaden-württembergischen Elekrizitätswirtschaft und günstige Tarifbedingungen. Zum 01.01.1935 übertrug das Kraftwerk Laufenburg seine Stromlieferungsrechte und -pflichten an den „Gemeindeverband Überland Tuttlingen", der künftig die Stadt Tuttlingen als Großabnehmer belieferte. Am 30.08.1935 trat die Stadt Tuttlingen dem Gemeindeverband als Mitglied bei.

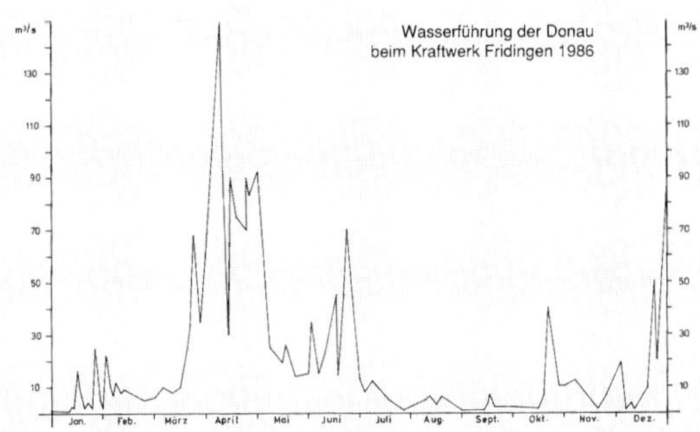

Am 31. März 1943 wurde der „Gemeindeverband Überlandwerk Tuttlingen" in eine württembergische Elektrizitätsgesellschaft, die spätere „Energieversorgung Schwaben (EVS)", handelsrechtlich eine Aktiengesellschaft, eingegliedert. Seitdem wird die gesamte elektrische Energie für das Kreisgebiet und die Stadt Tuttlingen, bis auf eine sehr geringe Eigenerzeugung, durch das städtische Elektrizitätswerk (Stadtwerke Tuttlingen), von den Kraftwerken der Energieversorgung Schwaben AG produziert und für unser Kreisgebiet bereitgestellt.
Die Länge der 20 000-Volt-Freileitungen der EVS beträgt rund 750 km, die der 220-/380-Volt-Ortsnetzleitungen etwa 1200 km. Die Zahl der Hausanschlüsse beläuft sich auf ca. 25 000. Während beim Anschluß neuer Häuser in alten Ortskernen und älteren Siedlungen noch weitgehend Freileitungsanschlüsse hergestellt werden, erfolgt der Anschluß der Wohngebäude in neuen Siedlungen seit einigen Jahren ausschließlich durch Erdkabel.

Mülldeponie „Hölzle", Blick auf Gasdome

Umweltfreundliche Abfallbeseitigung im Landkreis Tuttlingen

Müllentsorgung, umweltfreundliche Abfallbeseitigung und Entwicklung zukunftsorientierter Müllkonzepte sind Aufgaben des Landkreises, dessen Städte und Gemeinden über 40 000 t Müll jährlich produzieren. Die seit 1972 auf der Gemarkung Wurmlingen am nördlichen Hang des Eltatales in ca. 700 bis 760 m Höhe gelegene Kreisdeponie „Hölzle" (Gesamtfläche 7,8 ha) diente 15 Jahre lang als Lagerplatz für Haus- und Sperrmüll sowie hausmüllähnliche Gewerbeabfälle. Am 31. Dezember 1985 wurde sie geschlossen, da das Gesamtverfüllvolumen mit 1 Million Kubikmeter erreicht war.

Als Folgemaßnahme mußte der Landkreis eine Anzahl kostenaufwendiger Aufgaben durchführen, um die Deponieanlage in das Landschaftsgefüge durch Bepflanzung mit einer geschlossenen Vegetationsdecke einzugliedern: Sickerwasserbeseitigung, Gaserfassung, Modellierung des Deponiekörpers sowie Rekultivierung und Bepflanzung.

Das Deponiegelände, geologisch in einem Weißjura-Kalkschutt-Unterhang gelegen, weist einen stark wasserdurchlässigen Untergrund auf, der eine Verunreinigung des Grundwassers durch eindringendes Sickerwasser denkbar erscheinen läßt.

Um dies zu verhindern, mußte die Deponieoberfläche mittels Einbau von „Kompaktoren" abgedichtet und gewissermaßen „eingekapselt" werden, um den Deponiekörper zu schützen und das *Sickerwasser* so gering wie möglich zu halten. Eingedrungenes Wasser wird in der Deponiemitte erfaßt und mittels Leitung zum östlich der Deponie gelegenen Sammelschacht mit Sammelbecken (Fassungsvermögen 40 Kubikmeter) geleitet, wo es abgepumpt und zwecks Reinigung zur Kläranlage Tuttlingen transportiert wird. Neben Sickerwasser, hohen Temperaturen im Deponiekörper oder giftig wirkenden Stoffen beeinflussen die *Deponiegase* die Anlage und ihre Umgebung. Die sich entwickelnde Gasmenge ist abhängig von der Art des Mülls, von der Müllmenge und der Beschaffenheit des Milieus im Deponiekörper (Feuchtigkeit, Temperatur, giftige Bestandteile). Für die Mülldeponie „Hölzle" wurde folgendes Entgasungskonzept verwirklicht:

Im Zentrum sind *Gaskamine* etwa bis auf halbe Höhe des gesamten Müllberges eingebaut. Die Gaserfassung ist auf eine horizontale Entgasung angelegt. Die Oberfläche des Müllberges enthält zum Zwecke des Gastransportes im Abstand von etwa 20 m Querdrainagegräben – verfüllt mit alten Autoreifen. Eine gleichartige Längsdrainage, die in etwa in der Achse des Müllberges verläuft, schließt an die Querdrainagen an. Die Kreuzungspunkte besitzen Brunnenringe mit einem Durchmesser von 150 cm. Sie ragen etwa 30 bis 50 cm über die Deponiefläche heraus und sind mit Schotter verfüllt. Das durch die Drainagen erfaßte Deponiegas entweicht über die in 20 m Abstand angelegten Gasdome, über Kompostfilter und Entgasungsgräben in die Atmosphäre.

Der Deponiekörper wurde nach dem „Ringwallsystem" verfüllt und die Oberfläche vor der Bepflanzung mit kulturfähigem Boden abgedeckt, um eventuelle Geruchsbelästigungen auszuschalten, Brandentstehungen zu verhindern und die Ansiedlung von Ungeziefer zu unterbinden. Nach Aufbringung der Wurzelbodenschicht und der Humusdecke konnten schließlich die Rekultivierungs- und Bepflanzungsmaßnahmen nach einem von der Forstlichen Versuchs- und Forschungsanstalt, Abteilung Landespflege, erarbeiteten Plan durchgeführt werden. Die Bodenbearbeitung (Lockerung mit gleichzeitiger Unterarbeitung von Gründünger) und Aufforstung der Deponie verursachte Kosten in Höhe von 70 000,— DM.

Unter Berücksichtigung von Gesichtspunkten der Landschaftspflege und des Naturschutzes richtete sich die Auswahl der Bäume und Sträucher nach dem für die Gemarkung Wurmlingen und den Wuchsbezirk „Donaualb" typischen Waldbestand: Esche, Grauerle, Spitz- und Bergahorn, Sommerlinde und Wildkirsche sowie vereinzelt Salweide, Mehl- und Elsbeere, Zitterpappel. Entlang der Wegränder wurden zusätzlich Ebereschen, Europäische Lärchen und Birken vorgesehen. Entsprechend der natürlichen Vegetation wählte man an Sträuchern aus: Hasel, Liguster, Feldahorn, Wolliger Schneeball, Hartriegel, Weißdorn und Pfaffenhütchen.

Um ein erfolgreiches Anwachsen der Kulturpflanzen zu gewährleisten, waren regelmäßig durchzuführende Pflegemaßnahmen notwendig. Vor allem mußten die Kulturpflanzen systematisch von Wildkräutern befreit, vorwüchsige Erlen von Zeit zu Zeit beschnitten und die Anpflanzung gegen Wildverbiß durch Einzäunung bzw. Instandsetzung des vorhandenen Deponiezaunes geschützt werden. Nach Abschluß der mit einem Kostenaufwand von 1,4 Millionen DM durchgeführten Rekultivierungs- und Bepflanzungsmaßnahmen im Dezember 1988 bietet die ehemalige Kreisdeponie „Hölzle" ein in die Landschaft harmonisch eingegliedertes Bild.

Seit Schließung der Deponie „Hölzle" wird der Müll aus dem Kreisgebiet Tuttlingen zur gemeinsam mit dem Schwarzwald-Baar-Kreis betriebenen Mülldeponie Tuningen gebracht. Noch für etwa 10 Jahre bietet die Tuninger Anlage Platz zur Müllagerung. Danach nimmt die in Talheim-Nord befindliche, nach modernsten Gesichtspunkten geplante Kreismülldeponie die Abfälle des Landkreises Tuttlingen auf.

Am 7. Dezember 1988 beschloß der Umwelt- und Kulturausschuß des Kreistages Tuttlingen ein neues Abfallbeseitigungskonzept. Künftig werden Haus- und Gewerbeabfälle nicht wie bisher unsortiert zur Mülldeponie gefahren, sondern in Container-Depots gesammelt und nach Möglichkeit wiederverwertet. Zu diesem Zweck richtete der Landkreis mit einem jährlichen Kostenaufwand von 140 000 DM insgesamt 137 Container-Zentren mit getrennten Sammelbehältern für Glas, Papier, Weißblech und Batterien ein. Zu einem späteren Zeitpunkt ist geplant, auch Plastik, Styropor und Grünabfälle getrennt einzusammeln.

Die Stadt Tuttlingen führte ab 1989 in eigener Regie an 21 städtischen Standorten neue Container-Zentren ein. Dieses neuartige Sammelsystem funktioniert folgendermaßen: In einen Container kommt das Papier, in einen Kasten die Batterien. Glas und Weißblech werden in einem zweiten Container gesammelt und von der Abfallbeseitigungsfirma sortiert, bevor das Sammelgut der Wiederverwertung zugeführt wird.

Kompostierungsanlage

Kompostierung von Gartenabfällen – ein neuer Weg der Abfallverwertung

Nachdem früher die Gartenabfälle zusammen mit der Sperrmüllabfuhr zur Kreismülldeponie „Hölzle" transportiert wurden, hat die Stadt Tuttlingen seit November 1985 beispielgebend mit der Kompostierung von Gartenabfällen einen eigenen Weg in der Abfallverwertung eingeschlagen. Mit dieser Maßnahme soll ein erster Schritt zur Verminderung des Deponievolumens und eine sinnvolle Verarbeitung der angelieferten Abfälle zu Kompost und wiederverwertbarer Gartenerde getan werden.

Die Bürger der Stadt sind aufgerufen, die Gartenabfälle von dem übrigen Sperrmüll streng zu trennen, diese möglichst auf eine kompakte Länge von 1 m zu beschränken, wenn möglich zu bündeln oder in Säcke abzufüllen. Zur Gewährleistung eines von Schadstoffen reinen Endprodukts zu Zwecken der Kompostierung dürfen die Gartenabfälle nicht mit anderen Stoffen wie Metallgegenständen, Kunststoffartikeln und sonstigem Müll vermischt werden.

Diese Sondermüllsammlung für Gartenabfälle wird jeweils im Frühjahr und Herbst an den Sperrmülltagen der Monate März, April, Mai, Oktober und November durchgeführt. Die Stadt Tuttlingen schätzt, daß durch die Einrichtung der Kompostierungsanlage auf einem an die Kläranlage angrenzenden Grundstück jährlich etwa 1 200 bis 1 500 Kubikmeter Müll von der Kreisdeponie ferngehalten und einer Wiederverwendung zugeführt werden. Durch Einsparungen bei der normalen Müllabfuhr und durch den Verkaufserlös der Komposterde decken sich die Kosten für die Kompostierungsanlage zum Teil.

Durch die Einrichtung der Kompostierungsanlage wird neben einer umweltgerechteren Entsorgung des Mülls auch ein Beitrag geleistet, den Abbau und die Zerstörung von Moor- und Heideflächen zu Zwecken der Torfgewinnung einzuschränken.

Abfallfibel der Stadt Tuttlingen

Um die Bürger von Tuttlingen zu mehr Umweltbewußtsein anzuhalten und ihnen praktische Hinweise und Verhaltensregeln bei der Beseitigung der täglich in privaten Haushalten und Gewerbebetrieben anfallenden Müllmengen zu geben, hat die Stadtverwaltung 1989 eine Abfallfibel herausgebracht. In ihr werden Möglichkeiten aufgezeigt, wie sich Abfall vermeiden läßt und jeder Bürger sich an dem angebotenen Entsorgungssystem beteiligen kann.
Oberstes Gebot sollte die Vermeidung von Abfall sein. Schon beim täglichen Einkauf, bei der Hausarbeit oder Ausübung eines Hobbys können alle Bürger aktiv zur Abfallvermeidung beitragen, wenn sie folgende Hinweise der Stadt Tuttlingen beachten:

- Benutzen Sie zum Einkaufen Netze oder Taschen anstelle von Plastiktüten!
- Bevorzugen Sie Mehrwegverpackungen!
- Kaufen Sie regenerierbare und reparierbare Produkte und keine „Wegwerfartikel" (z. B. aufladbare Batterien, nachfüllbare Feuerzeuge, Schreib- und Filzstifte mit ersetzbaren Minen)!
- Wählen Sie verpackungsarme Waren (frisches Obst und Gemüse statt Konserven, soweit möglich Familienpackungen)!
- Bevorzugen Sie Produkte mit Glas-, Papier- bzw. Pappverpackungen, die wiederverwertbar sind!
- Kaufen und verwenden Sie umweltfreundliche Produkte! Das Umweltzeichen (blauer Engel) des Umweltbundesamtes hilft Ihnen dabei.
- Achten Sie auf Gefahrenhinweise und -symbole auf der Verpackung oder innerhalb der Gebrauchsanweisung! Sie sind ein Indiz für schädliche Substanzen.
- Denken Sie daran:

  Abfallvermeidung geht vor Abfallverringerung,
  Abfallverringerung vor Abfallverwertung,
  Abfallverwertung vor Abfallbeseitigung

Gartenabfälle

Zerkleinerung und Umsetzen

Kompost

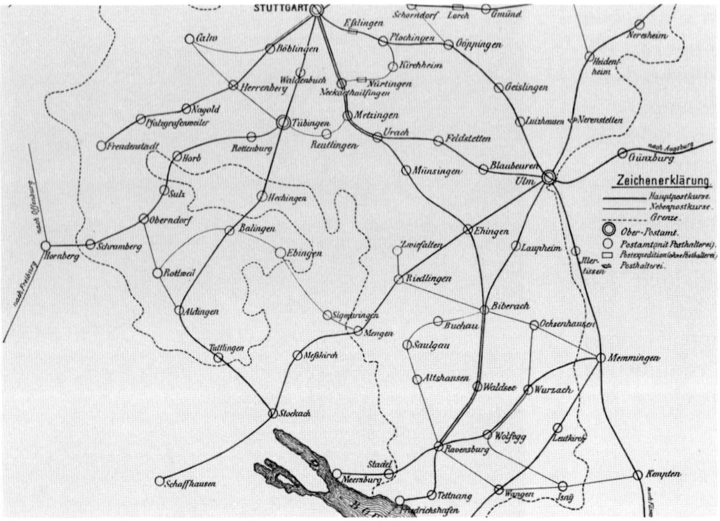

Postkursnetz im Jahr 1819

Die historischen Verkehrswege

Von den historischen Verkehrswegen im Südwesten Deutschlands wurde auch der heutige Landkreis Tuttlingen durch eine Fernhandelsstraße in Nord-Süd-Richtung im Mittelalter und in der frühen Neuzeit durchzogen. Diese führte aus dem Raum Stuttgart/Esslingen am Fuß der Schwäbischen Alb entlang über Balingen-Rottweil nach Tuttlingen und von dort weiter auf Schweizer Gebiet in Richtung Schaffhausen und zu anderen zentralschweizerischen Städten, die Anschluß an den transalpinen Handel hatten.

Aber auch von Westen nach Osten verliefen Handelswege – allerdings von geringerer Bedeutung – durch das heutige Kreisgebiet. Meist orientierten sich diese in ihrem Verlauf am Donautal oder führten über die südlichen, angrenzenden Höhenzüge der Alb.

Im 18. Jahrhundert finden wir ein ausgebautes Netz an Poststraßen. Dieses basiert auf den mittelalterlichen Handelswegen. Für das Gebiet des Landkreises war Tuttlingen Mittel- und Kreuzungspunkt mehrerer Poststraßen.

Die Eisenbahnstrecken

Im Königreich Württemberg wurde ab der Mitte des 19. Jahrhunderts mit dem Bau von Eisenbahnstrecken begonnen. Dabei war es das Ziel, von der Landeshauptstadt Stuttgart ausgehend, die einzelnen württembergischen Landesteile verkehrstechnisch besser zu erschließen und für die Wirtschaft, die mit dem Beginn der Industriellen Revolution einen enormen Aufschwung erfuhr, einen leistungsfähigen Verkehrsträger zu haben. Im Jahre 1869 wurde auch in Tuttlingen der Anschluß an „die Große Welt" vollzogen, nachdem die Bahnlinie durch das Neckartal über Rottweil – Horb – Plochingen, die in verschiedenen Bauphasen erstellt wurde, fertig war.

Im gleichen Jahr wurde der Bau der Eisenbahnlinie Villingen – Geisingen – Immendingen fertiggestellt, nachdem seit einem Jahr zuvor bereits der Anschluß vom Hegau und Bodensee über Hattingen bis Immendingen bestand. Schon 1870 wird die Lücke zwischen den Eisenbahnstrecken in den badischen und württembergischen Gebieten durch den Bahnstrekkenbau zwischen Tuttlingen und Immendingen geschlossen. Da beim Befahren der später bedeutenden Neckartalbahn bis zur südlichen Verlängerung in Richtung Singen / Zürich jeweils ein Lokomotivenwechsel in Immendingen notwendig wurde, errichtete man 1934 eine neue Bahntrasse vom Bahnhof Tuttlingen in Richtung Süden; in der Nähe der Gemeinde Hattingen wurde dabei die Verlängerung der Schwarzwaldbahn erreicht. Dieses Verbindungsstück ermöglichte dann einen lokomotivenwechselfreien Verkehr zwischen Stuttgart und Singen. Auf der Neckartalbahn befanden sich zwischen Rottweil und Tuttlingen nur in den größeren Orten Bahnhöfe; später wurden an dieser Strecke im

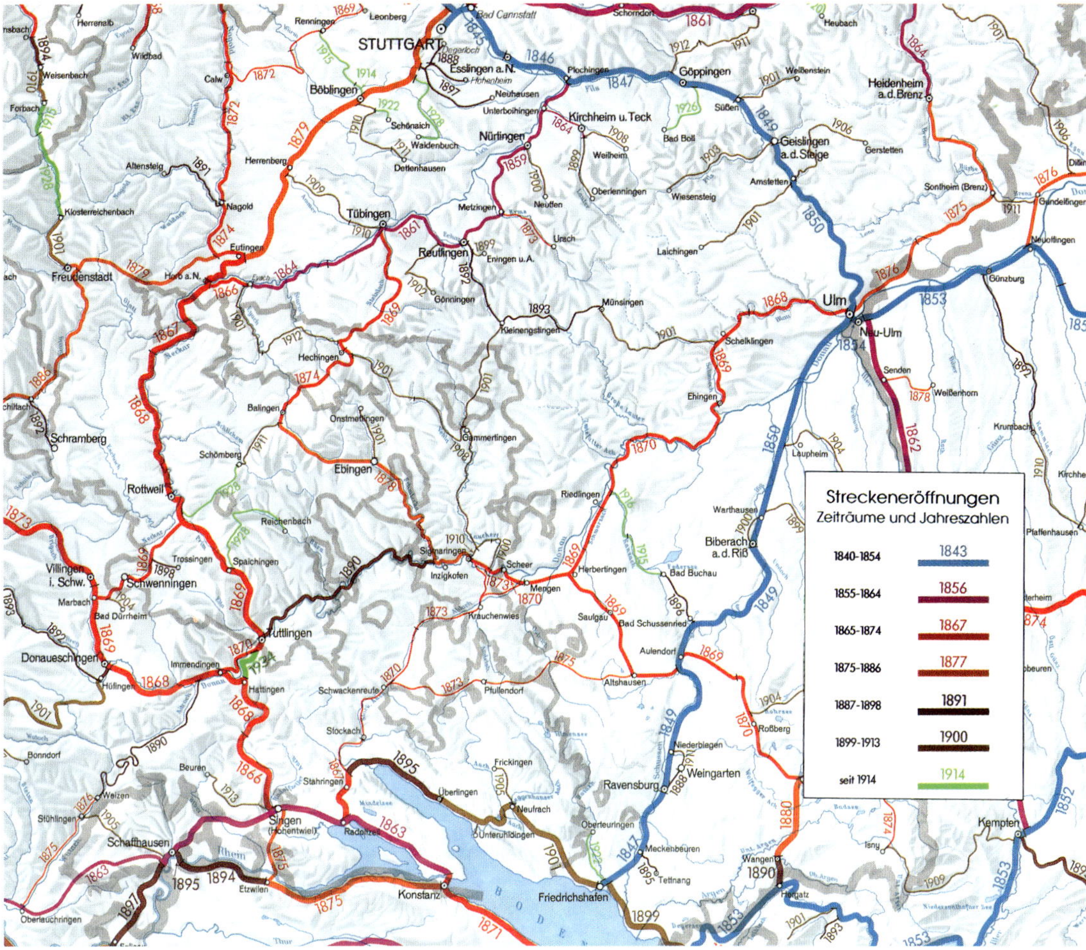

Die Entwicklung des Eisenbahnnetzes in Südwestdeutschland

Landkreis Tuttlingen fünf weitere Haltepunkte aufgrund des Berufspendlerverkehrs eingerichtet.

Die Verkehrsanbindung des heutigen Landkreises Tuttlingen nach Osten erfolgte im Jahre 1890 durch den Bau der Donautalbahn; damit waren direkte Verbindungen zu den Räumen Ulm und München geschaffen worden. Die Donautalbahnlinie hatte aber auch zwei andere wichtige Funktionen:

Einmal sollte diese Strecke die Berufspendler aus Mühlheim und Fridingen nach Tuttlingen aufnehmen, zum anderen sah man im neugegründeten Deutschen Reich in dieser Strecke eine wichtige strategische Verbindung in Ost-West-Richtung mit der Aufgabe, militärisches Material über diese Strecke im Konfliktfall zu bringen. Ein Weitertransport an eine mögliche Westfront sollte über die ausschließlich aus diesen Gründen angelegte Kanonenbahn von Immendingen über Blumberg – Weizen zum Hochrhein erfolgen; diese Bahnstrecke wird heute als Museumsbahn betrieben („Sauschwänzlebahn"). Der Donaubahnstrecke und der Kanonenbahn kam große militärische Bedeutung zu, weil die Bodenseeringbahn von Lindau – Friedrichshafen nach Radolfzell noch nicht existierte und die Bahnstrecke Basel (Badischer Bahnhof) – Singen teilweise über schweizerisches Territorium lief.

E-Lok, T 1; 1982

Die Trossinger Eisenbahn

Eisenbahngeschichtlich ist die Trossinger Eisenbahn, die als elektrobetriebene Privatbahn – heute in Händen der Stadtwerke Trossingen – errichtet wurde, eine beachtenswerte Besonderheit.

Die Trossinger Industrie und hier besonders die Musikinstrumentehersteller, die schon im ausgehenden 19. Jahrhundert weltweite Wirtschaftsbeziehungen hatten, wollten eine leistungsfähige und zeitgemäße Verkehrsanbindung haben: Hier bot sich der Bau einer nur 4 km langen Eisenbahnstrecke von der Stadt Trossingen zur bereits 1869 errichteten Bahnlinie Rottweil–Villingen an.

Um das für den Eisenbahnbau erforderliche Kapital von 450000 Reichsmark aufzubringen, wurde 1895 eine Aktiengesellschaft gegründet, in die von den Trossinger Unternehmern der größte Kapitalanteil eingebracht wurde.

Da die Trossinger Eisenbahn auf einer relativ kurzen Strecke vom Staatsbahnhof bis zum Bahnhof Trossingen-Stadt einen Höhenunterschied von über 70 Metern zu bewältigen hatte, wurde die Bahn elektrisch betrieben; als Fahrzeuge werden bis heute weitgehend Personentriebwagen eingesetzt, die auch den Transport von Güterwagen übernehmen.

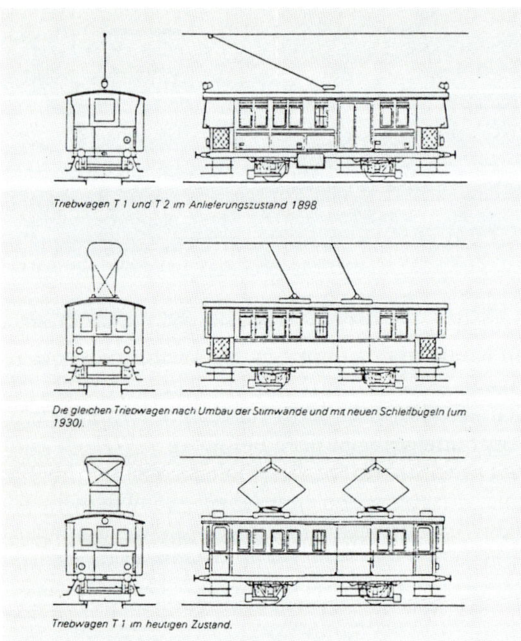

Triebwagen der Trossinger Eisenbahn

Gegenwärtig wird eine intensive Diskussion über den weiteren Bestand der Trossinger Eisenbahn geführt. Obwohl Fahrgastzahlen und Güteraufkommen dieser Privatbahn zufriedenstellend sind, kann bei weitem nicht kostendeckend gewirtschaftet werden, da ein – für diese kleine Bahn – zu großer Personalbestand ein enormes Lohnkostenaufkommen erfordert. Es werden auch Überlegungen geführt, evtl. mit einem Dieseltriebwagen eine Direktverbindung über Schwenningen nach Villingen herzustellen, um u. a. ein attraktives Angebot für Berufspendler zu bieten und unnötige Wartezeiten auf Anschlußzüge der Bundesbahn beim Trossinger Staatsbahnhof zu vermeiden.

Bei einer Öffnung der Trossinger Eisenbahn nach Villingen und Schwenningen wird von Wirtschaftskreisen befürchtet, daß wegen der besseren Erreichbarkeit Kaufkraft aus dem Landkreis Tuttlingen abgezogen würde.

Arbeiter beim Bau der Wettachtalbrücke

Maschineneinsatz beim Bau der Wettachtalbrücke

Einweihung der Heuberg-Eisenbahn in Wehingen

Verladen von Postkutschen auf dem Bahnhof

Die Heuberg-Bahn

Eine weitere interessante Eisenbahnstrecke war die Verbindung von Spaichingen auf den Heuberg. Seit der Jahrhundertwende befaßte sich ein Komitee mit dieser Absicht; ab 1906 wurde einer von 54 Bauplänen umgesetzt. Finanziell beteiligten sich alle Gemeinden, die an der zukünftigen Strecke zwischen Spaichingen und Reichenbach lagen, an den erheblichen Baukosten. Ziel dieses Bahnprojektes war es, der auf dem Heuberg schnell wachsenden Metallindustrie ein leistungsfähiges Verkehrsmittel und den bis dahin abgelegenen Orten des Heubergs einen Anschluß an die Verkehrsachsen des Neckar- und Donautales anzubieten.
Da bei der Bauausführung im Streckenabschnitt Denkingen – Gosheim erhebliche Schwierigkeiten wegen eines nicht stabilen Untergrundes, der aus Knollenmergel bestand, auftraten, erhöhten sich die Kosten enorm durch aufwendige Brückenbauten, und die Bauzeit verlängerte sich um Jahre. Die beabsichtigte Weiterführung der Heuberg Bahn nach Nusplingen ist nie verwirklicht worden.
Eine festliche Einweihung der Heuberg-Bahn erfolgte 1928. Im Zuge der Rationalisierung der Bundesbahn und der damit verbundenen Stillegungen unrentabler Strecken wurde auch die Heuberg-Bahn bereits 1954 mit der Verlagerung des Personenverkehrs auf Omnibusse und 1966 mit der endgültigen Schließung der übriggebliebenen Güterverkehrsstrecke getroffen. Insgesamt kann angemerkt werden, daß diese Bahnstrecke länger projektiert und gebaut als später befahren wurde.

Aus dem „Fahrplanbuch für den Winterdienst 1903/04" der
K. Württembergischen Staatseisenbahn – gültig vom 1. Oktober an –

Strecke Stuttgart—Böblingen—Horb—Immendingen. 691

Entfernung km	Stationen		Ankunft	Aufenthalt Min	Abfahrt	Kreuzung mit Zug	Ueberholung des Zuges	Ueberholung durch Zug	Fahrzeit fahrplanmäßige Min.	Fahrzeit kürzeste Min.	Brems-%
	D 38. Schnellzug (von Osterburken). Fortsetzung von Seite 461.								70	70	
	Stuttgart Hptbhf.	.	8.22	23	8.45				—	—	50
2,01	Blockst. Nordb. Stellw. I.	.	—	—	—				—	—	
0,71	Blockst. Nordb. Stellw. III.	.	—	—	—				—	—	
5,12	Stuttgart Westb.	×	—	—	9.02	834			17	15	44
2,53	Wildpark Wärterh. 13	.	—	—	—				—	—	
4,48	Vaihingen a. F.	○	—	—	9.14		6651		12	9½	
10,35	Böblingen	×	—	—	9.27	274			13	11½	35
5,24	Ehningen	.	—	—	9.34				7	5	
3,60	Gärtringen	.	—	—	9.40				6	4	
2,86	Nufringen	.	—	—	—				—	—	44
3,97	Herrenberg	×	—	—	9.48	6648			8	8	
4,61	Nebringen	.	—	—	9.53				5	5	39
4,48	Bondorf	.	—	—	9.58				5	4½	44
4,13	Ergenzingen	×	—	—	10.04	288			6	5½	39
3,64	**Eutingen**	⊗	10.09	1	10.10	6650	981 / 7647		5	5	44
4,07	Blockstation Posten 7	.	—	—	—				—	—	
4,75	**Horb**	Y	10.22	5	10.27	7652			12	11	35
6,96	Neckarhausen	.	—	—	10.34				7	7	
3,04	Fischingen	.	—	—	—				—	—	
4,05	Sulz a. N.	○	—	—	10.41		6587		7	6½	
8,98	Aistaig	.	—	—	—				—	—	
2,27	Oberndorf	⊗	10.54	1	10.55	918 / 6586	921		13	11½	
5,96	Epfendorf	.	—	—	11.02				7	6½	39
5,35	Thalhausen	×	—	—	11.09	8574			7	6½	44
4,39	Abzweig. Fabrikgleis	.	—	—	—				—	—	
2,09	**Rottweil**	⊗	11.18	2	11.20	6588	7933		9	9	
6,78	Neufra	×	—	—	11.30	278			10	9	
1,59	Neuhaus	.	—	—	—				—	—	
2,43	Aldingen	.	—	—	11.37				7	6	
4,22	Spaichingen	.	—	—	11.43				6	5½	
2,14	Wärterhaus Nr. 18	.	—	—	—				—	—	
2,93	Rietheim	.	—	—	11.49				6	5½	35
1,80	Weilheim b. Tuttl.	.	—	—	—				—	—	
1,52	Wurmlingen	×	—	—	11.53	7596			4	3½	39
1,08	Wärterhaus Nr. 26	.	—	—	—				—	—	
3,26	**Tuttlingen**	⊗	11.58	2	12.00	8570 / 384	273		5	5	30
3,55	Möhringen	.	—	—	12.04				4	3½	
6,55	**Immendingen**	×	12.13	—	—	280			9	7	

Denkschrift

zum Projekt einer

normalspurigen Nebenbahn

Schwenningen-Tuttlingen

— Mit einer Karte —

Herausgegeben vom Comitée.

— 1909. —

Druck von Julius Eller, Schwenningen a. N.

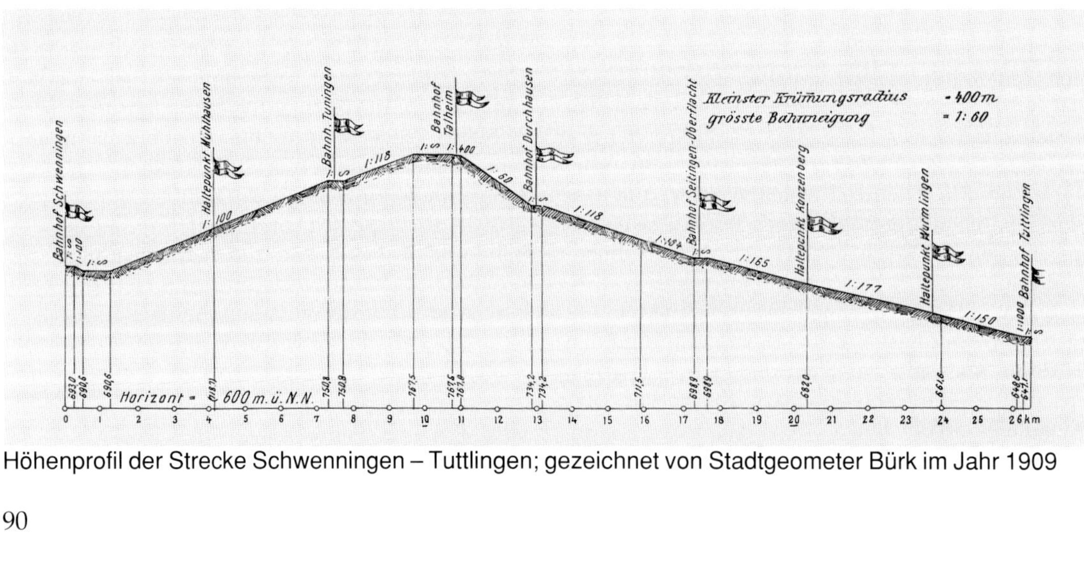

Höhenprofil der Strecke Schwenningen – Tuttlingen; gezeichnet von Stadtgeometer Bürk im Jahr 1909

Fahrtdauer und Fahrtenhäufigkeit der Eisenbahnzüge der Neckartalbahn auf dem Streckenabschnitt Tuttlingen – Rottweil				
	Jahr			
	1869	1918/19	1939	1988
Fahrtdauer der schnellsten Züge	49 min.	29 min.	22 min.	17 min. (Euro City) 23 min. (D-Zug)
normale Personenzüge	70 min.	37 min.	41 min. *	23 min.
Häufigkeiten der Fahrten pro Werktag	4	10	17	11
* neue Haltepunkte für Berufspendler verlängern die Fahrtdauer				

Planungen und Bau weiterer Eisenbahnstrecken und -anlagen

Ab der Jahrhundertwende wurden weitere Eisenbahnprojekte diskutiert:
Das Land Baden wollte – auch noch nach der Gründung des Deutschen Reiches – eine eigene Bahn anlegen, die von Immendingen über Hattingen – Schwackenreute nach Pfullendorf führen und nur badisches Gebiet berühren sollte. Bei der Trossinger Eisenbahn gab es Ideen, diese Strecke nach Osten bis Aldingen oder Tuttlingen zu verlängern. Am konkretesten waren die Pläne einer normalspurigen Nebenbahn von Schwenningen nach Tuttlingen über Tuningen, Oberflacht und Seitingen; bei diesem Vorhaben wurden bereits genaue Geländeuntersuchungen und -berechnungen vorgenommen.
Mit einem Vertrag der Deutschen Reichsbahn und dem Land Württemberg im Jahre 1927 wurde der Ausbau – zweites Gleis und Kurvenbegradigung – der Neckartalbahn zwischen Horb und Tuttlingen sowie der Neubau des Bahnhofs Tuttlingen geregelt; diese Arbeiten wurden in der Zeit von 1928 bis 1934 durchgeführt.
Nach dem 2. Weltkrieg wurde während der Besatzungszeit durch die Franzosen das zweite Gleis zwischen Horb und Tuttlingen demontiert. Nach Gerüchten sollen z. T. die Schienen bereits in den letzten Kriegsjahren – wie im Deutschen Reich damals auf vielen weniger bedeutenden Strecken üblich – abgebaut worden sein, da diese für Nachschubwege zur Ostfront in der Sowjetunion gebraucht wurden. 1977 war die Elektrifizierung der Neckartalbahn und der Schwarzwaldbahn bis Singen abgeschlossen.

Eisenbahnfahrpläne und die Zukunft der Eisenbahn im Landkreis Tuttlingen

Die Bedeutung der Eisenbahnen im Landkreis Tuttlingen in der Zukunft ist schwer vorherzusagen. Sicherlich scheint gegenwärtig der Streckenbestand gesichert zu sein. Auch wenn die Neckartalbahn nicht die Vorkriegsbedeutung einer internationalen Hauptverkehrsstrecke (Berlin – Stuttgart – Zürich – Mailand) mehr erreicht hat, so hat sie doch durch den Verkehr von Eurocity-Zügen wieder eine Aufwertung erfahren; Probleme, die durch einen Nichthalt in der Heimatregion entstanden, sind heute gelost.
Der Zugverkehr in West-Ost-Richtung im Landkreis ist auf Dieseltriebwagen, die von Neustadt im Schwarzwald über Donaueschingen und Tuttlingen durch das Donautal nach Ulm im Taktverkehr fahren, umgestellt worden.
In den folgenden Jahrzehnten kann durch ein Eisenbahntunnelprojekt in den Alpen (Splügen- oder neuer Gotthardtunnel) die Neckartalbahn an Bedeutung gewinnen. Bei einem möglichen Netz von Magnetschienenbahnen im 21. Jahrhundert führt eine Magistrale von Zürich nach Stuttgart durch den Landkreis Tuttlingen.

Dietingen
NEUKIRCH
ZEPFENHAN
ROTTWEIL
GÖLLSDORF
FECKEN HAUSEN
ALTSTADT
ROTTEN-MÜNSTER
BÜHLINGEN
NEUFRA
Oberrotenstein
Lauffen
Aixheim
Deißlingen
Villingen-Schwenningen
TROSSINGEN
SCHURA
Schon-wiesen
Tuningen
Talheim
AD Bad Dürrheim
ÖFINGEN
BIESINGEN
GEISINGEN
Dreilärchen
Wartenberg
GUTMADINGEN
KIRCHEN
AULFINGEN
Ratshausen
Oberhausen
Hausen am Tann
Weilen unter den Rinnen
Schlichem
SCHÖRZINGEN
Deilingen
Delkhofen
Wilflingen
Wehingen
Wellendingen
Gosheim
Frittlingen
Denkingen
Klippeneck
Aldingen
SPAICHINGEN
HOFEN
Dreifaltigkeits-kirche
Balgheim
Gunningen
Hausen ob Verena
Durchhausen
Seitingen-Oberflacht
Seitingen
Oberflacht
Wurmlingen
Elta
ESSLINGEN
Ippingen
Talhof
Bachzimmern
Amtenhausen
Zimmern
Immendingen
MÖHRINGEN
Staubecken
DONAU
Hintschingen
HAUSEN
Gundelhof-Hewenegg
Mauenheim
BARGEN
STETTEN
Schopflocher Hof
Reichenbach am Heuberg
Bubsheim
Böttingen
Dürbheim
Rietheim-Weilheim
Rietheim
Bulzingen
Lupbühl
Rußberg
Weilheim
TUTTLINGEN
VORSTADT
Ludwigstal
NENDINGEN
MÜHLHEIM a. d. Donau
STETTEN
Altstadt
Mahlstetten
Renquishausen
Kolbingen
Königsheim
Egesheim
Tanneck
Obernheim
Harras
Nusplingen
Geyerbad
TIERINGEN
OBER-DIGISHEIM
UNTER-
Heidenstadt
Dietstaig
Harthöfe
HEINSTETTEN
HARTHEIM
HOSSINGEN
MESS-STETTEN
LAUTLINGEN
Gnadenweiler
Werenwag
Langenbrunn
Bärenthal
Irndorf
Oberhausen
Beuron
FRIDINGEN an der Donau
Buchheim
Danningen
Altental
Neuhausen ob Eck
Wehstetten
Ober-schwandorf
Unter-
Steckendorf
Ederstetten
Holzach
Liptingen
Emmingen
Emmingen-Liptingen
Hattingen
BIESENDORF
Glashütte
Rorgenwies
Reute im Hegau
Honstetten
Guggenhausen
Heudorf im Hegau
Gallmannsweil
Hecheln
Mühlingen
Eckartsbrunn
Münchhöf
RAIT-HASLACH
Talmühle
Homberg
MAHLSPÜREN
E41
81
14
27
311
523
491
33

Das Straßennetz im Landkreis

Der Landkreis Tuttlingen besitzt im Kreisgebiet rund 90 km Bundesstraßen (ohne Bundesautobahn), über 200 km Land- und ca. 150 km Kreisstraßen; dazu kommt ein engmaschiges Netz an Gemeindestraßen. Einen Autobahnanschluß nach Süden (ab Auffahrt Geisingen) gab es 1973, die Verbindung nach Norden in Richtung Stuttgart wurde erst 1978 eröffnet.

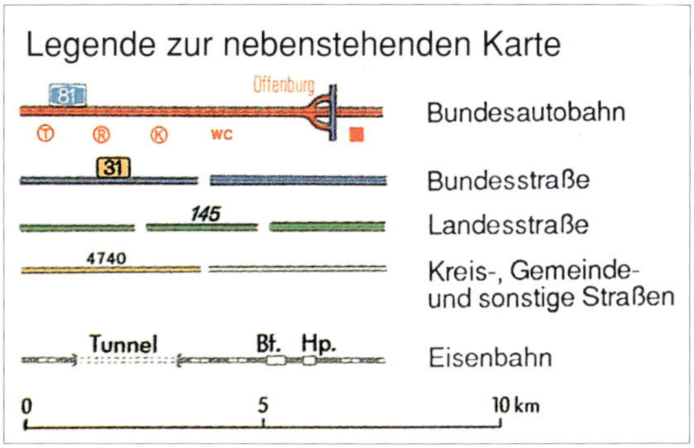

Der öffentliche Personennahverkehr

Innerhalb des Landkreises wird der öffentliche Personennahverkehr überwiegend durch den Omnibus bewältigt; besonders stark ist der Schülerbusverkehr vertreten. Dieser und der öffentliche Personennahverkehr wurden z. B. 1987 durch öffentliche Gelder von Land, Kreis und Kommunen in Höhe von 6,16 Millionen DM unterstützt. Eine Öffnung des Schülerbusverkehrs für eine allgemeine Nutzung ist bisher nur in ganz geringem Maße versucht worden. Der allgemeine Personennahverkehr verfügt im Landkreis Tuttlingen leider nur über ein weitmaschiges Netz – der Busverkehr in der Stadt Tuttlingen ausgenommen –, mit dem leider nicht alle Orte des Kreises verbunden sind. So besteht z. B. bis heute keine direkte Verbindung zwischen den Städten Trossingen und Spaichingen. Auch ist die Fahrtenhäufigkeit auf den vielen Strecken äußerst gering und manche Linien werden ab den späten Nachmittagsstunden nicht mehr befahren.

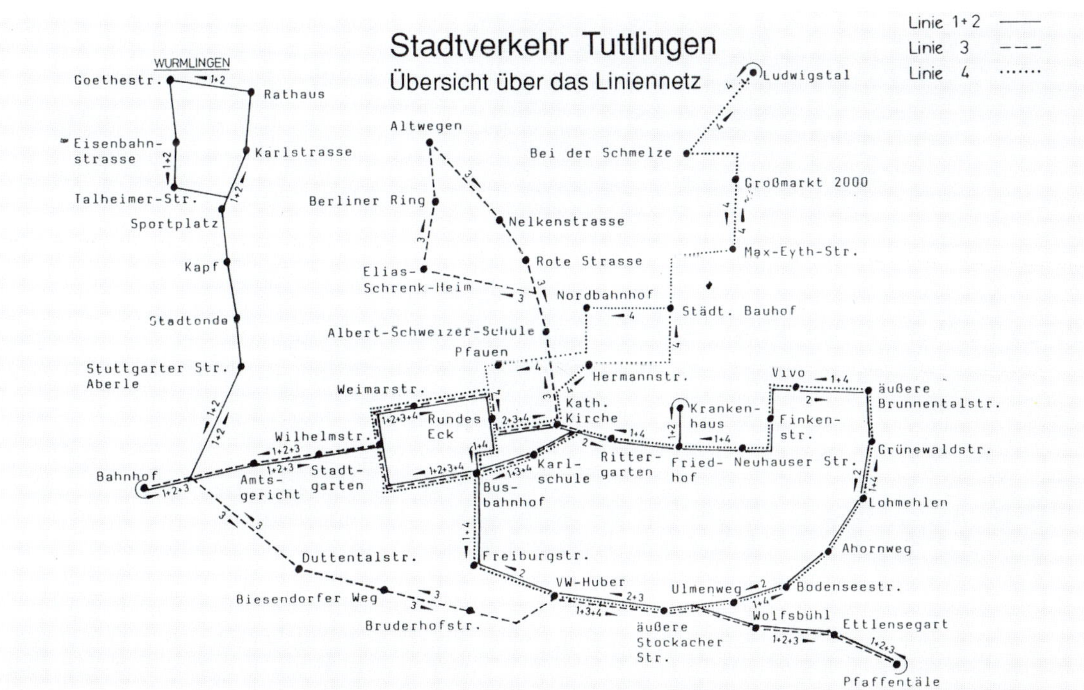

Die Zeitungen im Landkreis Tuttlingen

Der Gränz-Bote,
zugleich
Amts- und Intelligenz-Blatt
für das
Ober-Amt Tuttlingen.

Nro. 1. Samstag den 1. Januar 1831.

Trossinger Anzeiger
Volks- und Anzeigeblatt für die Baar.

Nr. 105. Freitag den 1. September 1893.

Neue Bürger-Zeitung
Allgemeiner Anzeiger

Nr. 90. Samstag, den 28. September 1907. 1. Jahrgang.

TUTTLINGER ZEITUNG
Tageszeitung für den Kreis Tuttlingen
Organ der Partei und aller Behörden
Gränz-Bote / Spaichinger Tagblatt

Nachrichten
DER MILITÄRREGIERUNG FÜR DEN LANDKREIS TUTTLINGEN

Nummer 6 Donnerstag, 9. August 1945 Preis 10 Rpf.

NACHRICHTENBLATT DER MILITÄRREGIERUNG
AMTSBLATT FÜR DEN KREIS TUTTLINGEN

Die Verbreitungsräume der heutigen Tageszeitungen

Im Gebiet des heutigen Landkreises Tuttlingen ist das Angebot an Tageszeitungen recht vielfältig. Den größten Leseranteil haben der „Schwarzwälder Bote" und die „Schwäbische Zeitung", die allerdings an den verschiedenen Orten des Kreises unter anderen Zeitungsnamen erscheint, so als „Heuberger Bote", „Gränzbote" und „Trossinger Zeitung".

In den ehemaligen badischen Gebieten des Kreises, vornehmlich in den Räumen Geisingen und Immendingen, ist auch noch der „Südkurier" vertreten.

Die Verlagsorte der Zeitungen befinden sich aber heute, bedingt durch wirtschaftliche Zusammenlegungen kleinerer Zeitungen, alle außerhalb des Kreisgebietes und sind z. T. räumlich relativ weit entfernt:

Die „Schwäbische Zeitung" mit ihren Ausgaben „Heuberger Bote", „Gränzbote" und „Trossinger Zeitung" wird in Leutkirch im Allgäu, der „Schwarzwälder Bote" in Oberndorf verlegt, der Verlagsort des „Südkuriers" ist Konstanz.

Lokalredaktionen innerhalb des Landkreises befinden sich für die „Schwäbische Zeitung" mit ihren Lokalausgaben sowie für den „Schwarzwälder Boten" in Tuttlingen, Spaichingen und Trossingen. Der „Südkurier" unterhält in Immendingen eine eigene Lokalredaktion.

Ergänzt wird das Angebot der Tageszeitungen durch verschiedene, wöchentlich erscheinende Wochenblätter, die überwiegend Anzeigen veröffentlichen und der Geschäftswelt als Werbeträger dienen. Diese Wochenblätter werden z. T. auch in Städten der Nachbarkreise verlegt.

Die Geschichte des Zeitungswesens im Landkreis Tuttlingen

Vor 1830, dem Jahr des ersten Erscheinens einer Zeitung in Tuttlingen, gab es im heutigen Landkreis keine eigene Zeitungspublikation. Dies bedeutete – im Vergleich zu anderen Gebieten bzw. Städten – eine sehr späte Entwicklung. Der an Informationen und Nachrichten bestehende Bedarf wurde durch Zeitungen gedeckt, die in Stuttgart und später in Rottweil herausgegeben wurden und die auch ausführlich über die Oberämter Tuttlingen und Spaichingen berichteten und amtliche Nachrichten brachten.

Ab 1760, vereinzelt auch schon in früheren Jahren, waren Zeitungen, wie „Stuttgarterische Anzeigen", später der „Schwäbische Merkur", und ab 1799 der „Rottweiler Anzeiger" im Landkreis vertreten. Für Anzeigen und Veröffentlichungen der Behörden wurde diese Zeitung bis 1837, in Spaichingen bis 1848, genutzt, dann übergab man öffentliche Ankündigungen der sich neu entwickelnden Lokalpresse.

Am 10. August 1830 erhielt der Reutlinger Buchdrucker Johann Friedrich Bofinger vom württembergischen Staat die Erlaubnis, in Tuttlingen eine Buchdruckerei zu betreiben, in der Zeitungen gedruckt werden konnten. Bei dieser Genehmigung wurde auf die im Deutschen Bund seit den Karlsbader Beschlüssen bestehenden Zensurbestimmungen hingewiesen. Diese neue Zeitung erhielt den Namen „Gränzbote", ursprünglich sogar „Grenzbote" geschrieben. Um mit den Zensurbestimmungen der 1. Hälfte des 19. Jahrhunderts möglichst wenig in Konflikt zu geraden, wurden im politischen Teil des „Gränzboten" Artikel aus Stuttgarter Zeitungen nachgedruckt, die bereits ohne Beanstandungen die Zensur durchlaufen hatten. Im Laufe der Erscheinungsgeschichte dieses Blattes hat der Zeitungskopf häufig verschiedene Zusatztitel gehabt, so nannte sich z. B. der „Gränzbote" 1920 offiziell „Tuttlinger Tagblatt, Amtsblatt für den Bezirk Tuttlingen, Volkszeitung von der oberen Donau". Nach 1933 wurde der „Gränzbote" parteiamtliches Organ der NSDAP, das ab 1. März 1943 dann den Namen „Tuttlinger Zeitung" erhielt. Eine Zeitung gleichen Namens gab es bereits seit 1896 als Konkurrenzblatt zum „Gränzboten", das aber nur wöchentlich erschien und in Esslingen am Neckar gedruckt wurde und bereits nach einem halben Jahr das Erscheinen aufgrund einer zu geringen Leserzahl wieder einstellte. In den späteren Jahrzehnten hat es bis zum Beginn des Dritten Reiches immer wieder Versuche von Verlegern gegeben, neue Zeitungen mit den unterschiedlichsten Namen im Landkreis Tuttlingen herauszubringen, die sich aber alle nicht über längere Zeit halten konnten. Auch beim „Gränzboten", der anfänglich nur zweimal in der Woche herausgegeben wurde, war die Abonnentenzahl im 19. Jahrhundert äußerst gering. 1849 bezogen lediglich 313 Bürger in der Stadt und im Amtsbezirk Tuttlingen diese Zeitung. Diese Zahl zeigt – auch im Vergleich zur damaligen weit geringeren Einwohnerzahl – ein extrem geringes Interesse der Gesamtbevölkerung am politischen und geistigen Geschehen. Bis 1920 war die Zeitungsauflage auf 6730 Exemplare angestiegen.

Nach dem Zweiten Weltkrieg wurde die erste Zeitung nach einer Genehmigung durch die Besatzungsbehörden am 4. Juli 1945 herausgegeben; der offiziele Name dieser Zeitung lautete „Nachrichten der Militärregierung für den Landkreis Tuttlingen". Ab dem Jahre 1946 versuchten verschiedene kleinere Verlage, nach einer Lockerung der Lizensbestimmungen durch die französischen Besatzungsbehörden, mit einer Zeitungsausgabe im Landkreis Tuttlingen Fuß zu fassen. Im September des gleichen Jahres erschienen allein sechs Tageszeitungen in Tuttlingen. Die geringen Auflagenhöhen führten dazu, daß bereits wenige Jahre später nur die heute noch vorhandenen – oben beschriebenen – Tageszeitungen sich durchsetzen konnten.

Eine weitere Zeitung, nämlich der „Schwarzwälder Bote" mit dem Stammsitz in Oberndorf, spielte und spielt in der Presselandschaft des Landkreises Tuttlingen eine Rolle. Der „Schwarzwälder Bote" ist seit 1835 im Kreis vertreten; während der 1848er Revolution war er – wie alle anderen Zeitungen auch – von einer strengen Pressezensur betroffen.

Seit den 20er Jahren unterhält der „Schwarzwälder Bote" eigene Lokalredaktionen im Kreis Tuttlingen. Nach der Zeit der nationalsozialistischen Herrschaft und dem Zusammenbruch am Kriegsende gelang es dem „Schwarzwälder Boten", der vorübergehend „Schwarzwälder Post" hieß, in den alten Verbreitungsgebieten im Kreis wieder Abonnenten zu gewinnen.

Die Trossinger und Spaichinger Zeitungen

Seit 1896 besteht für Trossingen und die Nachbargemeinden eine eigene Zeitung mit dem Titel „Trossinger Zeitung - Amtsblatt für Trossingen, Anzeige- und Unterhaltungsblatt für die Baar"; später wurde der Name in „Trossinger Allgemeines Volksblatt" geändert. Verleger war der Buchdruckereibesitzer Mathias Birk.
Am Anfang druckte diese Zeitung – vermutlich illegal – die amtlichen Bekanntmachungen des Oberamtes Tuttlingen aus dem „Gränzboten" nach; in den späteren Jahren wurde die Zeitung jedoch ein offizielles Amtsblatt und vergrößerte das Verbreitungsgebiet auf den gesamten nordwestlichen Raum des heutigen Landkreises, z. T. ging die Verbreitung auch in das Gebiet des heutigen Schwarzwald-Baar-Kreises hinein.
Im Dritten Reich ging diese Zeitung unter; die Presse wurde „gleichgeschaltet".
In den ersten Jahren nach dem Krieg wurden in der Druckerei Birk der Lokalteil der „Schwarzwälder Post" und später die „Trossinger Zeitung" hergestellt, die erst zur „Südwestpresse" und ab 1961 zur „Schwäbischen Zeitung" kam.
Versuche, im Jahre 1925 in der Stadt Spaichingen bei der Druckerei Soland eine Zeitung als Nachrichtenblatt für den Bezirk Spaichingen zu verlegen, schlugen wegen der bestehenden Konkurrenz zum „Heuberger Boten" bereits nach einem Jahr fehl.

Der Sender Wittoh

Als Beispiel zukünftiger Kommunikationsmittel ist der neu gegründete Sender „Radio Wittoh", der in Tuttlingen seinen Sitz hat, zu nennen. Das Sendegebiet geht weit über den Bereich des Landkreises Tuttlingen hinaus.
Der Empfangsbereich von „Radio Wittoh" reicht über die Grenzen der Region Schwarzwald-Baar-Heuberg nach Osten und besonders auch nach Süden bis in den Bodenseeraum.

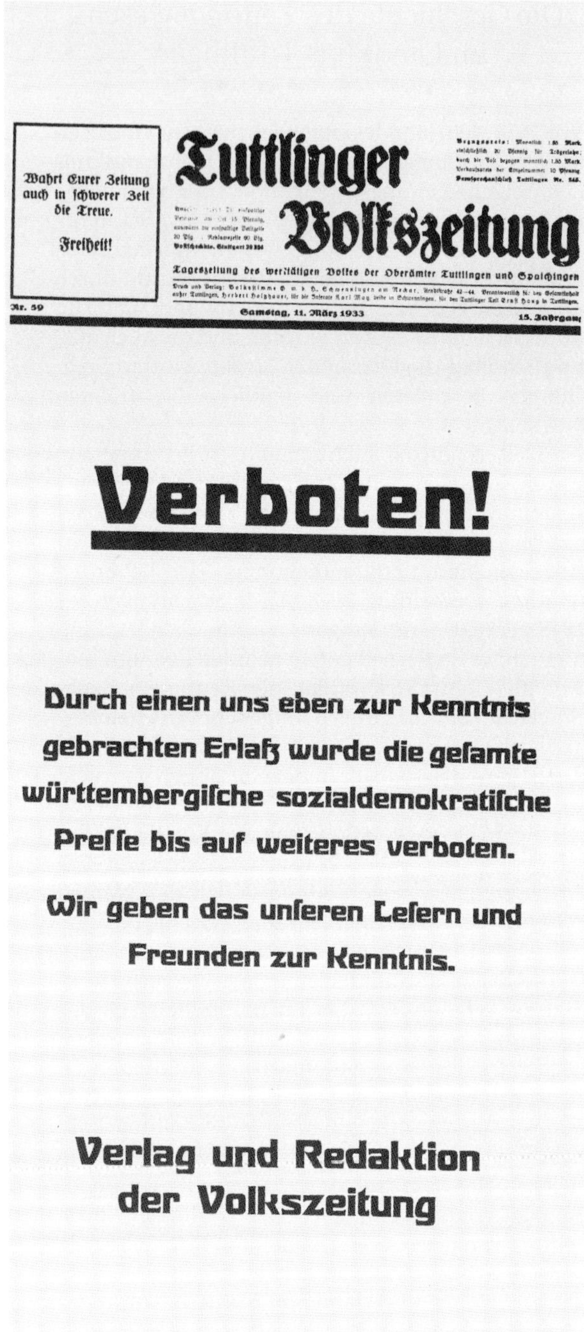

Wahrt Eurer Zeitung auch in schwerer Zeit die Treue.

Freiheit!

Tuttlinger Volkszeitung

Tageszeitung des werktätigen Volkes der Oberämter Tuttlingen und Spaichingen

Nr. 59 | Samstag, 11. März 1933 | 15. Jahrgang

Verboten!

Durch einen uns eben zur Kenntnis gebrachten Erlaß wurde die gesamte württembergische sozialdemokratische Presse bis auf weiteres verboten.

Wir geben das unseren Lesern und Freunden zur Kenntnis.

Verlag und Redaktion der Volkszeitung

Letzte Ausgabe der sozialdemokratischen „Tuttlinger Volkszeitung" vom 11. März 1933

Nachbildung des Trossinger Saurierfundes im Heimatmuseum Trossingen, „Auberlehaus"

Kleiner Museumsführer von Emmingen-Liptingen bis Wurmlingen

Kunstmuseum Hohenkarpfen

Im historischen Ökonomiegebäude des Hofgutes Hohenkarpfen befindet sich seit 1986 ein Kunstmuseum. Es zeigt vor allem Landschaftsmalerei des 19. und 20. Jahrhunderts aus der Karlsruher Schule um und nach Hans Thoma sowie Werke aus der Stuttgarter und Münchener Akademie-Tradition von Christian Landenberger, Albert Kappis, Felix Hollenberg, Maria Kasper-Filser und von Otto Dix. Daneben besitzt das Museum eine umfangreiche Sammlung von Werken des Zeichners Ernst Rieß (1884 - 1962) mit Motiven aus Hausen o. V. und der Ostbaar.

Hofgut Hohenkarpfen, Hausen ob Verena

Gemälde von Edmund Steppes (1873 – 1968)

Ifflinger Schloß in Fridingen

Museum Oberes Donautal Heimatmuseum Fridingen

Seit 1987 kann das Museum im Ifflinger Schloß besichtigt werden. In der stadtgeschichtlichen Sammlung vermitteln ein Modell der mittelalterlichen Stadt, Urkunden, Pläne, Tafeln und Fotos einen Überblick über die Geschichte und die Entwicklung der Stadt.

Im Festsaal des Schlosses, der „Hohenbergstube", zieren Städtewappen der ehemaligen österreichischen Grafschaft Hohenberg die holzgetäfelten Wände. Zu sehen sind auch Hellebarden der einstigen Bürgerwehr, Modelle von Gebäuden und die kreuztragende Christusfigur aus dem alten Ratssaal. Hier sind auch Werke einheimischer Maler, Bild-

hauer und Orgelbauer ausgestellt, die im 18. und 19. Jahrhundert in Fridingen und Umgebung arbeiteten. Die „Donautal-Galerie" zeigt Bilder, die seit dem 17. Jahrhundert entstanden sind und die Landschaft zwischen Donaueschingen und Sigmaringen darstellen.
Im dritten Obergeschoß erinnern Zeichnungen und Gemälde an die Maler Alfons Epple (1899 - 1948) und Xaver Bucher (1899 - 1959). Daneben findet der Besucher Werke der Beuroner Kunst.
Ausgrabungen aus der Jungsteinzeit, der Bronze-, Hallstatt- und Römerzeit enthält die vor- und frühgeschichtliche Abteilung. Den Schwerpunkt bilden jedoch die Funde aus den beiden Fridinger Alemannenfriedhöfen des 6. und 7. Jahrhunderts.
Ein besonderes Schmuckstück des Museums stellt die kunstvoll getäfelte „Flaschner-Stube" aus der Renaissance-Zeit dar.
Das Dachgeschoß gibt Auskunft über das örtliche Vereinsleben und das religiöse Brauchtum.
Alte Fridinger Narrenkleider, hölzerne Larven und eine Maskenschnitzerwerkstatt weisen auf das schwäbisch-alemannische Fasnetsbrauchtum hin.
Eine Schusterwerkstatt, eine Küche und ein Wohnzimmer sind mit alten Werkzeugen, Haushaltsgeräten und Möbeln ausgestattet.
In der historischen Wirtsstube zieht ein barockes Deckenbild die Blicke auf sich. Die Entwicklung des Bildschmucks, der im 19. und im beginnenden 20. Jahrhundert die Wände kleinbürgerlicher Wohnungen zierte, ist anschaulich dargestellt.

Dorfmuseum

Dorfmuseum Emmingen ab Egg

Wer den Ortsteil Emmingen besucht, steht vor einem vorbildlich renovierten Fachwerkhaus, in dem das dörflich-bäuerliche Brauchtum und die Heimatgeschichte dargestellt wird. Im Wohnteil des Gebäudes findet der Besucher eine vollständig eingerichtete bäuerliche Wohnung. Die Geräte für die landwirtschaftlichen Arbeiten in Feld und Wald und die Werkzeuge früherer Dorfhandwerker sind im Ökonomieteil des Hauses zu sehen. Ein besonderer Raum ist der Darstellung der Ortsgeschichte gewidmet: Dokumente, Urkunden, Bilder und eine Trachtenausstellung führen in die Vergangenheit.

Modell der Stadt Fridingen

Trachtenstube im Dorfmuseum Emmingen ab Egg

Sieht aus wie ein Dorf: Das Freilichtmuseum Neuhausen ob Eck

Ein Ausflug ins Freilichtmuseum Neuhausen ob Eck

Dieses Jahr führt unser Schulausflug ins Freilichtmuseum Neuhausen ob Eck, das dem Landkreis Tuttlingen gehört. Sechs Jahre lang haben dort Handwerker gearbeitet, bis es 1988 mit einem großen, bunten Fest eröffnet wurde.
Herr B., ein Museumsführer, erwartet uns am Gasthaus „Ochsen". Er erklärt : „Das Freilichtmuseum zeigt, wie beschwerlich unsere Vorfahren auf dem Dorf vor 100 oder 200 Jahren lebten, wie sie Häuser auf der Schwäbischen Alb, im Schwarzwald und am Bodensee bauten und wie sie darin wohnten."
Na, klar! Ich verstehe. Auch in unserem Dorf gibt es heute fast kein altes Haus mehr, das so aussieht wie früher. Die meisten älteren Gebäude wurden in den letzten Jahren modernisiert. Viele Bauern gaben ihre Landwirtschaft auf. Sie bauten Scheune oder Stall zu Wohnungen und Garagen um.
Kaum gehen wir ein paar Schritte weiter, will eine Schülerin wissen: „Wie kamen diese Häuser überhaupt ins Freilichtmuseum?" Ausführlich erklärt uns Herr B. die Versetzung eines Hauses. „Jedes Gebäude hat eine Reise hinter sich. Die Häuser konnten an ihrem ursprünglichen Standort nicht länger stehen bleiben. Beispielsweise mußten sie dem Straßenbau weichen, wie die Dorfkirche aus Tischardt. Andere hätte man einfach abgerissen, weil niemand die Instandsetzung bezahlen wollte. Da sie gut ins Freilichtmuseum Neuhausen ob Eck paßten, wurden sie hierher versetzt.
Vor einer Hausversetzung wird zuerst eine Bauaufnahme durchgeführt. Dabei werden die wichtigsten Steine und Balken aufgezeichnet, numeriert und fotografiert, damit das Haus später wieder gleich aufgebaut werden kann. Nach diesen Vorarbeiten beginnt die sorgfältige Zerlegung in viele Einzelteile. Handwerker tragen Stein für Stein, Dachziegel und Balken ab, bauen Türen und Fenster, Böden, Treppen und Wandverkleidungen aus. Große Baufahrzeuge transportieren das Material ins Museum. Dort wird das Haus wieder zusammengesetzt. Wie im

Vorführung alter Handwerke: der Korbmacher

Ein Klassenzimmer aus der „guten alten Zeit"; Bestandteil des Schul- und Rathauses von Bubsheim im Freilichtmuseum Neuhausen ob Eck

Schul- und Rathaus aus Bubsheim sichtbar, können auch ganze Wände am Stück versetzt werden."

Jetzt gehen wir ins „Bärbele-Haus", das früher mitten in Schömberg stand. In diesem über 200 Jahre alten Bauernhaus wohnten zwei Familien, im Erdgeschoß eine Schuhmacherfamilie mit zehn Kindern. Die niedere Stube war Wohnstube, Eßzimmer, Schlafkammer der Eltern und Werkstatt zugleich, weil sie als einziger Raum heizbar und rauchfrei war. Die Kinder schliefen in ungeheizten Räumen, meistens in der oberen Stallkammer oder auf dem Speicher. In der rußgeschwärzten, dunklen Küche mit kleinen Fenstern kochte die Mutter über dem offenen Feuer auf einem steinernen Herd. Der beißende Rauch zog durch den großen offenen Kamin ab, in dem Speck und Würste geräuchert wurden. In einer kleinen Mauernische flackerte abends ein getrockneter Kienspan, der die Küche schummrig erleuchtete. Vom Schüttstein floß das Abwasser durch die Hauswand in einer hölzernen Rinne ins Freie.

Der „Abtritt" lag in der Reisigkammer. Als Toilette benutzten die Hausbewohner damals eine Holzkiste. „Man hat vermutlich für die Erfüllung leichter Bedürfnisse den Stall benützt und den Klokübel lediglich für die Erfüllung schwererer Bedürfnisse. Am Papier mußte gespart werden. Einmal in der Woche trug die Hausmutter den hölzernen Kübel samt Inhalt auf dem Kopf zum Krautbeet...", erzählte eine Frau, die das Haus von früher kannte.

Wie eng es früher in vielen Wohnungen herging, sehen wir im „Fazi-Häusle" aus Deilingen-Delkhofen, einem Tagelöhnerhäuschen vom Heuberg. Dort lebten auf nur 30 Quadratmetern neun Personen zusammen unter einem Dach. In dem kleinen Stall meckern munter ein paar Ziegen.

Wie auf einem richtigen Bauernhof gibt es hier noch andere Haustiere. Kühe und Kälber muhen im Stall, Schweine suhlen sich grunzend im Schlamm, Schafe und Lämmer blöken und grasen auf der Weide im Pferch, Hühner scharren und gackern hinterm Haus, Gänse schnattern auf der Wiese neben der Hüle.

Eigentlich sieht das Freilichtmuseum Neuhausen ob Eck gar nicht wie ein Museum aus, sondern wie ein echtes Bauerndorf auf der Schwäbischen Alb. Alle Häuser sind mit Möbeln, Geräten, Geschirr, Maschinen und Werkzeugen so eingerichtet, als ob noch jemand darin wohnen würde. In den Bauerngärten, die mit Holzlattenzäunen vor den Hühnern geschützt sind, wachsen allerlei Nutzpflanzen, Gemüse, Salat, Kraut, Blumen, Gewürz- und Heilkräuter.

Das Freilichtmuseum Neuhausen ob Eck ist von Mitte April bis Ende Oktober dienstags bis sonntags jeweils von 9 bis 18 Uhr geöffnet.

„Germania" vor dem Heimatmuseum Talheim

Heimatmuseum Talheim

Das Museum befindet sich im Erdgeschoß des Geburtshauses von Max Schneckenburger (1819-1849), des Dichters der „Wacht am Rhein". An ihn erinnert hier eine Gedichtsammlung und das Standbild der „Germania" vor dem Haus.
Eine vollständig eingerichtete bäuerliche Wohnung nebst einem Trachtenpaar zeigt dem Besucher, wie die Bewohner des Dorfes noch zu Beginn unseres Jahrhunderts lebten.
Landwirtschaftliche Geräte und Werkzeuge örtlicher Handwerker geben einen Einblick in die Arbeitswelt unserer Vorfahren.
Der Beginn des Industrie-Zeitalters wird durch kleine Maschinen dokumentiert, mit denen Mundharmonika- und Akkordeonteile für die Trossinger Harmonika-Industrie gefertigt wurden. Stammtafeln und ein Modell der Burg Lupfen weisen auf das einstmals mächtige Geschlecht der Grafen von Lupfen hin.

Heimatmuseum „Auberlehaus"

Die Menschen früherer Zeiten lebten bedächtiger, natürlicher und traditionsgebundener. Von dem, was in Jahrhunderten an Lebensgewohnheiten gewachsen war, ist in den letzten Jahrzehnten vieles verschwunden. Deshalb hat sich der „Arbeits- und Förderkreis Trossinger Heimatmuseum e. V." zur Aufgabe gemacht, seinen Besuchern das Leben und die Arbeit unserer Vorfahren im Heimatmuseum anschaulich vor Augen zu führen.
Das stattliche Haus am Marktplatz wurde 1718 von Johannes Glunz als Gasthaus zum „Lamm" erbaut und 1855 von der reichen Bauernfamilie Maurer, mit dem Beinamen „Auberle", gekauft. Nach gründlicher Renovierung des „Auberle-Hauses" wurde dort im September 1977 das Trossinger Heimatmuseum eingeweiht.
Gleich am Eingang wird die Aufmerksamkeit des Besuchers durch zwei Urwelttiere in Anspruch genommen. Es sind die Skelette von Dinosauriern, die 1911 an der „Rutschete" bei der Oberen Mühle entdeckt worden waren. Bei mehreren Ausgrabungen fanden Forscher die Reste von über 70 Sauriern aus der Keuperzeit vor 200 Millionen Jahren. Zu Ehren ihres Fundorts erhielten sie den wissenschaftlichen Namen „Plateosaurus trossingensis".
Man vermutet, daß diese Tiere nicht in der unmittelbaren Umgebung von Trossingen lebten, sondern auf einer südlicher gelegenen Hochebene, dem „Vindelizischen Land". Vermutlich sind sie bei einer Katastrophe ums Leben gekommen und vom Hochwasser bis in unsere Gegend geschwemmt worden.
Die geologische Sammlung des Museums zeigt außerdem viele sehenswerte Mineralien und Versteinerungen, darunter prächtige Fischsaurier, Muscheln und Ammoniten, die vor 150 Millionen Jahren im Jurameer lebten.

Als die Saurierskelette entdeckt wurden, lebte ein großer Teil der Trossinger Bevölkerung noch von der Landwirtschaft. Zu den wichtigsten Handwerkern im Dorf zählte der Schmied, dessen vollständig eingerichtete Werkstatt im gewölbten Keller des Hauses besichtigt werden kann.
Am Treppenaufgang erblickt man eine reichverzierte Kirchenglocke, 1650 in Schaffhausen gegos-

sen, und ein Uhrwerk, das einst auf dem „Türmle" im Oberdorf die Zeit anzeigte und die Stunden schlug.

Wappengeschmückte gußeiserne Ofenplatten und die Fahnen der beiden ehemaligen Trossinger Militärvereine haben im Treppenhaus ihren Platz gefunden.

Warum man Trossingen auch die „Musikstadt" nennt, erfährt der Besucher im ersten Stock. Vom handgearbeiteten „Bläsle" Christian Meßners aus der Zeit um 1830 bis zu den mit modernen Maschinen hergestellten Akkordeons und Mundharmonikas ist die Entwicklung dieser Instrumente anschaulich dargestellt. Zur Entwicklung der Harmonika-Industrie trug ganz wesentlich die Trossinger Eisenbahn bei. Sie verbindet seit 1898 den Ort mit dem 5 km entfernten Staatsbahnhof. Auf der Galerie steht ein bewegliches Modell des ersten Triebwagens im Maßstab 1 : 10.

Einen Einblick in die bewegte Vergangenheit unserer Heimat vermitteln eine Reihe von Dokumenten und Urkunden zur Ortsgeschichte. Ausgrabungsfunde aus der Keltenzeit, vom Alemannenfriedhof an der Löhrstraße und aus mittelalterlichen Burghügeln weisen auf die vor- und frühgeschichtliche Besiedlung hin.

Die Landschaft der Baar und der Schwäbischen Alb hat der in Trossingen geborene Landschafts- und Tiermaler Karl Demetz (1909 - 1986) immer wieder in seinen Gemälden festgehalten. Eine Auswahl aus seinem umfangreichen Werk zeigt die Austellung in der „Demetz-Stube".

Einen Einblick in die Lebensweise und in die Wohnkultur einer wohlhabenden Bauernfamilie des 18. und 19. Jahrhunderts erhält der Besucher im 2. Stock des Hauses. Getäfelte Wohnstuben, eine Schlafkammer mit bemalten Möbeln und eine Küche mit vielerlei Haushaltsgerät lassen die Zeit der bäuerlichen Großfamilie lebendig werden.

Wie man sich an Sonn- und Werktagen kleidete, zeigen Trachten aus der evangelischen und der katholischen Baar.

Küche im Trossinger Heimatmuseum

Heute sorgt die Volkstanz- und Trachtengruppe des Museums dafür, daß die heimische Trossinger „Hippentracht" nicht ausstirbt.

Wie man in früheren Zeiten die Kleidung selbst hergestellt hat, ist in der Abteilung „Vom Flachs zum Leinen" zu sehen. Flachsbrechen, Riffeln und Hecheln, ein großer Webstuhl sowie eine Sammlung kunstvoll geschnitzter Stoffdruckmodel aus einer Färberwerkstatt erinnern an längst vergessene Arbeitsvorgänge.

Die alte Kunst des Eisengusses wird im Dachgeschoß an einer Reihe von Öfen und Herden sichtbar. Vom Kastenofen aus der Barockzeit über die Formen des Empire-Stiles, des Historismus und des Jugendstils sind alle Kunstformen bis zu den schlichten Gebrauchsformen unserer Tage vertreten.

Unter dem Dach sind auch die Geräte und Werkzeuge ausgestellt, die der Bauer von der Feldbestellung im Frühjahr bis zu den Drescharbeiten im Herbst benutzte, bevor ihm Traktor und Maschinen die Arbeit in Haus und Hof erleichtert haben. Man erfährt auch, wie es in einer ländlichen Schusterwerkstatt aussah, oder mit welchen Vorrichtungen der Metzger ein Schwein zu Fleisch und Wurst verarbeitete.

Nach einem Museumsrundgang wird der Besucher feststellen, daß sich ein Blick in das „Bilderbuch der Heimatgeschichte" gelohnt hat.

Das „Gut Leut Haus" in Wurmlingen

„Oberte-Museum" in der „Alten Vogtey" Wurmlingen

In der „Alten Vogtey" einem gründlich renovierten Bauernhaus aus der Zeit der Renaissance, das zugleich Wohnung und Schreibstube des Amtsschreibers der Herrschaft Konzenberg enthielt, richtete der Schwäbische Albverein ein bäuerliches Museum ein.

Im Dachgeschoß des Hauses sind jene Geräte zu sehen, die einst bei der Feldarbeit und im bäuerlichen Haushalt Verwendung fanden.

Daneben darf sich der Besucher an einer reichhaltigen Sammlung von Bildern erfreuen, die das alte Wurmlingen zeigen.

In einer der Stuben befindet sich eine Schuhmacherwerkstatt aus früherer Zeit.

Die Einrichtung einer Messerschmiede soll folgen, um an einen in Wurmlingen einst sehr verbreiteten Handwerksberuf zu erinnern.

Jeweils beim jährlichen Dorffest am zweiten Wochenende im September und am Totensonntag ist „Tag der offenen Tür", verbunden mit Ausstellungen und Vorträgen zur Heimatgeschichte.

Heimatmuseum Tuttlingen

Die reichhaltigen Schausammlungen des Museums sind in den vier Stockwerken des Fruchtkastens zu besichtigen.

Die Entstehung der Landschaft um Tuttlingen und die urzeitliche Tierwelt wird anhand einer Sammlung von Fossilien aufgezeigt. Im Vergleich dazu sieht man die heutige Tierwelt in ihren jeweiligen Lebensräumen.

Die vor- und frühgeschichtliche Abteilung weist auf die Besiedlung der Gegend um Tuttlingen seit der Steinzeit hin. Es folgen Funde aus der Zeit der Kelten und Römer. Einen wichtigen Platz nimmt die Landnahme durch unsere unmittelbaren Vorfahren, die Alemannen, ein.

Das 2. Stockwerk des Museums ist der Tuttlinger Heimatgeschichte gewidmet. Von der ersten urkundlichen Erwähnung im Jahre 797 n. Chr. über den Stadtbrand von 1803 bis zur Industrialisierung im 19. und 20. Jahrhundert wird der Besucher an wichtige örtliche Ereignisse erinnert.

Im 3. Stock erfährt man anhand von Möbeln und Hausgerät, wie die Tuttlinger in den letzen beiden Jahrhunderten gewohnt und gelebt haben. Dies wird durch die Darstellung alter Handwerksberufe wie Weber, Gerber, Wagner und Schuhmacher ergänzt.

Der 4. Stock des Hauses ist der Entwicklung der Eisen- und Stahlverarbeitung und der Herstellung chirurgischer Instrumente vorbehalten. Neben einem

Modell des Hüttenwerks Ludwigstal werden die Werkstätten eines Nagelschmieds, eines Feilenhauers und eines Messerschmieds gezeigt. Schließlich beherrscht die Werkstatt eines Instrumentenmachers mit einfachen, durch Muskelkraft betriebenen Maschinen die Ausstellung.
Einen wichtigen Punkt des Tuttlinger Heimatmuseums stellt die überaus reichhaltige Sammlung von Geräten der Chirurgiemechanik und Medizintechnik dar.

Naturhistorisches Museum, Gewerbemuseum, Heimatmuseum Spaichingen

Im 1875 erbauten Haus des Gewerbemuseums befindet sich seit 1881 eine naturhistorische Sammlung. Sie umfaßt Versteinerungen aus dem Stubensandstein und dem Schwäbischen Jura, sowie vor- und frühgeschichtliche Funde. Darunter befinden sich Werkzeuge und Waffen aus der Jungsteinzeit, der Hallstatt- und der La-Tène-Zeit. Ein Baumsarg stammt aus dem alemannischen Gräberfeld von Oberflacht, und mittelalterliche Funde erinnern an die Besiedlung des Dreifaltigkeitsbergs.
Das Heimatmuseum will die Entwicklung der örtlichen Wirtschaftsgeschichte vom Handwerk zur Industrie darstellen und einen Überblick über die Stadtgeschichte, das Vereinsleben, kirchliche Kunst und die Werke von Spaichinger Künstlern geben.
Die Eröffnung beider Museen ist für 1991 vorgesehen.

*

Erleben, wie's früher war

Endlich ist es soweit. Wir besuchen das Freilichtmuseum Neuhausen ob Eck. Gespannt hört die ganze Klasse dem Museumslehrer zu. Er erzählt, wie beschwerlich unsere Vorfahren lebten. Obwohl ihr Leben hart, karg und bescheiden war, seien wohl die meisten von ihnen zufrieden gewesen.
Im alten Schul- und Rathaus aus Bubsheim dürfen wir im Schulzimmer der „Unteren Klasse" Platz nehmen. Dort wurden um 1875 vier Jahrgänge, die Klassen 1 bis 4, vom Unterlehrer unterrichtet. Interessant, wie damals ein Schulzimmer aussah: Bänke und Tische zum Hochklappen, an der Wand große Bilder und Schrifttafeln, vorne eine unebene, klappbare Schultafel und ein Katheder, auf dem der Rohrstock des Lehrers griffbereit lag, die uralte hölzerne Rechenmaschine, der große, schwarze Kanonenofen. Kaum zu glauben, daß der Unterlehrer damals in dem engen, rohgezimmerten Bretterverschlag in einer Ecke des Schulzimmers wohnte.
Der Museumslehrer bittet um Ruhe, jetzt beginnt der Unterricht. Wie die Schüler früher sitzen wir aufrecht in den engen Schulbänken: die Hände flach nebeneinander auf dem Tisch, Daumen nach unten, die Beine still haltend. Wir spitzen die Ohren, als der Lehrer berichtet, wie für die Kinder früher der Tag aussah. Damals hatten die meisten Familien viele Kinder, oft zehn und mehr. Selbstverständlich halfen sie das ganze Jahr über in der elterlichen Landwirtschaft mit. Die Kinder waren unentbehrliche Helfer bei der Arbeit in Haus, Stall, Feld und Wald.

Agnes Banholzer, die vor dem Ersten Weltkrieg als Kind im Schul- und Rathaus in Bubsheim ihre Ferien verbrachte, hat viel aus jener Zeit in einem Buch aufgeschrieben. Daraus liest der Museumslehrer vor: „Daß die Schüler daheim im bäuerlichen Betrieb mitarbeiteten, war selbstverständlich. Zog doch jedes Frühjahr eine große Zahl von Männern als Maurer und Gipser ins Ausland, vor allem in die Schweiz, und kehrte erst im Spätherbst zu ihrer Familie zurück. Vieh und Feld inzwischen zu versorgen, blieb den Frauen und Kindern. Wo der Mann Bauer war oder als bäuerlicher Handwerker oder Taglöhner auch sommers im Dorf war, wurden die Kinder ebenfalls zu landwirtschaftlichen Arbeiten herangezogen.
Auf diese Gegebenheiten mußte die Schule Rücksicht nehmen. War man ursprünglich nur im Winter zur Schule gegangen, so begann nach Einführung der spärlichen 'Sommerschule' der Unterricht für die 'Großen' morgens um 5 Uhr, später um 6 Uhr, damit die Kinder zu Beginn der 'Schaffzeit' wieder zu Hause waren. Als der Unterrichtsbeginn auf 7 Uhr festgelegt war, hatte manches Kind um diese Zeit schon Haus- und Stallarbeit hinter sich. Hausaufgaben zu geben, war fast unmöglich."

Trossinger Musikszene

Das Dr.-Ernst-Hohner-Konzerthaus in Trossingen

Das Dr.-Ernst-Hohner-Konzerthaus ist nicht zufällig in Trossingen entstanden, es ist vielmehr als ein Höhepunkt einer langen Entwicklung zu sehen.
Nachdem Christian Meßner um 1830 mit der Anfertigung von Mundharmonikas begonnen hatte, war aus dem abseits gelegenen Pfarrdorf Trossingen durch den Fleiß seiner Bewohner ein Zentrum der Harmonika-Industrie geworden, das die württembergische Regierung 1927 zur Stadt erhob.
Der wichtige Schritt von der Musikinstrumentenherstellung zur Musikausübung erfolgte 1931, als die Ausbildungsstätte für Harmonikalehrer, das heutige Hohner-Konservatorium, ins Leben gerufen wurde.
Mitten im Zweiten Weltkrieg, im Jahre 1943, beschloß der Direktor der Stuttgarter Musikhochschule, seine Lehrer und Studenten vor dem Bombenkrieg zu bewahren und sie nach Trossingen zu evakuieren. Bei diesem Vorhaben leistete ihm der Fabrikdirektor Ernst Hohner tatkräftige Hilfe. Ohne ihn wäre in Trossingen keine Musikhochschule entstanden.
Vorerst konnte ein Teil der Professoren und Studenten ihre Arbeit hier fortsetzen. 1947 entstand daraus das Staatliche Hochschulinstitut für Musik und 1971 schließlich die Staatliche Musikhochschule.
Ernst Hohner war der Ansicht, daß nur ein Teil der Musikstudierenden zu höchsten künstlerischen Leistungen fähig sei, die Mehrzahl von ihnen sollte sich dagegen mit dem Volks- und Laienmusizieren vertraut machen.
Dafür plante man ein „Internationales Institut für Jugend- und Volksmusik", dessen Mittelpunkt ein Konzerthaus bilden sollte, umgeben von mehreren Musikschulen, einer Gewerbeschule und einem Hallenbad.
Von all diesen Einrichtungen ist nur das 1959 – 61 erbaute Konzerthaus verwirklicht worden. Eine Tafel am Eingang erinnert mit der Inschrift: „Dr.-Ernst-Hohner-Musikschule" noch an den ursprünglichen Entwurf.
Das Gebäude ist nach dem Vorbild der Stuttgarter Liederhalle entstanden. Im großen Konzertsaal sind die Besucherplätze in einzelne, verschieden hohe und überschaubare Sitzgruppen aufgeteilt. Der Raum ist vor allem für Konzerte gedacht, er läßt sich aber auch als Theatersaal verwenden.
An der Rückseite des großen, 800 Plätze umfassenden Saales liegt ein kleiner mit 250 Plätzen, der insbesondere für Kammermusik und für Vorträge gedacht ist.
Ernst Hohners Pläne zu seinem Musikschulwerk sind heute auf andere Weise Wirklichkeit geworden. In Trossingen bestehen das Hohner-Konservatorium, die Staatliche Musikhochschule, die Städtische Jugendmusikschule und die Bundesakademie für musikalische Jugendbildung.
Ihren gemeinsamen Mittelpunkt bildet das Konzerthaus, das den Veranstaltungen der Kulturgemeinde Trossingen sowie allen Schulen und Hochschulen zur Verfügung steht. In diesem Haus wird ein abwechslungsreiches Programm von Veranstaltungen geboten, das für eine Kleinstadt wie Trossingen außergewöhnlich ist und von einheimischen wie auswärtigen Besuchern gern angenommen wird.

Die Bundesakademie für musikalische Jugendbildung in Trossingen

Am Stadtrand, im Heimgarten, liegt die Bundesakademie für musikalische Jugendbildung. Dirigenten, Leiter und Führungskräfte im Laienmusizieren und der Jugendmusikpflege haben hier die Möglichkeit, sich in Lehrgängen und Kursen weiterzubilden und neue Erfahrungen zu sammeln.
Ein Lehrgangsteilnehmer berichtet:

„Über hundert Musikanten aus Europa und Übersee trafen sich zu einer Mandolinen-Arbeitswoche in der Trossinger Bundesakademie. In Vorträgen und Arbeitsgruppen wurden Fragen des Instruments, seiner Geschichte und der Spielliteratur behandelt. Dozenten führten uns in neue Erkenntnisse der Spieltechnik und der Unterrichtsmethodik ein. Beim gemeinsamen Musizieren der brasilianischen, französischen, japanischen und deutschen Musikfreunde verging uns die Zeit wie im Flug.
Zum Abschluß unserer Arbeitswoche versammelten wir

uns alle zu einem festlichen Konzertabend im kerzengeschmückten Grafensaal der Burg Hohenzollern.
Doch dann hieß es Abschied nehmen von der Bundesakademie. Denn schon stand ein neuer Lehrgang vor der Tür: 70 Dirigenten von Blasorchestern kamen zu einem Kurs für Blasmusik zusammen. Unter anderem wollten sie für das Deutsche Bundesmusikfest an Pfingsten 1988 in Trier die eigens dafür komponierte Eröffnungsmusik einstudieren und in Anwesenheit des Komponisten im Konzertsaal der Bundesakademie die Uraufführung dieses dem deutschen Volkslied gewidmeten Musikwerks begehen.

Aufführung im Konzerthaus durch die Evangelische Kantorei

Nach den Bläsern füllten junge Musiker die Räume. Das Bundesjugendorchester verbrachte hier, wie schon oft, eine gemeinsame Übungszeit.
So reiht sich das ganze Jahr hindurch ein Lehrgang an den andern, vermittelt den Lehrgangsteilnehmern weiteres Wissen und läßt sie mit neuen Erkenntnissen für ihre musikalische Arbeit nach Hause fahren."

Die Staatliche Hochschule für Musik

Die Staatliche Hochschule für Musik in Trossingen ist eine von insgesamt fünf Musikhochschulen in Baden-Württemberg. Während sich die vier anderen in Großstädten befinden, kommt der Trossinger Hochschule in ihrer ländlichen Umgebung eine besondere Bedeutung zu. Sie ist nicht nur für das kulturelle Leben in der Stadt selber, sondern auch für das ganze Umland von großer Bedeutung.
Die ungefähr 450 Studierenden der Hochschule wohnen nur während ihres Studiums, etwa vier bis fünf Jahre lang, in Trossingen. In dieser Zeit erhalten sie vielfältigen Unterricht in verschiedenen Fachbereichen: Musikgeschichte und Sprecherziehung, Gesang, Rhythmik, Orchesterleitung und natürlich Einzelunterricht auf Blas-, Streich- und Tasteninstrumenten.
Eine Musikhochschule braucht viel Platz und viele Instrumente. Ein Klavierstudium läßt sich nicht im Gruppen- oder im Klassenunterricht absolvieren. Jeder Student braucht wöchentlich Einzelunterricht auf seinem Instrument.
Mit Fächern wie Gehörbildung, Tonsatz, Chor und vielen anderen ergibt das in der Woche zwischen 20 und 30 Unterrichtsstunden. Dazu kommen täglich drei, sechs oder sogar acht Übungsstunden. Man kann sich leicht vorstellen, daß manche Studenten eine 50-Stunden-Woche haben, und daß auch am Wochenende geprobt und unterrichtet wird.

In der Trossinger Hochschule werden Organisten und Klavierlehrer, Sänger und Dirigenten, Lehrer und Lehrerinnen für musikalische Früherziehung, Schlagzeuger und viele andere mehr ausgebildet.
In zahlreichen Veranstaltungen zeigen sie Woche für Woche ihr Können bei öffentlichen Konzerten in der Stadt oder in der Umgebung. So gibt es seit 1987 die Veranstaltungsreihe „Kulturbegegnung im Südwesten", in der regelmäßig in ungefähr 30 Städten und Gemeinden Aufführungen der Trossinger Musikhochschule stattfinden.
In ihrer knapp bemessenen Freizeit liegen die Studenten nicht auf der faulen Haut. Das kommunale Kino, die Trossinger Filmtage und der Kleinkunstkreis sind unter der Mitarbeit vieler Studierender der Hochschule entstanden.
Mit der Fertigstellung des neuen Festsaals wird es sicherlich oft Gelegenheiten geben, bei denen sich Hochschulangehörige und Einheimische näherkommen können.

Hugo Geißler: Blick aus der Baar auf Lemberg, Klippeneck und Dreifaltigkeitsberg; Gemälde von 1942

Maler und Bildhauer

In unserem Kreisgebiet waren eine Reihe von Malern beheimatet, denen es diese Landschaft in ganz besonderem Maße angetan hatte. Und auch heute noch lassen sich viele Künstler von der Einmaligkeit und Schönheit dieser Südwest-Donaualb inspirieren.
Man kann dies in den verschiedenen Kunstausstellungen der letzten Jahre verfolgen, die dann aber auch immer wieder Künstlern dieses Raumes aus früherer Zeit gewidmet werden. Die meisten von ihnen haben es weit über den Kreis und das Land hinaus in den Kreisen der Kunst zu Anerkennung und Wertschätzung und zu hohem Ansehen gebracht. Ihren künstlerischen Ausdruck fanden sie in verschiedenen Stilrichtungen. Sehr dynamische Bildkompositionen pflegte *Felix Hollenberg* (1878 – 1945). Als „Maler der Baar" wurde *Karl Merz* (1890 – 1970) bekannt. *Christian Landenberger* (1862 – 1927) zählt zu den bedeutendsten schwäbischen Impressionisten und war einer der bekanntesten schwäbischen Freilichtmaler.
Nach dem II. Weltkrieg war in Tuttlingen ein Künstlerkreis tätig, der sich in ganz besonderer Weise der Landschaft dieser Region widmete. Als romantischer Realist galt der Maler und Dichter *Hans Dieter* (1881 –1968), der in seinen Bildern im Wechselspiel von Licht und Schatten die innige Harmonie zwischen Mensch und Natur suchte.
Edmund Steppes (1873 – 1968) gilt mit dem freien Spiel von Form und Farbe als der Meister der „sanften Abstraktion". Auch von ihm sind herrliche Bilder von der Alb und der Oberen Donau erhalten.
Als „Hegaumaler" ist *Hugo Geißler* (1896-1956) im Gedächtnis der Kunstfreunde hierzulande verankert. Auch er war Dichter und Maler zugleich, und seine Bilder sind ebenso volksnah wie seine Verse. Man kann seine helle Freude an den Motiven haben, die er auf dem Heuberg und im Donautal und vom Witthoh aus entdeckte.
Josef Sanner (1906 geboren) hat die Landschaft in fei-

Bürger schauen auf...

nen Aquarellen mit Licht übergossen und der Freude über ihre Schönheit hundertfach Ausdruck verliehen. Selbst schmerzliche Lebenserfahrung hat er in seinen Bildern in lichtfrohe Beschaulichkeit verwandelt.

Lehrer von Beruf war der „Eck-Xaver", *Xaver Bucher*, aus Fridingen. Er war ein begabter Zeichner, Maler und Buchillustrator. Er hat in Aquarell und Deckfarbe viele Landschaften, Bilder aus dem bäuerlichen Leben, stille Winkel und vertraute Gassen in seinem geliebten Fridingen und an anderen Plätzen seines Wirkens gemalt. Jetzt erst hat man seine Bilder, die er zumeist an Freunde und Bekannte verschenkt hat, zu Ausstellungen zusammengetragen.

Der Künstler *Roland Martin* (1927 in Tuttlingen geboren) hat es in der modernen Kunst der Plastik zu hohem Ansehen gebracht und ist weit über die Grenzen unseres Landes hinaus bekannt geworden.

Er stellt die Welt um sich in unverkennbarer Eigenwilligkeit dar. Da sind zunächst seine dünnleibigen, langgliedrigen menschlichen Figuren, die mit ihren verhältnismäßig kleinen Köpfen und ihrer betonten Schlankheit übergroß wirken. Sie sind in Bronze, Kunststoff (Araldit) oder Aluminium gegossen. Bei den Bronzefiguren sieht man ganz deutlich, wie Roland Martin sie zunächst aus kleinen Tonklumpen geformt hat, ehe sie gegossen wurden.

Seine Figuren sind aber nicht einfach nur Statuen. Er gruppiert diese Figuren zu menschlichen Situationen. Dabei dient ihm anderes Material (Holz, Styropor, rostiges Blech, glänzendes Aluminium) gleichsam als Kulisse für figürliche Szenen. Da zeigt er den Menschen in seiner Angst und in seiner Einsamkeit, als „Außenseiter" oder als „Boß", aber auch inmitten der Familie oder z. B. auch als Mitglied eines Ausschusses und einfach im Gespräch.

Er stellt auch ein Stück Heimat dar, sieht aber kritisch die menschlichen Schwächen und die gesellschaftlichen Probleme.

Sehr eindrucksvoll hat er vor der Kreissparkasse in Tuttlingen den biederen Tuttlinger Handwerksburschen aus der Kalendergeschichte „Kannitverstan" von Johann Peter Hebel dargestellt, wie dieser fast hilflos zu den vermeintlich Reichen und Wohlhabenden auf der Brüstung des Geldinstitutes emporblickt.

Roland Martin hat viele kleine „Situationen" geschaffen, die man im Zimmer aufstellen kann. Er hat aber auch in verschiedenen Städten vor und in öffentlichen Gebäuden und auf öffentlichen Plätzen figürliche Gruppen mit lebensgroßen Statuen als Auftragsarbeit gestaltet.

...Kannitverstan, Plastiken von Roland Martin, 1982

„Das Gewitter"
von Gustav Schwab

Urahne, Großmutter, Mutter und Kind
In dumpfer Stube beisammen sind,
Es spielt das Kind, die Mutter sich schmückt,
Großmutter spinnet, Urahne gebückt
Sitzt hinter dem Ofen im Pfühl.
Wie wehen die Lüfte so schwül!

Das Kind spricht: „morgen ists Feiertag:
Wie will ich spielen im grünen Hag!
Wie will ich springen durch Thal und Höhn!
Wie will ich pflücken viel Blumen schön!
Dem Anger, dem bin ich hold."
Hört ihrs, wie der Donner grollt?

Die Mutter spricht: „morgen ists Feiertag:
Da halten wir alle fröhlich Gelag;
Ich selber, ich rüste mein Feierkleid:
Das Leben, es hat auch Lust nach Leid;
Dann scheint die Sonne wie Gold."
Hört ihrs, wie der Donner grollt?

Großmutter spricht: „morgen ists Feiertag:
Großmutter hat keinen Feiertag!
Sie kochet das Mahl, sie spinnet das Kleid:
Das Leben ist Sorg und viel Arbeit.
Wohl dem, der that, was er sollt!"
Hört ihrs, wie der Donner grollt?

Urahne spricht: „morgen ists Feiertag;
Am liebsten morgen ich sterben mag.
Ich kann nicht singen und scherzen mehr;
Ich kann nicht sorgen und schaffen schwer.
Was thu ich noch auf der Welt?"
Seht ihrs, wie der Blitz dort fällt?

Sie hörens nicht, sie sehens nicht;
Es flammt die Stube wie lauter Licht:
Urahne, Großmutter, Mutter und Kind
Vom Strahl mit einander getroffen sind;
Vier Leben endet ein Schlag —
Und morgen ist Feiertag!

Nachdruck aus einem Lesebuch für die evangelischen Volksschulen Württembergs von 1855

In einem Zeitungsbericht vom 1. Juli 1828 stand unter der Überschrift „Unglück durch Blitzschlag" zu lesen:

„Am gestrigen Montag, den 30 Junius vom frühen Morgen an zogen mehrere heftige Gewitter über unsere Gegend herein, ohne jedoch Hagelschaden zu verursachen. Man ahnte hier in Tuttlingen, wo gewöhnlich die Gewitter schnell vorüberziehen, keine Gefahr, als um halb 8 Uhr der Blitzschlag, einer Flammensäule ähnlich, mit einem entsetzlichen Knall in ein auf der südwestlichen Seite der oberen Vorstadt gelegenes Haus einschlug und von zehn Bewohnern vier Personen weiblichen Geschlechts, im Alter von 8 bis 71 Jahren, und zwar Großmutter, Mutter, Tochter und Enkeltochter tödtete und verschiedene andere Personen, welche teils im Hause waren, teils außer demselben in Nachbarhäusern an geöffneten Fenster und Läden stunden, mehr oder weniger körperlich verletzte."

Besonders bekannt wurde diese schauerliche Begebenheit auch dadurch, daß gerade Seine Majestät der König von Württemberg auf der Durchreise hier vorbeikam und den verunglückten Familien Unterstützung zukommen ließ.
Der Dichter Gust. Schwab, bekannt auch durch viele Nacherzählungen von Sagen, ließ sich von dieser Zeitungsnotiz zu einer Ballade anregen, die viele Jahre einen Stammplatz in allen Lesebüchern hatte. In dichterischer Freiheit hat er eine Verwandtschaft der vier getöteten Menschen angenommen und hat außerdem das Geschehen auf einen Samstag verlegt. Durch die sich wiederholenden, fast beschwörenden Worte „Morgen ist's Feiertag" mit der Charakterisierung der Menschen verschiedener Altersstufen, die sich jeder auf seine Art, auf den Feiertag freuen, entsteht erzählerische Spannung. Durch das „Hört ihr's, wie der Donner grollt", das auch mehrfach vorkommt, wird die Bedrohung dieser Menschen durch die Naturgewalten dramatisch gesteigert. Dazwischen die hoffungsfrohen Verse des Kindes, die freudige Zuversicht der Mutter, die Sorgen der Großmutter und die dumpfe Ahnung der Urahne.
Diese Ballade hat Tuttlingen fast so wie die Erzählung „Kannitverstan" von Johann Peter Hebel in allen Landen bekannt gemacht.

Anton Braun - ein fast vergessener Erfinder

Anton Braun - nie gehört! So geht es fast allen, die man nach dem 1686 in Möhringen geborenen Hofmathematiker am Kaiserhof zu Wien fragt. Verschollen sind nach 300 Jahren fast alle Daten über ihn.

Für seine Verdienste als Hofopticus und mechanicae mathematicus erhielt Anton Braun seinerzeit von Kaiser Karl VI. eine Belohnung von 10 000 Gulden zugesprochen. Ein Ehrenzeichen mit goldenem Kaiserbild und mit 12 Brillianten besetzt, ziert auch heute noch die Amtskette der Möhringer Bürgermeister. Mit 6 000 Gulden half seine Frau mit, vor ca. 250 Jahren in Möhringen die sog. Braun-Susann'sche Stiftung zu gründen, deren Ziel es war, ein Altenheim und Krankenhaus für Möhringer Bürger zu schaffen.

Doch nun zu seiner Erfindung. Schon vor ihm versuchten viele, die Schwierigkeiten von Addition, Subtraktion, Multiplikation und Division technisch zu meistern. Manche Rechenmaschine wurde konstruiert. Die von Anton Braun funktionierte jedoch als eine der ersten in der alltäglichen Praxis über Jahre hinweg.

Zwei dieser Rechenmaschinen sind erhalten. Eine steht in Wien in einem Museum, die andere im Deutschen Museum in München. Dort ziert sie die 1988 eröffnete neue Abteilung als Meilenstein auf dem Weg von der mechanischen Rechenmaschine zum elektronischen Taschenrechner.

Viele Hürden galt es zu nehmen, bis es möglich war, die Münchner Maschine nachbauen zu können. Dies geschieht derzeit an der Feintechnikschule in Schwenningen unter der Leitung von Herrn Direktor Bölch und seinen Mitarbeitern.

Fachleute vom Deutschen Museum kamen für mehrere Tage hierher, um die Rechenmaschine fachgerecht zu zerlegen. So war es erstmals möglich, technische Pläne zu zeichnen und alle Details zu fotografieren.

In der Mitte der Rechenmaschine sitzt eine Kurbel; mit ihr werden 11 Zahlenscheiben bewegt. Ergebnisse erscheinen oben auf der Deckplatte in kleinen Fenstern. Die Braun'sche Leistung dokumentiert sich insbesondere in einem treppenähnlichen kleinen Metallklötzchen, das genial einfach den Übergang von einem Zehner zum anderen bewirkt.

Äußerlich sieht die Rechenmaschine einer runden Keksdose ähnlich. Goldglänzend steht sie auf kunstvoll verzierten Füßchen. Deckel und Seitenwände sind überaus reichlich mit Gravuren verziert. Graveurmeister Burkert aus Möhringen-Vorstadt hat es übernommen, den Nachbau originalgetreu zu realisieren.

Anton Braun hat außer Rechenmaschinen auch Geräte konstruiert, mit denen man Sonnen-und Mondbahnen berechnen konnte. Im Adler-Planetarium in Chikago sind solche Erfindungen dokumentiert.

Dieter Nickel

Rechenmaschine von Anton Braun, geöffnet

Die Rechenmaschine im geschlossenen Zustand

Salinenbaumeister Carl Friedrich Stock
(19.01.1780 – 21.12.1844)

Beim großen Stadtbrand in Tuttlingen am 1. November 1803 hatte der Kaufmann Carl Friedrich Stock sein Haus und ein großes Lager mit Seide, das er für die Firma Pfister in Basel hier in Tuttlingen unterhielt, verloren.

Als der württembergische Landbaumeister Carl Leonhard von Uber daran ging, die neue Stadt zu planen, brachte auch Carl Friedrich Stock einen Plan für den Neubau seines Hauses ein.

Der streng geometrisch-rechteckigen Anlage der „Quartiere" setze er ein „Rundes Eck" entgegen. Als Kurfürst Friedrich von Württemberg, der spätere König Friedrich I. im Februar 1804 die Pläne für die Neuanlage Tuttlingens besichtigte, war er von diesem „Runden Eck" besonders angetan und ließ sich von Carl Friedrich Stock diesen Plan und noch weitere Pläne, die er für den Neubau seiner Vaterstadt gefertigt hatte, vorlegen.

Kurfürst Friedrich war von diesen Plänen so begeistert, daß er Stock dringend empfahl, seinen Seidenhandel aufzugeben und ins Baufach überzuwechseln. Friedrich versprach ihm, die Ausbildung zum Baumeister zu finanzieren, und Carl Friedrich Stock willigte ein. Nach seiner Ausbildung arbeitete er ganz für König Friedrich.

Bereits 1811/13 war er beim Umbau des Priorats Hofen (Friedrichshafen) zum Königssitz beteiligt. Ebenfalls für die königliche Familie war er beim Umbau der Deutschordenskommende in Altshausen (1813) tätig. 1818 wirkte er dann beim Bau der Saline Friedrichshall in Jagstfeld mit, und 1819 wurde er Salinenbaumeister von Schwäbisch Hall. 1821 wurde er dann sogar Bauinspektor für die Cameralbezirke Öhringen, Schöntal, Mergentheim, Weikersheim, Rot am See und Schwäbisch Hall, baute dort einige Dorfkirchen, verschiedene Brücken und die Friedhofskirche in Schwäbisch Hall.

1828 erhielt Carl Friedrich Stock den Auftrag, zusammen mit dem genialen Salinenverwalter und Geologen, Bergrat Dr. Friedrich August von Alberti und mit Oberbaurat Barth, „Aufsicht und Leitung der eigentlichen Bauarbeiten in der Saline Wilhelmshall bei Rottweil zu übernehmen", nachdem er vorher schon die Saline Wilhelmshall in Schwenningen gebaut hatte.

Er baute in Rottweil die Siedehäuser und verschiedene andere Gebäude, zusammen mit dem Zimmermann Deppe auch die charakteristischen Rundbauten der Saline.

Für sein hohes fachliches Ansehen spricht, daß er für Württemberg zum Besuch der „Allgemeinen Deutschen Architektenversammlung" 1842 nach Leipzig und 1844 nach Prag entsandt wurde. Auf der Reise nach Prag erkrankte er an Typhus, erlag dieser Krankheit am 21. Dezember 1844 in Schwäbisch Hall und wurde auf dem alten Haller Friedhof beigesetzt.

Seine Gattin, Frau Katharina Elisabeth, geb. Graf, die aus Tuningen stammte, folgte ihm am 26. Mai 1852 im Tode nach.

Im Salinenmuseum in Rottweil erinnern Schriften und Aufzeichnungen und ein großes Bild an den genialen Tuttlinger Baumeister.

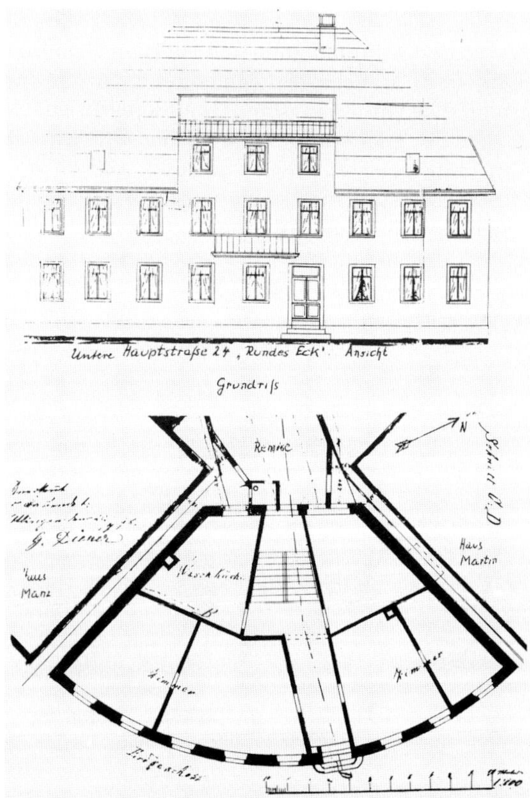

Bauplan für das „Runde Eck" in Tuttlingen

Kloster Beuron

Im Jahr 861 wird Beuron als „Purron" in einem Besitzverzeichnis des Klosters St. Gallen erstmals urkundlich erwähnt. Nach der Legende wurde das Kloster Beuron im Jahr 1077 im Tal der Donau an seinem heutigen Platz neu gegründet. Der Stifter von Kirche und Kloster war Graf Peregrin von Hoßkirch. Die älteste noch erhaltene Urkunde stammt aus dem Jahr 1097. Die Mönche lebten nach der Regel des heiligen Augustinus. Neben dem kleinen Kloster entstand eine einfache romanische Basilika. Nach den Zerstörungen im Dreißigjährigen Krieg wurde das Kloster ab dem Jahr 1694 durch Franz Beer und Georg Johannes Brix neu erbaut.

1732 bis 1738 folgte der Neubau der barocken Abteikirche durch Baumeister Matthäus Scharpf aus Rottweil. Große Meister des Barock waren bei der Ausgestaltung des Gotteshauses tätig. Joseph Ignaz Weegschaider aus Riedlingen malte herrliche, farbenfrohe Deckengemälde. Anschaulich stellt der Künstler auch die Gründungslegende von Beuron dar: In der Landschaft des Donautales erscheint dem Grafen Peregrin und seinem Gefolge ein Hirsch mit leuchtendem Geweih. Damit wird der Ort für die Gründung angedeutet. Von Engeln umgeben, schaut die Muttergottes vom Himmel herab und zeigt dem Grafen den Plan für das Kloster. Besonders eindrucksvoll ist die Darstellung des sich aufbäumenden „Beuroner Schimmels". Von jedem Standort in der Kirche erscheint es dem Betrachter so, als ob das Pferd auf ihn zuspringen würde.

Den barocken Hochaltar und die Seitenaltäre schufen Joseph Anton Feuchtmayer sowie die Gebrüder Johann Georg und Franz Anton Dirr. Die Stukkaturen stammen von Johannes Schütz aus Wurzach und Pontian Gigl aus Wessobrunn.

Von Anfang an sind Kirche und Kloster dem heiligen Martinus von Tours und Maria geweiht. Das erste große Langhausfresko in der Kirche zeigt ein Wunder des heiligen Martinus, die Heilung eines Besessenen.

Im Jahr 1802 wurde das Kloster durch die Säkularisation aufgehoben. 60 Jahre später erfolgte die Neugründung durch die aus Bonn stammenden Brüder Maurus und Plazidus Wolter, Benediktinermönche zu „St. Paul vor den Mauern" in Rom. Ihnen stellte die Fürstin Katharina von Hohenzollern-Sigmaringen die ehemaligen Klostergebäude zur Verfügung. Derzeit leben im Kloster Beuron etwa 100 Mönche nach der Regel des heiligen Benedikt. Die Gestaltung der Liturgie an Hochfesten mit dem Gregorianischen Choral wird für den Gottesdienstbesucher immer wieder zu einem beeindruckenden Erlebnis. Das Kloster bietet Exerzi tien, Besinnungs-, Einkehr- und Bibeltage an.

Mit rund 370 000 Bänden hat das Kloster Beuron die größte Privatbibliothek im deutschsprachigen Raum. Wissenschaftler und Studenten aus ganz Europa leihen hier Bücher aus. Das weltbekannte Beuroner Vetus Latina-Institut erforscht in ökumenischer Zusammenarbeit den altlateinischen Bibeltext. Die benediktinische Monatsschrift „Erbe und Auftrag" wird im klostereigenen Kunstverlag hergestellt, der vor allem durch seine Kunstkalender und -karten bekannt ist. Beuroner Mönche gaben den „Schott" (Meßbuch) heraus.

Eine moderne Landwirtschaft und zahlreiche Handwerksbetriebe sind weitere wirtschaftliche Stützen des Klosters und bieten ein breites Arbeitsfeld. Die Mönche in Beuron leben nach der Weisung des heiligen Benedikt: „Ora et labora", das heißt „Bete und arbeite".

Beuron ist heute ein viel besuchter Wallfahrtsort, zu dem jedes Jahr über 100 000 Pilger kommen.

Barockjuwel des Heubergs und die Kirche der Nazarener in Tuttlingen

Katholische Pfarkirche „Mariä Himmelfahrt" in Egesheim

Die Kirche in Egesheim

„Unsere Kirche ist ein kleines Steinhausen" sagte der Pfarrer von Egesheim stolz, als diese nach sorgsamer Renovation 1981 wieder in neuem Glanz erstrahlte. Wie schon im Jahre 1911 hatte auch ein Erdbeben 1978 in der Kirche großen Schaden angerichtet. Trotz leerer Kassen entschloß sich die Kirchengemeinde zur sofortigen Renovierung des „Barockjuwels des Heubergs" oder auch der „Rokoko-Perle des Bäratales", wie diese gerne genannt wird. Und wer hier nun seine Betrachtungen anstellt, der wird bald entdecken, daß er ein Kleinod kirchlicher Kunst im Herzen des Großen Heubergs vor sich hat.

Schon 770 n. Chr. hatten sich hier Mönche niedergelassen und bald ein romanisches Kirchlein gebaut. Als dieses zu klein wurde, wurde diese Kapelle 1467 im gotischen Baustil erweitert. Aus dieser Zeit stammt der mächtige, wehrhafte Kirchturm mit dem gotischen Staffelgiebel. Vermutlich auch schon damals durch ein Erdbeben wurde das gotische Gewölbe um 1750 stark beschädigt, so daß man sich 1758 zu einem Umbau der Kirche, jetzt im Stil des Barock, entschloß. Diese barocke Architektur ist bis heute erhalten.

Nun arbeitete zu jener Zeit gerade der berühmte Rokoko-Stukkateur Josef Anton Feuchtmayer in Beuron. Er stattete dann auch die Egesheimer Kirche mit zwei Seitenaltären und feinstem Stuck aus.

Der berühmte „Mahler von Konstanz" Ferdinand Dent, der später auch die Dreifaltigkeitskirche ausmalte, schuf die Deckenfresken, eine außergewöhnliche Darstellung des Heiligen Geistes als weißgekleideter Jüngling, die Geburt Christi und Anbetung der Hirten und das Bildnis des damaligen Pfarrers, Johann Jakob Moser, umgeben von den Schutzheiligen der Gemeinde, darunter eine Ansicht des Dorfes, überragt von der Ruine Granegg, auf der im 16. Jahrhundert die Herrschaft der Ifflinger von Granegg saß.

Weitere Wandfresken stellen den „Tod Mariens", die „Grablegung Jesu" und den „Tod Josephs" dar. Dazu kommen ein ergreifender „Kreuzweg" und vier Fresken mit den lebensgroßen Bildnissen der vier Evangelisten Johannes, Matthäus, Lukas und Markus in den Ecken der Decke.

Vier reizende Putten an den Altären stellen die vier Kardinalstugenden dar.

Eines der farbigen Glasfenster erinnert an Wilhelm von Reiser (geb. in Egesheim), der viele Jahre Bischof von Rottenburg war.

Die Stadtkirche Tuttlingen

Die Stadtmitte von Tuttlingen wird geprägt von der Evangelischen Stadtkirche. Die prachtvolle, der Bahnhofsstraße zugewandte Fassade der Kirche mit den klassizistischen Pilastern und den überlebensgroßen Apostel-Statuen, mit der erhabenen Christusfigur in der Mitte, alle im Stile der „Nazarener", einer Kunstströmung um 1900, ausgelöst von einem Künstlerbund, der die Erneuerung der Kunst auf religiöser Grundlage suchte und sich an klassizistischen Formen ausrichtete, ist ein Blickfang für jeden Passanten. Dazu kommen über den Eingangstüren und in der obersten Giebelseite die vielgestaltigen Pflanzenornamente aus der Hochblüte des Jugendstils.

Schon diese Fassade zeigt, daß die Tuttlinger Stadtkirche ein einzigartiges Bauwerk ist. Die drei Kunststile (Klassizismus, Nazarenerstil, Jugendstil), die an der Fassade erkennbar sind, sind dann im Kircheninneren noch besonders ausgeprägt.

Klassizistisch ist der hohe Tempel-Saal mit den mächtigen Säulen und den geometrischen Ornamenten an der Decke, deren Kassetten wiederum der Renaissance nachempfunden sind.

Dem Jugendstil zuzurechnen sind die farbenfrohen Blüten- und Fruchtgirlanden, das feingliedrige Blattwerk, die Blütendolden, Vögel und Schmetterlinge in den Glasfenstern, in feinen Pastelltönen ringsum aufgemalt oder als zierliche Holzschnittarbeiten, an der Außenseite der Kirche über Fenster- und Türbögen auch in Stein gearbeitet.

Von hoher Eindringlichkeit sind die beiden Gemälde an der Kanzelwand („Gethsemane" und „Christi Himmelfahrt"), die den „Nazarener"-Stil in hoher Vollendung zeigen, zusammen mit den beiden einfarbigen Bildern („Kreuztragung" und „Kindersegnung"). Darunter wird hier ein Bildzyklus erkennbar, der das Erlösungswerk Jesu Christi eindringlich schildert.

Wie kam es nun dazu, daß in dieser Kirche gerade diese drei Kunststile besonders gut ausgeprägt vorzufinden sind?

Der Bau der klassizistischen Saalkirche (Einweihung 1817) war notwendig geworden, nachdem ein großer Brand im Jahre 1803 die ganze Stadt vernichtet hatte. Beim Neubau setzte sich der damals weit verbreitete, fast schmucklose Klassizismus durch. Im Laufe der folgenden Jahrzehnte fanden die Tuttlinger ihre Stadtkirche dann doch zu nüchtern und schmucklos. So wurde bis 1894 auf einen Fond zur Erneuerung der Kirche eingezahlt und die große Umgestaltung in Auftrag gegeben, die dann eben in den um 1880-1900 vorherrschenden Kunststilen ausgeführt wurde, zumal diese sich mit dem Klassizismus gut verbinden ließen. Eine weitere stilgemäße Erneuerung fand dann in den Jahren 1973-1978 statt. Der Kirchensaal wurde etwas verkürzt und ein Vorraum geschaffen, Fassade und Innenraum wurden restauriert, die kleinen, fast schon vergessenen Türmchen an der Fassade wurden wieder aufgesetzt und im Altarraum der Kirche Altar, Ambo und Taufbecken in modernen Formen harmonisch ins Gesamtbild eingefügt.

Der Landkreis Tuttlingen – kurz das Wichtigste

- Zum Landkreis Tuttlingen gehören 35 Gemeinden, darunter die Große Kreisstadt Tuttlingen sowie die Städte Fridingen a. D., Geisingen, Mühlheim a. D., Spaichingen und Trossingen.
- 14 Gemeinden haben weniger als 1 000 Einwohner, 12 Gemeinden mehr als 3 000 Einwohner.
- Im Landkreis Tuttlingen leben etwa 9 500 ausländische Mitbürger.
- Im Landkreis Tuttlingen wohnen etwa 113 000 Menschen auf einer Fläche von 734,38 km^2. Dies ergibt eine Bevölkerungsdichte von 154 Einwohner je km^2. 287 km^2 werden landwirtschaftlich, 361 km^2 forstwirtschaftlich genutzt. Die restlichen Flächen sind Siedlungsflächen, Straßen, Ödland und Gewässer.
- Die größten Ausdehnungen des Landkreises betragen von Ost nach West 31 km, von Nord nach Süd 38 km.
- Die höchste Erhebung ist der Lemberg mit 1015 m, der tiefste Punkt befindet sich im Hattinger Tal mit 570 m über dem Meeresspiegel.
- 43 000 Menschen stehen in einem Arbeitsverhältnis, 3 000 davon als Auszubildende.
- Der Landkreis Tuttlingen gehört zum Regierungsbezirk Freiburg. Zusammen mit dem Schwarzwald-Baar-Kreis und dem Landkreis Rottweil bildet unser Kreis den Regionalverband Schwarzwald-Baar-Heuberg.

Der Landkreis Tuttlingen stellt sich vor

Ein Landkreis setzt sich aus mehreren Gemeinden eines größeren Gebietes zusammen. Unser Landkreis ist nach der Großen Kreisstadt Tuttlingen benannt. Meistens kann man den Namen eines Landkreises auf den Nummernschildern der Autos ablesen, so auch im Landkreis Tuttlingen: Die Autos tragen hier das Kennzeichen „TUT".

Durch die Verwaltungsreform anfangs der 70er Jahre änderte sich der Landkreis Tuttlingen. Er erhielt Teile der aufgelösten Landkreise Donaueschingen und Stockach sowie die Gemeinde Bärenthal vom Landkreis Sigmaringen und mußte seinerseits die Gemeinde Tuningen an den Schwarzwald-Baar-Kreis abgeben.

Der Landkreis wird im Landratsamt verwaltet. An der Spitze des Landratsamtes steht der Landrat. Das Landratsamt hat zwei Aufgabenbereiche: Aufgaben im Dienst der Gemeinden des Kreisgebietes, z. B. den Neubau eines Krankenhauses oder die Unterhaltung der Kreisstraßen und Aufgaben im Auftrag des Landes Baden-Württemberg, z. B. die Kraftfahrzeugzulassung oder den Natur- und Umweltschutz.

Der Kreistag ist die Vertretung der Einwohner und somit das Parlament des Landkreises. Er legt die Grundsätze für die Verwaltung des Landkreises fest und kontrolliert die Verwaltung. Der Kreistag entscheidet über alle bedeutenden Angelegenheiten und grundsätzlichen Fragen des Landkreises. Der Kreistag bestimmt auch, wieviel Geld der Landkreis ausgeben darf.

Der Kreistag besteht aus dem Landrat, der Vorsitzender des Kreistags ist, und aus ehrenamtlichen Mitgliedern, den Kreisräten. Diese werden alle fünf Jahre von den wahlberechtigten Einwohnern des Landkreises gewählt. Der Kreistag des Landkreises Tuttlingen hat derzeit 45 Mitglieder.

Die politische Zusammensetzung des Kreistags (1989)

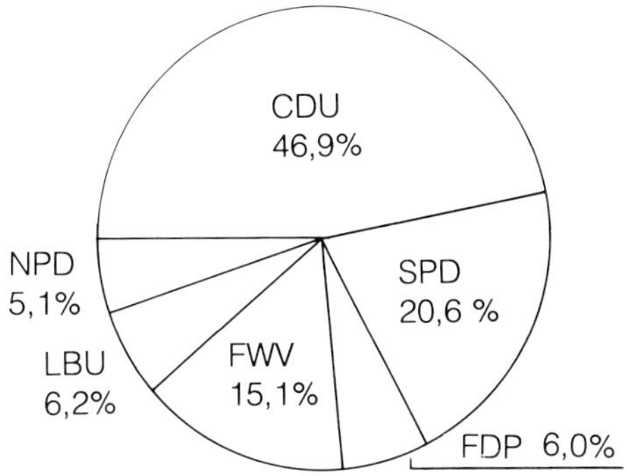

Seit 1979 ist Hans Volle Landrat des Landkreises Tuttlingen. Der Landrat wird auf die Dauer von acht Jahren vom Kreistag gewählt. Er leitet das Landratsamt, vertritt den Landkreis und ist Vorsitzender des Kreistags und seiner Ausschüsse.

Besonders schwierige Themen oder Probleme werden in Ausschüssen vorberaten. Für zahlreiche Entscheidungen sind die Ausschüsse aber auch selbst zuständig. Der Kreistag hat genau festgelegt, ob er selbst oder der Ausschuß jeweils zuständig ist.
Im Landkreis Tuttlingen bestehen drei Ausschüsse, die mit jeweils 16 Kreisräten besetzt sind:

- Verwaltungs- und Kulturausschuß
- Umwelt- und Verkehrsausschuß
- Sozial- und Krankenhausausschuß

Ferner besteht der Jugendwohlfahrtsausschuß. Dieser hat 15 ordentliche Mitglieder, davon 7 Kreisräte, zwei Vertreter der Jugendhilfe, drei Vertreter der Jugendverbände, drei Vertreter der Vereinigungen der Jugendwohlfahrt und 8 beratende Mitglieder.
Einen wesentlichen Teil der Kreiseinnahmen bringen die Gemeinden des Landkreises über die Kreisumlage auf. Die Höhe dieser Umlage wird jährlich im Rahmen des Haushaltsplanes neu festgelegt. Maßstab sind die Steuereinnahmen der Gemeinden.

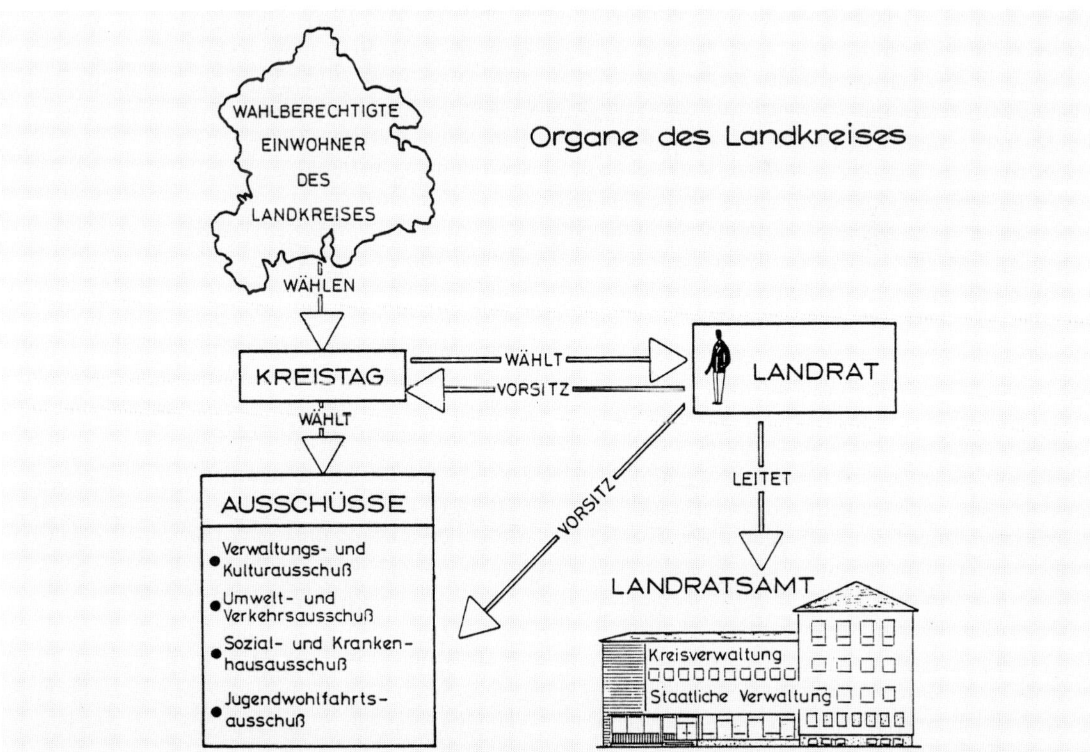

Aufgaben des Landkreises

Berufs- und Sonderschulen

Neben den Schulen in den einzelnen Gemeinden gibt es überörtliche Schulen. Sie werden vom Landkreis unterhalten. Es sind dies:

- Berufliche Schulen Tuttlingen
- Berufliche Schulen Spaichingen
- Schule für Geistigbehinderte Tuttlingen
- Schule für Sprachbehinderte Spaichingen, künftig in Balgheim
- Krankenpflegeschule Tuttlingen

Schülerbeförderung

Der Landkreis sorgt dafür, daß die Schüler von zu Hause in ihre Schulen kommen können. Wenn die Entfernungen größer sind, werden Schulbusse eingesetzt.

Kreisbildstelle

Lehrer können sich für den Unterricht von der Kreisbildstelle Filme, Dias und anderes Unterrichtsmaterial ausleihen.

Kreiskrankenhäuser

Der Landkreis Tuttlingen unterhält Kreiskrankenhäuser in Tuttlingen (328 Betten) und in Spaichingen (132 Betten). In Tuttlingen besteht auch eine Krankenpflegeschule, in der die Krankenschwestern und Krankenpfleger ausgebildet werden.

Kreisjugendamt

Das Kreisjugendamt ist eine Beratungs- und Hilfeeinrichtung für junge Menschen und ihre Familien. Eine Gruppe besonders ausgebildeter Fachkräfte, der Soziale Dienst, versucht, in ganz persönlichen Anliegen zu helfen. Wichtigstes Ziel ist es, daß junge Menschen unter guten Lebensbedingungen aufwachsen können. Wenn dies in der Familie nicht möglich ist, übernehmen Pflegefamilien, aber auch Heime die Erziehungaufgabe.

Kreissozialamt

Das Kreissozialamt ist Anlaufstelle für viele Menschen in Not. Das Kreissozialamt gibt Menschen, die kein Geld haben, Sozialhilfe, damit diese sich das Notwendigste zum Lebensunterhalt kaufen können. Viele Menschen erhalten auch Mietzuschüsse (Wohngeld), Zuschüsse zum Kauf von Kleidung oder Zuschüsse zum Kauf von Heizmaterial.

Umweltschutzamt

Das Umweltschutzamt überwacht die Wasserversorgung und Abwasseranlagen. Es überprüft die Lagerung gefährlicher Stoffe, die das Grundwasser verschmutzen können.
Ein weiterer Aufgabenbereich ist die Regelung der Abfallbeseitigung. Der Landkreis sorgt dafür, daß in jeder Gemeinde der Müll eingesammelt und auf die Mülldeponie gefahren wird. Unser Müll wird zusammen mit dem Müll des Schwarzwald-Baar-Kreises auf der Mülldeponie in Tuningen gelagert.
Das Umweltschutzamt sorgt auch dafür, daß die Umwelt vor gefährlichen Luftverschmutzungen und Lärmbelästigungen bewahrt wird. Auf dem Gebiet des Naturschutzes und der Landschaftspflege arbeitet der Landkreis mit ehrenamtlich tätigen Naturschutzbeauftragten zusammen.

Baurechtsamt

Wer ein Haus bauen will, muß sich vorher an das Baurechtsamt wenden, um eine Baugenehmigung zu erhalten. Dieses Amt ist auch für die Planung der Baugebiete und für den Schutz von geschichtlich wertvollen Gebäuden zuständig.

Verkehrsamt

Hier werden Führerscheine ausgestellt und Kraftfahrzeuge zugelassen. Aber hier befindet sich auch die Bußgeldstelle. Eine weitere Aufgabe dieses Amtes ist die Verkehrsregelung. Es ordnet z. B. an, welche Verkehrszeichen wo aufgestellt werden.

Kreisstraßen

Der Landkreis betreut ein Netz von 204 km Kreisstraßen. Der Landkreis sorgt dafür, daß diese Straßen gut ausgebaut sind und im Winter geräumt werden.

Nahverkehrsamt

Im Landkreis Tuttlingen sind alle Gemeinden und alle Ortsteile mit öffentlichen Verkehrsmitteln wie Bus oder Bahn erreichbar. Schwerpunkte des Nahverkehrs sind der Schülerverkehr und der Berufsverkehr.

Ordnungsamt

Zum Ordnungsamt gehören die Kreispolizeibehörde, das Ausländerwesen und die Aufsicht über Gewerbebetriebe wie Gaststätten, Metzgereien, Bäckereien oder Lebensmittelgeschäfte. Hierher gehört auch die Regelung der Jagd und der Fischerei.

Katastrophenschutzamt und Kreisbrandmeister

Alle Städte und Gemeinden besitzen gut ausgebildete Feuerwehren. Der Landkreis selbst hat keine Feuerwehr. Das Landratsamt übt aber über den Kreisbrandmeister die Aufsicht über die Gemeindefeuerwehren aus.

Kulturamt

Kunst und Kultur werden im Landkreis Tuttlingen großgeschrieben. Die Stadt Trossingen ist weithin bekannt als Musik- und Theaterstadt. In abwechslungsreicher Folge werden im Dr.-Ernst-Hohner-Konzerthaus Stücke der ernsten und der heiteren Muße aufgeführt. Konzerte bekannter Ensembles sind eine Trossinger Spezialität. Aber auch in der Großen Kreisstadt Tuttlingen und in anderen Gemeinden werden Konzerte und Theater aufgeführt, so z. B. auf der Naturbühne Steintäle in Fridingen. Kultur anderer Art bieten die zahlreichen Heimatmuseen.

In Neuhausen o. E. unterhält der Landkreis Tuttlingen ein Freilichtmuseum. Der Landkreis zeigt dort, wie die Menschen früher gelebt haben. Kaum jemand kann sich nämlich heute noch vorstellen, wie es war, als man z. B. noch keinen Strom und kein fließendes Wasser hatte.

Der Landkreis unterstützt aber auch viele sportliche und kulturelle Vereinigungen mit Zuschüssen.

Aus dem Alltag einer Sozialarbeiterin im Jugendamt

7.30 Uhr: Arbeitsbeginn. Im Postfach liegt einiges. Durchsehen. Das Wichtigste möglichst schnell diktieren, bevor das Telefon klingelt.

8.15 Uhr: Anruf der Hauptschule in T. Dieter F. ist wieder nicht zur Schule gekommen. Ich vereinbare ein Gespräch mit Eltern und Klassenlehrer.

8.30 Uhr: Frau M. kommt ins Amt. Sie will sich von ihrem Mann trennen und möchte wissen, wie die Rechtslage bezüglich des Sorgerechts für ihre beiden Kinder aussieht. Im Gespräch wird deutlich, daß die problematische Situation der Familie eine längere Betreuung erforderlich machen wird. Ich vereinbare einen Termin für einen Hausbesuch.

9.00 Uhr: Kurze Kaffeepause. Frau H., unsere Chefin, teilt uns wichtige interne Dinge mit. Dienstfahrten werden besprochen, außerdem die Themen für die nächste Dienstbesprechung.

9.30 Uhr: Zwei Jugendgerichtshilfeakten liegen auf dem Schreibtisch. Andreas B. ist wiederholt ohne Führerschein gefahren, Ralf R. wurde im Kaufhaus bei einem Diebstahl erwischt. Die Berichte sollten möglichst morgen bei Jugendrichter und Staatsanwalt sein. Ich mache mich ans Formulieren, dazwischen klingelt einige Male das Telefon.

Um 11.30 Uhr gebe ich die Unterlagen ins Sekretariat zum Tippen.

11.40 Uhr: Schnell noch zwei Anrufe zwecks Vereinbarung von Hausbesuchen in Scheidungsverfahren. Der Familienrichter erwartet von mir einen Vorschlag, welchem Elternteil die elterliche Sorge für die minderjährigen Kinder zugesprochen werden soll. – Dann Mittagspause.

13.15: Zusammenstellen der Unterlagen für die längst fälligen Hausbesuche.

16.00 Uhr: Nach zwei Gesprächen im Außendienst entscheide ich, Schluß zu machen. Meine Aufnahmefähigkeit ist erschöpft. – Halt! Die Jugendgerichtshilfeberichte noch im Amtsgericht abgeben. Es ergibt sich doch noch ein Gespräch mit dem Jugendrichter über die morgen stattfindende Verhandlung gegen Ralf. Wir besprechen, ob es sinnvoll ist, Ralf zu einer Arbeitsauflage im Krankenhaus zu verurteilen. Ich schildere nochmals die schwierige familiäre Situation, damit Richter S. auch diese berücksichtigen wird.

16.30 Uhr: Nochmal kurz ins Amt. Akten zurückbringen. Am Postfach kleben zwei Zettel: Bitte gleich morgen früh Schule in T. und Frau M. anrufen. Aber erst morgen! – Feierabend –.

Kreiskrankenhäuser in Tuttlingen und Spaichingen

Stetig wurden in den letzten Jahren die beiden Kreiskrankenhäuser erweitert und ausgebaut. Dem Kreiskrankenhaus Tuttlingen ist die Krankenpflegeschule des Landkreises eingegliedert. Sie bildet über 80 Schwestern und Krankenpfleger aus.

Kreiskrankenhaus Tuttlingen

Krankenhaus der Regelversorgung mit derzeit 316 Planbetten, davon: Innere Medizin 107 Betten, Chi-

Pforte

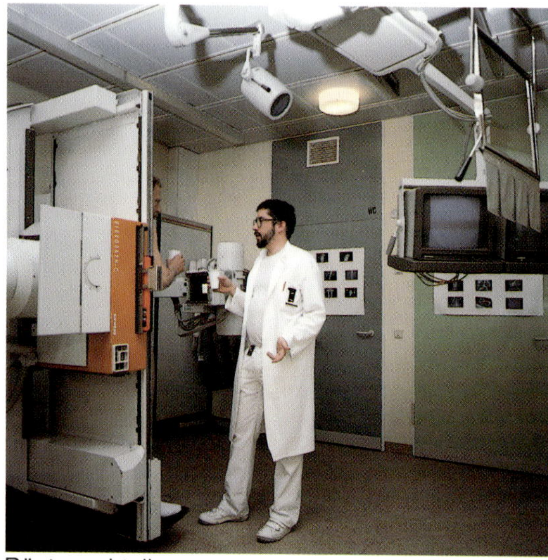

Röntgenabteilung

Verwaltung, Oberschwester

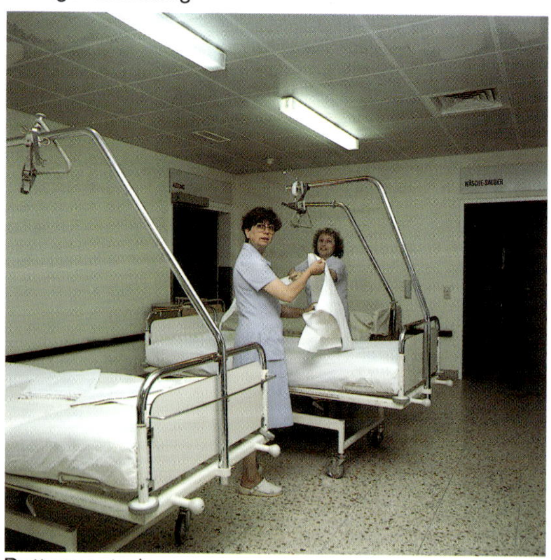

Bettenzentrale

rurgie 121 Betten, Gynäkologie/Geburtshilfe 40 Betten, Hals/Nasen/Ohren 16 Betten, Intensivpflege 12 Betten, Augenheilkunde 20 Betten.

Kreiskrankenhaus Spaichingen

Krankenhaus der Grundversorgung mit 132 Planbetten, davon: Innere Medizin: 52 Betten, Chirurgie 49 Betten, Gynäkologie/Geburtshilfe 22 Betten, Hals /Nasen/Ohren 5 Betten, Intensivüberwachung 4 Betten.

Im ehemaligen Kreiskrankenhaus Trossingen befindet sich jetzt ein Nachsorgekrankenhaus des Diakoniewerkes Bethel.

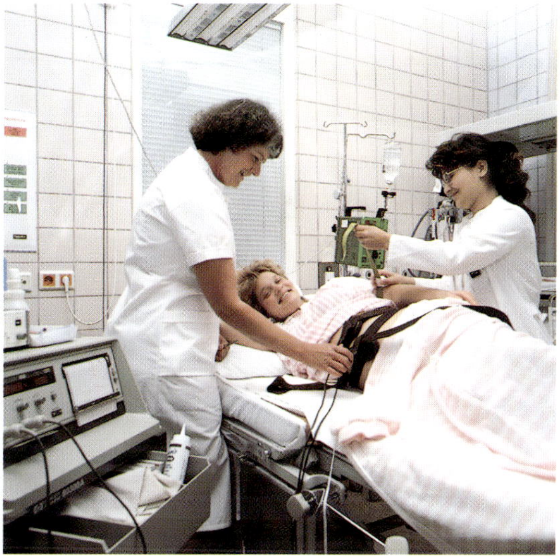

Kreißsaal

Mutter mit neugeborenem Kind

Küche

Cafeteria

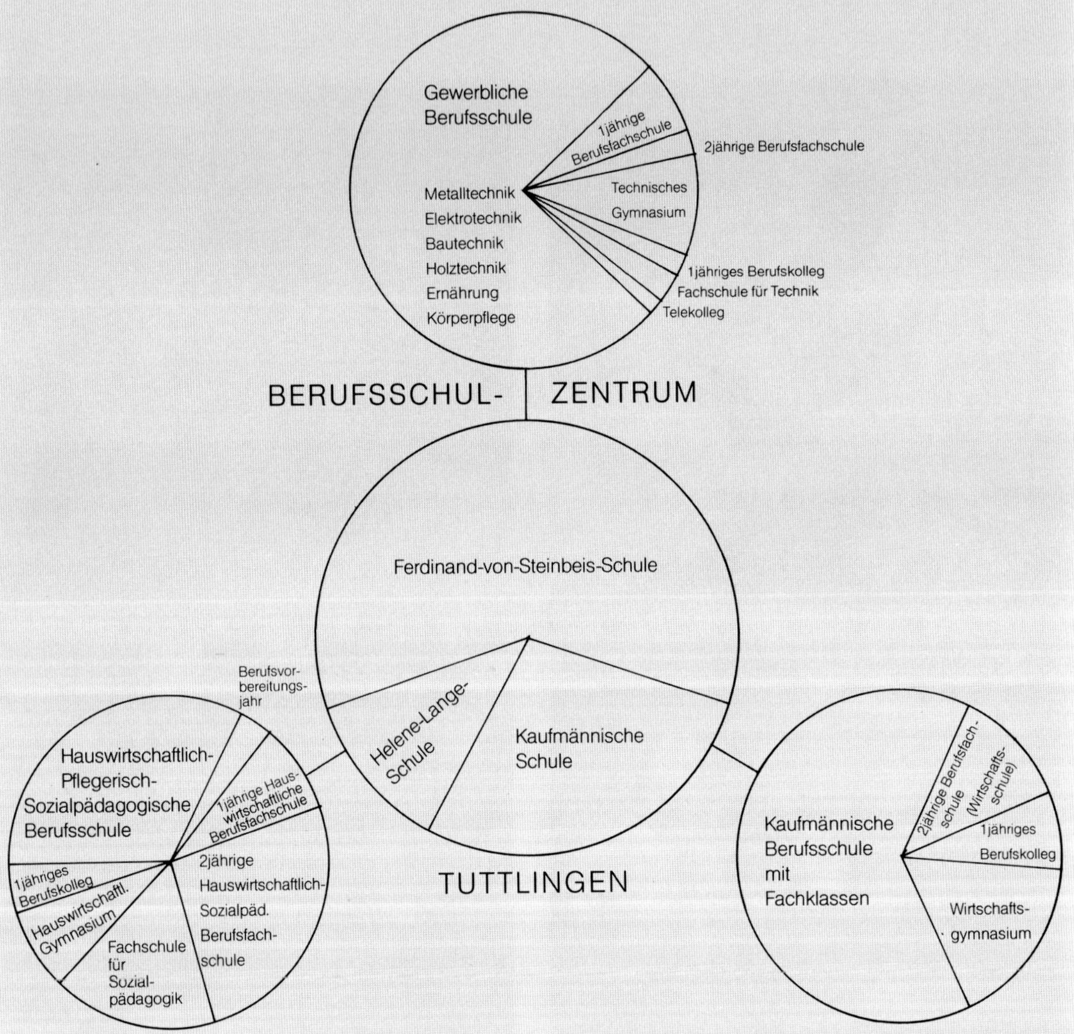

Gewerbliche Berufsschule
1jährige Berufsfachschule
2jährige Berufsfachschule
Metalltechnik
Elektrotechnik
Bautechnik
Holztechnik
Ernährung
Körperpflege
Technisches Gymnasium
1jähriges Berufskolleg
Fachschule für Technik
Telekolleg
BERUFSSCHUL- ZENTRUM
Ferdinand-von-Steinbeis-Schule
Helene-Lange-Schule
Kaufmännische Schule
TUTTLINGEN
Berufsvorbereitungsjahr
Hauswirtschaftlich-Pflegerisch-Sozialpädagogische Berufsschule
1jährige Hauswirtschaftliche Berufsfachschule
2jährige Hauswirtschaftlich-Sozialpäd. Berufsfachschule
1jähriges Berufskolleg
Hauswirtschaftl. Gymnasium
Fachschule für Sozialpädagogik
Kaufmännische Berufsschule mit Fachklassen
2jährige Berufsfachschule (Wirtschaftsschule)
1jähriges Berufskolleg
Wirtschaftsgymnasium

Gewerbliche Schulen Tuttlingen – Berufsschulzentrum – Rechts: Außenansicht des Berufsschulzentrums; im Vordergrund 3 Windräder als Symbole für die 3 Schularten: Gewerbliche Schulen, Kaufmännische Schulen, Hauswirtschaftliche Schulen. Darunter von links: Berufsfachschülerin beim Schleifen eines chirurgischen Instruments. Fleischerlehrlinge bei der Wurstherstellung. Demonstrationsversuche am Hydraulikstand für hydraulische Steuerungen. Berufsfachschüler bei der schweißtechnischen Ausbildung. Berufsfachschülerin bei einer Feilübung. Arbeit an einem Bohrautomaten. Übung am elektrotechnischen Meßplatz. Ausbildung am Computer.

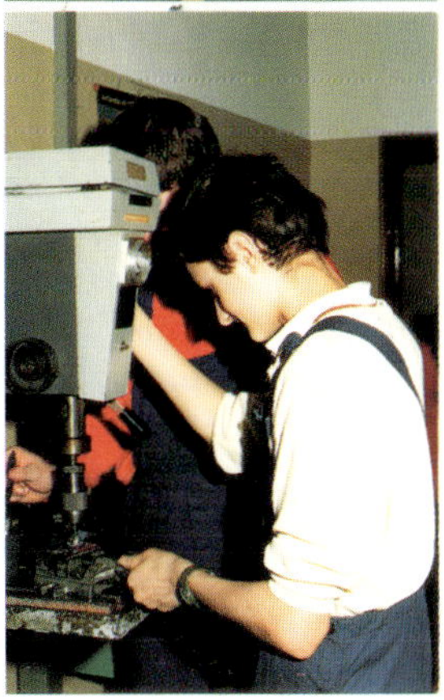

Spaichingen

Aufgaben einer Gemeinde: Spaichingen

Wer das Städtchen Spaichingen durchfährt, dem fällt sofort das modern gestaltete Ortszentrum auf. Es ist das äußere Zeichen für die rasche Entwicklung, welche die Stadt in den letzten Jahrzehnten genommen hat. Im Gleichschritt mit diesem Aufstieg erweiterten sich auch die Aufgaben der Gemeinde. Dies wird allein an den Einnahmen und Ausgaben, dem Haushaltsvolumen, deutlich. Reichten im Jahr 1950 noch rund 1 Million DM, um die Ausgaben der Stadt zu begleichen, so betrug 1987 das Haushaltsvolumen etwa 33 Millionen DM.

Woher bekommt die Stadtverwaltung das viele Geld? Zum einen stehen der Stadt bestimmte Steuern und Gebühren zu: z. B. Gewerbesteuer, 15% Anteil an der Einkommensteuer jedes Bürgers, Vergnügungssteuer, Hundesteuer, Wasser- und Abwassergebühren. Zum anderen Teil bekommt die Stadt Zuwendungen vom Land Baden-Württemberg und vom Bund. Manchmal muß die Stadt auch noch Kredite aufnehmen.

Und wohin fließt das viele Geld? Die Gemeinde erledigt viele Aufgaben, die der einzelne Bürger nicht bewältigen könnte.

1. Sie hat technische Aufgaben: Sie sorgt für den Bau und die Unterhaltung gemeindeeigener Straßen und Plätze, für die Wasserversorgung und die Beseitigung der Abwässer, pflegt Wege und Parkanlagen und räumt im Winter den Schnee von Straßen und öffentlichen Plätzen.

2. Es gibt soziale Aufgaben: Die Stadt betreibt oder unterstützt Kindergärten, Altersheime und Sozialstationen.

3. Zu den kulturellen Aufgaben gehören Bau, Ausstattung und Unterhalt der Schulen. Außerdem unterhält Spaichingen eine große und eine kleine Turn- und Festhalle, eine Sporthalle und eine Reihe von Sport- und Freizeitanlagen. Weiterhin unterstützt sie Vereine und kulturelle Veranstaltungen wie Konzerte und Ausstellungen.

4. Die Stadt hat auch viele Verwaltungsaufgaben. So kann man auf dem Rathaus einen Personalausweis oder einen Reisepaß erhalten. Wer heiratet, wird auf dem Standesamt getraut. Neugeborene erhalten eine Geburtsurkunde. Auch die Durchführung von

Wahlen gehört zu den Aufgaben jeder Gemeinde. Oberhaupt einer Gemeinde ist der Bürgermeister. Er wird alle 8 Jahre direkt von den Bürgern gewählt. Er kann jedoch nicht alleine über alles bestimmen. Die wichtigsten Entscheidungen berät und beschließt der Gemeinderat. Dieser besteht in Spaichingen aus 18 Mitgliedern, die ebenfalls von den Bürgern gewählt werden.
Es gibt Aufgaben, mit denen vor allem kleinere Gemeinden überfordert sind. Um trotzdem funktionstüchtig bleiben zu können und die Selbständigkeit zu erhalten, haben sich 8 Gemeinden der Umgebung mit Spaichingen zu einer Verwaltungsgemeinschaft zusammengeschlossen. Sie ist unter anderem für die Planung und Betreuung öffentlicher Bauvorhaben zuständig. Sie ist für das Baurecht verantwortlich oder erstellt den Haushaltsplan, wenn dies eine Gemeinde wünscht.

Steckbrief der Stadt Spaichingen

Das Wappen: Der geteilte Schild weist auf die Grafschaft Hohenberg hin; das weiße und rote Band im oberen Teil zeigt die Hoheitsfarben, das halbe Speichenrad im unteren Teil wurde den Spaichingern schon sehr früh als ihr Wappensymbol zuerkannt.

Aus der Geschichte: Erste urkundliche Erwähnung: 791. Viele Jahrhunderte gehörte Spaichingen zur Grafschaft Oberhohenberg und ging als Teil dieser Grafschaft 1381 an Österreich über. Spaichingen erhielt schon vor dem Dreißigjährigen Krieg das Marktrecht. 1828 wurde dem Ort das Stadtrecht verliehen. Von 1807 bis 1938 war Spaichingen Sitz des Oberamtes. Seit 1938 gehört Spaichingen zum Kreis Tuttlingen.

Einwohnerzahl im Jahre 1988: ca. 9700

Schulen: 2 Grund- und Hauptschulen, davon eine katholische Privatschule, Sonderschule in Balgheim, Realschule, Gymnasium, Berufsschule, Sprachbehindertenschule, Jugendmusikschule.

Zentrale Einrichtungen: Freibad, Krankenhaus, Bahnhof, Amtsgericht, Notariat, Altenheim, Staatliches Forstamt.

Wahrzeichen: Der 985 m hohe Dreifaltigkeitsberg mit seiner barocken Klosterkirche ist das Wahrzeichen der Stadt. Jahr für Jahr pilgern Tausende Gläubige zu dem herrlich gelegenen Wallfahrtsziel.

Interview mit dem Bürgermeister, Herrn Teufel

Frage: „Was gehört derzeit zu den wichtigsten Aufgaben in Ihrer Gemeinde?"

Antwort: „Vor allem ist es wichtig, die Wirtschaftskraft zu stärken. Dazu muß die Stadterneuerung fortgesetzt werden. Alte Gewerbegebiete in den Innenbereichen der Stadt sollen in Wohngebiete umgewandelt werden. Wichtig ist zudem, die Kultur zu fördern. Deshalb wollen wir bis zur 1200-Jahr-Feier im Jahr 1991 eine neue Stadtbücherei schaffen und ein Heimatmuseum aufbauen. Neben all diesen Aufgaben wird der Umweltschutz auch weiterhin hohe Aufwendungen erfordern."

Frage: „Wie kann die Gemeinde diese Aufgaben lösen?"

Antwort: „Die Stadt hat neue Gewerbegebiete erschlossen, wo viele junge Unternehmer gebaut haben. Auch in den nächsten Jahren werden wir diesbezüglich initiativ sein.
In den nächsten Jahren wollen wir die Innenstadt durch Entfernung alter Fabriken, durch neue Grünanlagen, Brunnen, Spielplätze und Renovierung der Häuser verschönern.
Für den Umweltschutz haben wir eine neue Kläranlage gebaut.
Damit sich unsere Jugend ungezwungen treffen kann, bauen wir z. Zt. mit den Jugendlichen zusammen einen neuen Jugendtreff. Für die älteren Mitbürger wird ein neues Altersheim erstellt und für die Feste aller Bürger steht die neue schöne Stadthalle zur Verfügung. Moderne Sport- und Freizeitanlagen tragen dazu bei, daß sich die Bürger begegnen können und sich in unserer Stadt ein lebendiges Gemeindeleben entfalten kann."

Das Altenheim „Haus Wartenberg" und das Pflegeheim in Geisingen

Eines der ältesten Pflegeheime in Deutschland befindet sich in Geisingen. Der Ursprung geht bis ins frühe Mittelalter zurück, als während der Kreuzzüge furchtbare Krankheiten aus dem Orient ins Deutsche Reich eingeschleppt wurden. Die mit diesen Krankheiten infizierten Menschen mußten von der übrigen Bevölkerung isoliert werden. Die Erstellung eines sogenannten Siechenheimes erfolgte in Geisingen, weil der Ort an einer Hauptverkehrsstraße lag und zudem eine aufblühende Wirtschaft verzeichnete.
Auch heute besteht das Besondere dieser Institution darin, daß die meisten der Pflegebedürftigen als Insassen des Pflegeheimes Schwerstfälle darstellen, die nur hier behandelt werden können.
Hingegen handelt es sich bei den Bewohnern des „Hauses Wartenberg" um Menschen, die hier ihren Lebensabend verbringen. Somit leben hier Schwerkranke in Harmonie mit den Alten, denn das Ziel ist die gesellschaftliche Integration.
Eine weitere Eigenart dieser Einrichtung ist die fast vollständige Selbstversorgung. Das Heim bewirtschaftet ca. 140 ha Land und betreibt außerdem Großviehzucht. Eine eigene Gärtnerei versorgt die Heimbewohner mit Gemüse. Zudem werden in der Gärtnerei Blumen und Zierpflanzen für die Gestaltung der Außenanlagen und zur Verschönerung der Zimmer gezüchtet. In der hauseigenen Saatzuchtanstalt keimt die Frucht für die nächste Saat. Überschüssiges Gemüse und Blumen werden auf dem Markt verkauft, und der Erlös kommt den etwa 580 Patienten des Alten- und Pflegeheimes zugute.
Der Selbstversorgung dient auch die Großküche, in der dreimal täglich ca. 600 Mahlzeiten zubereitet werden. Das Fleisch für die Gerichte liefert die hauseigene Metzgerei.
In all diesen Dienstleistungsbereichen arbeiten Patienten des Pflegeheimes im Rahmen ihrer Arbeitstherapie mit, mit dem Ziel, sie aktiv am Heimleben teilhaben zu lassen, denn die meisten Patienten bleiben zeitlebens im Heim, so daß dieses für sie zur neuen Heimat wird.

Zwei Lebensbilder sollen menschliche Schicksale stellvertretend widerspiegeln:

Fallbeispiel 1: Patientin M. wurde im Alter von 60 Jahren als Schwerstpflegebedürftige eingeliefert; sie war dauernd bettlägrig, konnte sich weder waschen noch anziehen und mußte zudem gefüttert werden. Durch die andauernde Bettlägrigkeit hat sie außerdem ein Druck- und Liegegeschwür bekommen.
Dank einer intensiven Pflege konnte innerhalb von eineinhalb Jahren das Geschwür abgeheilt werden. Die Patientin war wieder in der Lage, selbständig zu essen. Nach einer weiteren halbjährigen Mobilisierung schaffte es die Patientin, alleine zur Toilette zu gehen. Inzwischen sind drei Jahre vergangen und dank der intensiven Pflege nimmt Frau M. sogar an der Beschäftigungstherapie teil, strickt, häkelt und verrichtet andere Handarbeiten.
Im Rahmen der Therapie unternimmt sie eigenständig Spaziergänge innerhalb des Heimbereiches und betreut sogar noch schwerer erkrankte Patientinnen. Sie ist sehr stolz, selbst vom Schwerstbehinderten zum Helfer geworden zu sein, selbst wenn der Weg ein langwieriger und mühsamer war.

Fallbeispiel 2: 1912 wurde die Patientin als 19 jährige im Heim aufgenommen. Vorher wuchs sie auf einem Bauernhof auf, kam dann aber mit 19 Jahren unter einen eisenbereiften Heuleiterwagen. Ein Unterschenkel mußte amputiert werden, und zudem blieben geistige Schäden zurück. Das Pflegeheim wurde nach dem Tode ihrer Eltern zu ihrem neuen Zuhause. Sie lebte hier noch fast 75 Jahre. Wärend dieser Zeit war die Frau trotz ihrer Amputation über 60 Jahre in der hauseigenen Wäscherei und im Bügelzimmer tätig. Erst im hohen Alter von 86 Jahren hörte die Frau, bedingt durch eine Krankheit, auf zu arbeiten. Im Alter von 95 Jahren verstarb die Frau im Heim und wurde auf dem heimeigenen Friedhof beigesetzt.

Das 'Haus Wartenberg' wird als Altenheim geführt. Hier leben unsere älteren Mitbürger in modern gestalteten Zimmern, mit eigenem Wohn- und Schlafraum sowie einer Naßzelle mit Toilette. Ihre Mahlzeiten nehmen die alten Leute in der Regel im Speisesaal ein, wo ihre individuellen Wünsche wie Diätessen usw. berücksichtigt werden.
Gemeinsam mit den Pflegebedürftigen nehmen sie an vielen Veranstaltungen teil.

Interview mit Herrn Oberpfleger Zeller:

Frage: „Herr Zeller, Sie erwähnten den Begriff 'Beschäftigungstherapie'; können Sie uns diesen näher erklären?"

Antwort: „Wir unterscheiden zwischen 'Beschäftigungstherapie' und 'Arbeitstherapie'. Die Beschäftigungstherapie trifft in erster Linie auf Frauen zu, die unter Anleitung einer Beschäftigungstherapeutin häkeln, stricken, malen oder Figuren aus Ton oder Gips anfertigen. Hingegen überwiegen in der Arbeitstherapie die Männer, die unter fachlicher Anleitung Leuchtstoffröhren zusammenbauen, Rohrschellen bohren, Kugelschreiber oder Filzstifte zusammensetzen."

Frage: „Welchen Zweck verfolgt man mit diesen Therapien?"

Antwort: „Zum einen bekommen die Patienten, was äußerst wichtig ist, wieder ein Selbstwertgefühl; zum anderen verdienen sie sich etwas Taschengeld zur freien Verfügung und nicht zuletzt lernen sie, wieder in der Gruppe zu leben.
Erwähnt werden muß auch das Bestreben der Geisinger Vereine und Institutionen zur gesellschaftlichen Reintegration dieser Menschen. Regelmäßig tragen der Gesangverein von Geisingen, der Schwarzwaldverein mit Volkstanzgruppe, die Theatergruppe des Sportvereins, die Stadtkapelle Geisingen sowie die verschiedenen Musikvereine der Raumschaft zum geselligen Leben der Heimbewohner bei.
Tradition ist es auch, daß Schulchor und Schultheater die Bewohner des Heimes erfreuen. Für all diese Veranstaltungen sind unsere Patienten und die alten Leute sehr dankbar, denn ein geschwungenes Tanzbein oder eine gesellige Stunde haben oft eine größere Wirkung als jede Medizin. Der Reinerlös dieser Feste fließt den Patienten zu, weil mit diesem Geld neue Materialien für die einzelnen Therapiebereiche angeschafft werden können."
Außer in Geisingen sind auch in Tuttlingen, Trossingen und Spaichingen Einrichtungen für unsere alten und kranken Mitbürger.

Patienten im Park

Arbeitstherapie, hier: Herstellung von Spielzeug

Heimbewohner an ihren Therapieplätzen

Das Ev. Kinder- und Jugenddorf Tuttlingen aus der Vogelperspektive

Ev. Kinder- und Jugenddorf Tuttlingen

Das alte „Waisenhaus" in der Tuttlinger Gießstraße wurde schon 1825 als kleine Kinderanstalt für fünf hilfsbedürftige Kinder gegründet. Diese Kinderanstalt war eines der ältesten Unternehmen der württembergischen Diakonie.
Vom „Waisenhaus" zogen im Jahre 1966 die Kinderfamilien ins neu erbaute Kinderdorf um. Dieses kleine Dorf liegt im „Steinigen Tal", etwas abseits der Stadt, aber doch zu ihr gehörend. In dem einladenden Gelände und den freundlichen weißen Häusern sollen sich Kinder und Betreuer wohlfühlen.
Die Kinder des Kinderdorfes kommen aus oft weit entfernten Gegenden. Michael wurde von seinen Eltern, die sich vorher das Kinderdorf angesehen hatten, hier in eine Kindergruppe gebracht.
Günter kam am gleichen Tag mit Frau M. vom Jugendamt.
Weil Günter nicht nach Hause schreiben kann, führt er ein Tagebuch:

5. April

Die ganze Gegend hier gefällt mir. Frau M. sagte mir gestern im Verwaltungsgebäude Grüß Gott. Dann begleitete sie mich in unser Haus. Es wohnen noch acht andere Kinder da, Buben und Mädchen. Wir haben eine richtige Wohnung mit einem großen Wohnzimmer, einer Küche, einem Eßzimmer und unseren Schlafzimmern im oberen Stockwerk. In der Wohnung ist auch noch das Zimmer für den Erzieher. Ich schlafe zusammen mit Michael, der auch neu gekommen ist, in einem Zimmer. Wir dürfen unser Zimmer selber ausgestalten. Ich hänge lauter Tierposter über mein Bett, Michael mag lieber Sportbilder. Sein Bett muß jeder selbst machen, das Zimmer räumen wir gemeinsam auf.
Wir waren gestern noch lange zum Fußballspielen auf unserem Sportplatz. Auch ein Hallenbad haben wir. Abends im Bett erzählten wir uns, woher jeder kommt. Ich glaube, Michael ist in Ordnung.
Morgens weckt uns Frau D., unsere Betreuerin. Schnell ans Waschbecken. Ich spritze Michael ein bißchen naß. Michael soll mein Freund werden. Alle helfen zusammen, das Frühstück ins Eßzimmer zu tragen. Ich setze mich schnell neben Michael.
Nachher, Schuhe anziehen. Sie stehen alle im Putzraum im Keller. Prima, ich muß sie gar nicht putzen, sie glänzen noch von gestern. Nun kommt Frau D. und erklärt, daß Michael zu Fuß hinüber in die Son-

derschule des Kinderdorfes gehen soll, ich aber mit Peter, einem von unserer Gruppenfamilie, per Fahrrad in eine Schule in der Stadt fahren werde. Toll, da ist doch für jeden von uns im Keller ein Fahrrad. Hoffentlich läuft meins auch gut. Schnell noch ein bißchen Luft hineingepumpt, meine Schulsachen auf den Gepäckträger und ab geht's mit Peter aus dem Kinderdorf hinaus in die noch unbekannte Stadt. Schade, daß Michael nicht mit kann.

Beim Mittagessen ist die ganze Gruppe wieder beisammen. In großen Behältern holen zwei Kinder das Essen aus der Großküche des Kinderdorfes.

Mit Frau D. sitzen wir dann um den großen Eßtisch. Sie betet mit uns und dann schmeckt das Essen prima. „Wie war's denn in der Schule?" fragt mich Frau D. Mir gefällt alles, nur die Hausaufgaben nicht. Frau D. tröstet mich: „Die machen wir gleich nach dem Essen. Ihr dürft sofort damit anfangen, nur Anja und Stefan helfen beim Abtragen und Angela und Ralf räumen den Geschirrspüler ein und bringen die Küche in Ordnung."

Nach den Hausaufgaben haben wir noch einen langen Nachmittag. Peter zeigt mir alle Spiele im Wohnzimmer, Michael fragt, ob er gegen Abend im Fernsehraum im Keller fernsehen dürfe. Ich gehe gleich zum Fußballspielen. Auf dem Weg dorthin zeigt mir Peter alle Häuser, in denen der Direktor, manche Lehrer und die Schulkameraden wohnen, die auch in die Stadt zur Schule fahren. Es sind nur wenige. Die meisten der über 60 Kinder gehen hier zum Unterricht. Früher gab es hier auch noch Kindergartenkinder. Das mag ein Geschrei gewesen sein.

10. Mai

Heute bekommt Frau D. beim Verwalter Geld für unsere Gruppe. Sehr viel. Wir freuen uns alle. Am Nachmittag geht's in die Stadt zum Einkaufen. Am Samstag und Sonntag ist die Großküche geschlossen. „Wir kochen selbst in unserer Küche", sagt Frau D. „Was sollen wir für's Essen einkaufen?" „Ich mag Kartoffelbrei", ruft Michael. „Ich mag lieber Spaghetti", sage ich.

Frau D. nimmt Michael und mich mit zum Einkaufen, auch Peter geht mit, obwohl er über's Wochenende bei einer Patenfamilie in der Stadt sein darf. Der hat es gut. Auch Frau D. fährt über die zwei Tage zu ihren Eltern heim und nimmt Stefan mit.

Vielleicht darf ich später auch einmal mit?

Für Frau D. wird Hr. G., ein Zivildienstleistender, bei uns in der Gruppe sein. Er sei sehr lustig, aber streng, spiele gern Fußball und wolle fast jeden Sonntag mit uns auf den Rußberg wandern. Peter meint: „Dann müßt ihr schon nicht kochen. Ihr packt einfach euer Vesper in den Rucksack. Vergeßt also nicht, viel Brot und Rote Würste für den Grillplatz zu kaufen!"

18. Mai

Gestern hatte ich mit Michael Streit. Wir hatten am Abend Theaterprobe in unserer Gruppe. Wir wollen bald ein Stück im großen Saal aufführen. Ich habe mit ihm geschimpft, weil er seine Rolle nicht auswendig konnte. Nun war er beleidigt. Heute abend wollen wir im Bett seinen Text lernen.

2. Juni

Michael ist zu beneiden. Er darf zu Herrn K. in die Werk-Arbeitsgemeinschaft für Holz. Die Großen dürfen dort sogar richtige Schränke bauen! Michael fängt aber zuerst einmal mit einem kleinen Entchen an. Ich werde Herrn K. fragen, ob ich auch teilnehmen darf.

Rudi, der älteste von unserer Gruppe, geht drüben in eine Werkstatt für den Metallbereich. Er hat keine Lehrstelle gefunden, jetzt ist er bei Herrn E. und stöhnt: „Feilen, feilen, feilen!"

20. Juni

Michaels Mutter war da und tröstete ihn, weil er abends oft Heimweh hat. „Wenn du aus der Schule kommst, darfst du wieder heim zu mir."

Ich frage Frau D., wohin ich nach der Schulzeit käme. „Du wirst vielleicht mit Peter und Ralf in eine Wohnung in der Stadt ziehen. Dort werdet ihr selbständig wohnen und tagsüber zu eurer Lehrstelle gehen. Wenn ihr Hilfe braucht, wird euch Herr M. vom Kinderdorf jederzeit beraten und unterstutzen. Natürlich hoffe ich, daß ihr eure Gruppe hier nicht vergeßt und uns immer wieder besucht."

Nun, das hat alles noch Zeit. Ich würde auch gerne zu meiner Mutter gehen, aber wenn es nicht möglich ist! Jetzt freue ich mich erst einmal auf die Sommerferien. Unsere ganze Gruppe fährt mit Herrn G. für zwei Wochen ins Allgäu. Da gehen alle mit, auch die, die während der Ferien noch eine Weile zu ihren Eltern fahren dürfen. Dann kann Herr G. nicht sagen: „Auf geht's zum Rußberg!" Dann wollen wir weit fahren, auf ganz hohe Berge steigen und viel sehen und erleben!

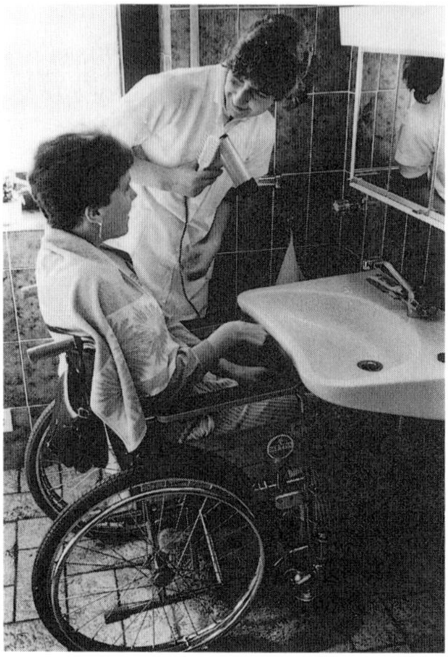

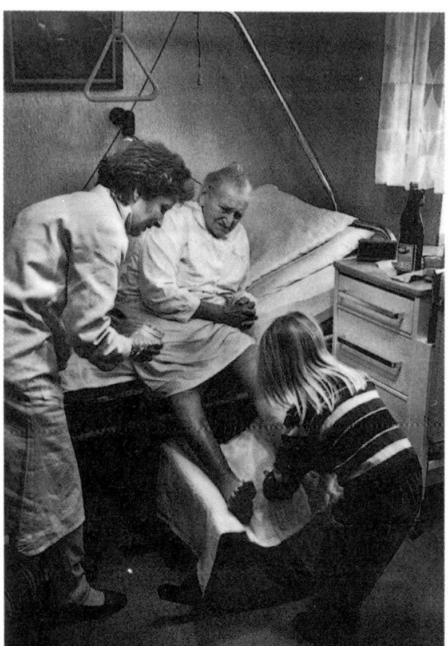

Pflegerische Hilfe

Der Vinzenziusverein Wurmlingen

Herr Zepf hat heute Geburtstag. Er ist 82 geworden und kann aufgrund seiner kranken Beine das Haus nicht mehr verlassen. Da er alleinstehend ist, freut er sich riesig, als ihn die, nennen wir sie mal Lene, besucht. Lene trinkt mit ihm einen Kaffee und hört zum fünftenmal seine Geschichten aus der Jugend an. Auf dem Heimweg kauft sie noch für das Ehepaar Bacher ein. Bachers, beide über 90, schaffen ihren kleinen Haushalt noch, so gut es geht, alleine. Doch in's Dorf zum Einkaufen, das ist nicht mehr möglich, das wird von der Lene erledigt, auch mal der Abwasch und das Staubsaugen. Insgesamt fünf Haushalte alleinstehender älterer Menschen betreut sie, obwohl sie auch selbst nicht mehr die Jüngste ist. Lene, es gibt sie natürlich in Wurmlingen, aber ihr Name und der Name der betreuten Personen ist ausgetauscht, möchte auf keinen Fall, daß ihr Name in der Öffentlichkeit erwähnt wird. Sie kümmert sich als Mitglied des Vinzenziusvereins zusammen mit einer Reihe anderer Frauen im Stillen um ältere Menschen. Dieser Verein hat es sich nach dem Vorbild des Heiligen Vinzenz zur Aufgabe gemacht, jungen und alten, einsamen und kranken Menschen zu helfen.
Der Besuch alter Menschen ist ein Punkt im Programm des Vereins. Ein Seniorenausschuß organisiert auch Vorträge, Ausflüge und Gottesdienste für ältere Menschen.
Weiterhin hilft der Verein am Nachmittag Schülern bei der Erledigung der Hausaufgaben.
An kirchlichen Hochfesten können Mütter ihre Kleinkinder während des Gottesdienstes in den Kindergarten bringen.
Der Vinzenziusverein vermittelt Babysitter, junge Mädchen, dic vorher in einem Kurs auf dieses Amt vorbereitet wurden.
Mit der Pflege bettlägriger Kranker wären die Mitglieder überfordert. Das übernimmt eine Schwester der Sozialstation. Die Finanzierung dieser Einrichtung ist ein Hauptanliegen der Vinzenziusvereine im ganzen Kreis.
Sie ermöglichen dadurch vielen pflegebedürftigen Menschen das Verbleiben in ihrer gewohnten Umgebung und machen ihnen dadurch ihr gewiß nicht leichtes Schicksal erträglicher.

Die Landjugendgruppe Ippingen

Die Landjugendgruppe Ippingen

„Auf dem Dorf ist ja nichts los", hört man vielerorts Jugendliche klagen. Ganz anders in Ippingen, einem kleinen Ort an der westlichen Kreisgrenze. Dort fand sich 1978 eine Gruppe junger Leute zusammen und gründete mit viel Schwung eine Landjugendgruppe, in der alle Jugendlichen Ippingens mitmachen können. Seither trifft sich die Gruppe mindestens einmal wöchentlich. Dabei bildeten sich drei Arbeitsschwerpunkte heraus:

• Die Freizeitgestaltung nimmt im Programm natürlich breiten Raum ein. Viele gemeinsame Unternehmungen wie Wandern, Kegeln, Basteln, Skifahren bis hin zu Fußgängerrallyes, Tanzveranstaltungen und Wochenendseminaren wurden organisiert.

• Die Pflege des Brauchtums ist ein weiterer wichtiger Inhalt der Gruppenarbeit. Einen besonders schönen Anblick bietet dabei die Volkstanzgruppe, die an kirchlichen Hochfesten in der alten Ippinger Tracht ihre Tänze vorführt.

Das Erntedankfest bringt für die Jugendlichen viel Arbeit. Sie gestalten Erntealtäre in der Kirche und beteiligen sich mit einem reichgeschmückten Erntedankwagen zusammen mit Gruppen aus anderen Gemeinden an einem großen Umzug.

Selbstverständlich wird die Landjugend auch an der Fasnet mit eigenen Veranstaltungen für Kinder und Erwachsene aktiv.

• Wichtiger Bestandteil der Landjugendarbeit ist auch die Auseinandersetzung mit der Politik. Dabei befassen sich die Jugendlichen vor allem mit Themen, die die Natur und die Landwirtschaft betreffen. Sie belassen es aber nicht nur bei Diskussionen im Gruppenraum, sondern treten mit Aktionen wie einem freiwilligen autofreien Sonntag an die Öffentlichkeit.

Durch all diese Aktivitäten gestaltet die Landjugendgruppe das Leben in ihrer Dorfgemeinschaft ganz wesentlich mit. Sie hat bewiesen, daß es Jugendlichen gelingen kann, ihre Freizeit selbständig, abwechslungsreich und sinnvoll zu gestalten und darüberhinaus noch anderen Menschen Freude zu bereiten.

Die Zeilenkapelle südlich von Emmingen

Von Kirchen und Konfessionen

Aggenhausen, ein Wallfahrtsort

Jedes Jahr strömen an den Maisonntagen Hunderte von Menschen aus dem ganzen Landkreis zur Maiandacht nach Aggenhausen hoch über dem Ursental bei Mahlstetten. Schon um 1000 n. Chr. ist Wallfahrt nach Aggenhausen urkundlich nachgewiesen.

Nach dem 30jährigen Krieg war die kleine Wallfahrtskirche baufällig geworden; sie wurde um 1750 abgerissen. Die neue Kirche wurde St. Maria und St. Sylvester geweiht, und eine Sylvester-Bruderschaft betreute die Wallfahrt. Später waren Kapuzinerpatres aus Rottweil die Betreuer, heute ist es die Kirchengemeinde Mahlstetten.

Das Altarblatt mit dem Gnadenbild stammt aus dem Jahre 1500. Der Altar selber hat barocken Aufbau. Die gekrönte Madonna ist flankiert von den Statuen des hl. Sylvester und des hl. Konrad, Bischof von Konstanz. Die ganze Gegend hier gehörte nämlich im Mittelalter zum Bistum Konstanz, das von Zürich bis Stuttgart reichte. Das Deckenbild in der Kirche hat Anton Hamma aus Fridingen gemalt. Es zeigt den Vorgang der Bestätigung der Wallfahrt durch Papst Clemens im Jahre 1344.

Auch eine Legende rankt sich um die Aggenhausener Kapelle. Hier soll eine königliche Hochzeit stattgefunden haben. Graf Rudolf von Habsburg, der spätere deutsche König, der sich Gertrud von Hohenberg von der nahen Burg Oberhohenberg zur Gemahlin auserkoren hatte, soll hier getraut worden sein.

Die Zeilenkapelle, ein Kleinod alter Kunst

Südlich von Emmingen, in einem Seitentälchen zum Wasserburger Tal, lag einst das Dorf Zeilen. Im Jahre 965 n. Chr. hieß es noch „Zilare". Heute sind dort nur noch zwei Höfe. Außerdem erkennt man noch die Grundmauern der einstigen Zeilenmühle.

Ein Kleinod alter kirchlicher Kunst ist aber auch die kleine einfache Kapelle mit dem Dachreiter, die Sebastianskapelle, auch Zeilenkapelle genannt. Das Langhaus geht noch auf die romanische Zeit um 1 000 n. Chr. zurück. Das ist erkennbar an einem Stück Mauerwerk in der Form von „Fischgräten". Man erkennt dieses „Fischgrat"-Mauerwerk auch an den Mauern von Burgen, die in jener Zeit gebaut wurden, z. B. der Tudoburg überm Krebsbachtal.

Der Chor der Kapelle stammt aus der Zeit des 15. Jahrhunderts und zeigt gotischen Stil. Bei einem Umbau wurden auch gotische Fresken freigelegt. Weil die Menschen in damaliger Zeit noch nicht lesen konnten, hat man für sie die wichtigsten Ereignisse aus dem Leben Jesu zur Anschauung an die Wände gemalt: Ölberg, Geißelung, Dornenkrönung, Kreuztragung. In den Gewölbekappen stehen als Symbole für die ganze Welt: Sonne und Mond. An den Kragsteinen erkennt man die Wappen der Herrschaften, die hier begütert waren: Fürstenberg, Zollern, Lupfen, Hewen und Emmingen.

Der Altar der Kapelle stammt aus der Barockzeit. Das Altarbild zeigt das Martyrium des hl. Sebastian. Das Bild im Altartisch zeigt einen anderen Pestheiligen, den hl. Rochus. Auf dem Altar stehen an den beiden Seiten der hl. Nikolaus und der hl. Gregor. Als in Emmingen die Pest wütete und viele Menschen dahinraffte, legten die Bewohner ein Gelübde

Das Prager Jesukind, von 1770

Pestkreuze bei Emmingen ab Egg

ab, daß, wenn sie von der Geißel der Pest befreit würden, sie immer am Sebastianstag (20. Januar) zum Dank eine Prozession aus dem Dorf zur Zeilenkapelle machen würden.
Das ist bis heute so geblieben.

Das Prager Jesuskind

In manchen katholischen Kirchen des Kreises Tuttlingen kann man auch heute noch in einer Altarnische in einem kostbaren Schrein ein Jesuskind entdecken, das wie eine Puppe mit besticktem Brokat gekleidet ist. Es trägt eine Krone und hält in der linken Hand die Weltkugel.
Zu diesen Bildnissen pilgerten vor etwa 200 Jahren viele Menschen, um sich in verschiedenen Anliegen Hilfe zu erbitten.
Um dieses Bildnis ranken sich verschiedene Legenden.
Die Fürstin Lobkowitz, eine spanische Prinzessin, hatte die Wachsfigur 1628 in ihrem Brautschatz nach Prag gebracht und sie in der Kirche „Maria vom Siege" aufstellen lassen. Da kamen viele Leute, um dies Bildnis zu bewundern und davor zu beten. Und bald wurden auch Gebetserhörungen und Wunder dieses Jesuskindes vermeldet, und das wundertätige Bild wurde weitum bekannt. Durch die Beziehung des Hauses Fürstenberg in Donaueschingen zu Böhmen kamen Nachbildungen dieses Bildes in die Baar und in den Kreis und wurden bald das Ziel von Pilgern und Wallfahrern.
In Prag spendeten die Pilger zum Dank für Gebetserhörungen wertvolle Kleider und fürstliche Gewänder für das Jesuskind. Schließlich waren es so viele Roben, daß man es zu jedem Feiertag in eine andere kleiden konnte. Selbst die Kaiserin Maria Theresia stickte einst für diese Figur ein fürstliches Gewand.
In jüngster Zeit beobachtete man, daß sogar Fußball- und Eishockeymannschaften, die in Prag spielten, zuerst zu einem kurzen Gebet das Jesuskind in der Kirche „Maria vom Siege" aufsuchten, um seine Hilfe zu erbitten.
Die größte Zeit der Verehrung bei uns hier war die Zeit zwischen 1750 und 1800, als in zahlreichen Bruderschaften der Kindheit Jesu in besonderer Weise gedacht wurde.

Fasnächtliches Brauchtum in Geisingen

Wie in allen Narrenstädten tritt auch in Geisingen das Brauchtum der Fasnacht aus dem Dunkel der Geschichte plötzlich hervor. Erste Hinweise zur Geisinger Fanacht findet man in den Akten des F. F., Archivs aus dem Jahre 1790. Die Geisinger Traditionsfigur, der Geisinger Hansel, wird 1872 zum ersten Mal erwähnt.

Hansele

Hexen

Die Traditionsfiguren der Geisinger Fasnet

Die Zunft „Grünwinkel" genannt, Ihr findet,
weil sie im „grünen Winkel" gegründet
vor einhundertdreißig Jahr,
wie's schon auf der Fahne geschrieben war.
Das Wappen der Stadt ist dort auch zu sehn,
das ist zur Ehre der Bürger geschehn.
Der Adler und Löwe - Ihr wißt es ja schon -,
haben im Städtchen eine alte Tradition!

Der Narrenvater trägt ein gar schweres Amt,
als Zunftmeister ist er auch sonst noch bekannt.
Zur Seite steht ihm die Mutter der Narren,
weil alles verkehrt, es Männer meist waren.
Der Narrenrat eine besondere Bedeutung wohl hat:
Er hat die Ideen, er schafft in der Tat.
Vom Fuhrmannskittel her das blaue Jakett,
die rote Weste macht besonders adrett.
Die Bauernkappe mit des Fuchses Schwanz,
ein Sinnbild der Schlauheit, vollendet ihn ganz.

Die Stadtkapelle als unsere Narrenmusik
geht mit den Narren durch dünn und dick.
Die Jacken in Grün, die Gelbhos aus Leder,
die Kappe aus Pelz, so kennt sie ein jeder.

Der Narrenbüttel gehört zu den Amtspersonen,
wenn närrische Geister im Städtchen thronen!
Er macht bekannt mit Schellengeläute,
daß die Fasnacht beginnt - sofort und ab heute!

Der Schäfer betreut den Narrensamen -
die großen Narren aus dieser Herde kamen.
Er hegt und pflegt das kindliche Gemüte,
auf daß es treibt zu echt närrischer Blüte.

Zwei Clowns - Theobald und Fridolin -
haben nur närrische Späße im Sinn!
- Nicht dumm - sondern mit der Zunge spitz
sprühen sie voll Geist und Witz!

Am Schmutzigen Dunschtig die Hemdglonker rennen
im Nachtgewand, wie wir sie alle kennen.
Mit Krach und Lärm sind sie abends die Meister,
beschwören dann kräftig die fasnächtlichen Geister.

Der Hansel - das Gretele - sind unsere Hauptgestalten,
auf ihnen laßt unser Augenmerk walten.
Sie beide verkörpern die Fasnacht der Baar,
wie's vielerorts früher schon Brauchtum war.

Vor hundertfünzehn Jahren liest man in Urkunden
hat hier man den Hansel an Fasnacht gefunden.
Er zählt zu den Weißnarren - das Tuch aus Leinen
ist nicht gebleicht -, natürlich soll's scheinen.
Der Hansel bringt weder Furcht noch Schrecken.

Sprung übers Feuer

Geisinger Narrensprüche
(nach Ortsbegebenheiten)

S' rengelet, s' rengelet, de Fines der fahrt Mischt,
jetzt gucked e mol sell Männli a,
we dreckig daes ischt.

*

De Bertsche Franz, de Bertsche Franz,
der mexed e großi Suu.
De Narrerot des sähne dued,
und frissed sie im Nu.

*

De Oskar isch in Brunne keit,
i han en höre plumbse,
un hätt' i ihn nit am Fuaß verwischt,
don wär de Siech vertrunke.

Im Gegenteil, er will die Menschenlieb wecken!
Die geschnitzte Maske ist nicht Mann und nicht Frau,
wer drunter steckt, weiß man auch nie genau.

Die Haare gezopft mit den Stadtfarben bunt,
der Fuchsschwanz am Kopf tut die Schlauheit kund.
Das Häs ist bemalt von Künstlerhänden;
eine Ehr' es zu tragen, eine Sünd' es zu schänden.
Hier links eine Buschel aus Kräutern und Früchten,
wie man im August sie mit Liebe tut richten.
Auf dem Kittel rechts einen Storchen man sieht,
des Städtchens Stolz und des Donaugebiets.

Auf den Ärmeln sind Ochs und Esel gezeichnet,
als Symbole der Fasnacht sie werden bezeichnet.
Die Hosenbeine das Stadtwappen ziert,
dem Löwen und Adler der Platz wohl gebührt.

Auf dem Rücken des Kittels ist gemalt eine Sonne
in leuchtenden Farben - des Frühlings Wonne.
Dem Winter streckt sie die Zunge heraus,
Zeit ist's für ihn, zu nehmen Reißaus!

Die Hosen sind prächtig mit Blumen geschmückt,
vom Frauenschuh ist man besonders entzückt.
Der Türkenbund auch zu den Pflanzen zählt,
die als Schmuck die Natur für uns hat gewählt.

Ein Haberstrohbüschel ist in der Hand, der weißen,
soll Fruchtbarkeit unserer Fluren verheißen.

Die Farben der Stadt in den Bändeln auch sind
zum Zeichen der Treue als der Heimat Kind.

Der kupfernen Glocken rhythmisches Läuten
soll die Vertreibung des Winters bedeuten.
Besiegt ist die Herrschaft von Kälte und Nacht,
die Sonne und Wärme gewinnen die Macht.

Zum Hansel gesellt sich das Gretle als Paar,
lustig ohne Maske es immer schon war.
Es trägt die Kleidung der Baaremer Frauen,
wie sie schon getragen in Zeiten, den grauen.
Die „Hippe" der Rock, fast zum Boden geht,
das Mieder aus farbigem Samt besteht.
Der Koller den Hals und die Schulter bedeckt,
zum Abschluß des Mieders der Vorstecker steckt.
Das Mieder mit Stickereien geziert,
mit silberner Kordel kreuzweise geschnürt.
Die Schürze aus schillerndem Taft man findet,
die Ärmel in Weiß zum Abschluß man bindet.

Auf dem Kopf trägt das Gretele die kostbare Haube,
ein Schmuckstück, das auffällt, wie ich doch glaube.
Aus gewässertem Rips die Bänder bestehen,
am Rande gezackt - man deutlich kann sehen.

Zwei Bänder mit Schlaufe gebunden am Kinn
geben der Kappe den wärmenden Sinn.
Der Boden der Kappe ist wertvoller Teil
wird selber gestickt, man hat ihn nicht feil.

Fasnet in Fridingen a. D.

Fasnet in Fridingen a. D.

Am Nachmittag des „Schmotzigen Donnerstag" kann man in Fridingen a. D. einen ganz alten, in der schwäbisch-alemannischen Fasnet seltenen Brauch miterleben: das „Narrensamensäen". Narren und Stadtkapelle treffen sich im „Bären". Von dort aus begann früher das „Narrensamensäen". In jüngerer Vergangenheit ziehen die Narren und Musikanten vom „Bären" zuerst zum Kirchplatz, wo jedes Jahr die neuen Narrenkleider übergeben werden. Danach stellen sich die Narren „im Häs" an einem langen, starken Hanfseil auf, voran die „Narrenpolizei" und die Musik. Sobald sie zu spielen beginnt, kommt Bewegung in den seltsamen Zug, dessen Sinn von Fremden oft nicht verstanden wird. Laut „juhzgend" und springend, ziehen die Narren an dem Seil einen alten Pflug durch die Straßen und Gassen. Der Treiber, auch Fuhrmann oder Schneller genannt, „treibt" sie durch das Schnellen mit seiner Geißel an. Der Pflugheber in alter Bauerntracht hält den Pflug. Hinter ihm schreiten Sämänner, die aus umgehängten Säsäcken „Narrensamen" (Spreu) aussäen, der oft – natürlich absichtlich – in Hauseingänge, ebenerdige Stuben und in die Haare der Zuschauer fliegt. Ihnen folgen mit lautem „Juhzgen" und Geschrei als „alte Weiber" verkleidete Narren mit „Hauben" (Hacken) und Rechen. Symbolisch hacken und rechen sie den „Narrensamen" in die „umgepflügte" Erde, damit er „keimen" und bis zum Fasnetmontag „zu vielen Narren wachsen" kann.

Das Fridinger Narrenkleid, auch „Narrenhäs" genannt, besteht aus handgewobenem, grobem, ungebleichtem Leinenstoff, auf dem Hunderte handgeschnittene, farbige Stoffblätzle aufgenäht sind.

Heute tragen viele Narren entweder auf ihrem Mäntele, dem Rückenteil ihres Kittels oder auf ihrer Hose wappenähnlich ein Berufs- oder Hauszeichen aus Stoff. Auf dem „Narrenhäs" ist die Zahl des Jahres, in dem es gemacht wurde, aufgenäht. Die Fridinger Holzlarve zeigt ein junges Männergesicht, mit aufgemaltem Schnurrbart. Oben am Mäntele baumelt ein Fuchsschwanz. Das älteste noch vorhandene „Narrenhäs" stammt aus dem Jahr 1856, die älteste Larve aus der zweiten Hälfte des 18. Jahrhunderts.

Das Narrentreiben spielt sich in Wirtshäusern, auf der Straße und in Privathäusern ab. Beim „Maschkeregau" (sich mit einer Maske verkleiden) weiß der Narr manchem einen „Schlätterling". Es heißt ja, „Kinder und Narren sagen die Wahrheit".

Ein alter Brauch der Fridinger Fasnet ist auch das „Fasnetsuchen". Als schemenhafte Gestalten frei verkleidete Narren, das Gesicht nur mit einem weißen, durchsichtigen Vorhangstück verdeckt, ziehen am Fasnetmontag schon ab 3 oder 4 Uhr in der Frühe, einzeln oder in Gruppen, durch das noch schlafende Städtchen und „suchen" die Fasnet. Außer alten brennenden Stall-Laternen und Ofengabeln haben die „Fasnetsucher" alle möglichen Lärminstrumente dabei, z. B. alte Kochhäfen, Deckel, Waschbretter, mit denen sie laut Krach machen. Bereits in dieser frühen Morgenstunde hört man aus allen Ecken und Winkeln das eigenartige „Juhzgen", das richtig nur ein echter Fridinger könne, wie es heißt.

Am Fasnetdienstag erleben wir weitere alte Fasnetsbräuche. Der Narr, heute als „Gutslenarr" bezeichnet, läßt die Kinder Narrenverse aufsingen und beschenkt sie mit „Gutsle" (Bonbons). Am Abend, etwa eine Stunde vor Mitternacht, versammeln sich die Narren ein letztes Mal, um die Fasnet, die als lebensgroßer, ausgestopfter Narr aufgebahrt ist, in einem Trauerzug mit Musik durchs „Städtle" zu ihrem „Grab" zu begleiten. Gegen Mitternacht wird sie unter närrischem Schluchzen und ohrenbetäubendem Wehklagen in einen Misthaufen versenkt.
Auch für dieses Jahr ist die Fasnet wieder gestorben, jammernd singen die Narren: „o je rum, die Fasnet hät e Loch!" Aber ab Aschermittwoch sagen sie schon wieder: „'s goht dagege!"

Schemengericht, Scherbelgruppen und Hanselerennen in Möhringen

Diese drei Höhepunkte kennzeichnen die Fasnet in dem ehemals badischen Städtchen Möhringen. Beim Schemengericht am Schmotzigen Donnerstag verklagen und verurteilen die Hansele auf närrische Weise einen Großkopfeten; so nennen sie Persönlichkeiten des öffentlichen Lebens. Als Strafe bekommt der Angeklagte eine Anzahl Schläge auf den Allerwertesten. Der geschichtliche Hintergrund ist einleuchtend: Die Möhringer Bürger können seit Jahrhunderten auf diese Weise ihrem Unmut gegenüber unliebsamen Herrschaften Luft machen, ohne daran Schaden zu nehmen.
Die Scherbelgruppen ziehen am Fasnetsonntag und Rosenmontag von Gasthaus zu Gasthaus und wetteifern vor dem Publikum um die beste Darbietung. Sie sind zu ihrem jeweiligen Thema passend kostümiert und besitzen oft sehr hohes musikalisches Niveau. Ihren Ursprung finden die Scherbelgruppen wohl in der alten Möhringer Tradition der Fasnetsspiele, die schon vor 1870 jedes Jahr veranstaltet wurden und in der ganzen Umgebung berühmt waren. Heute wie damals wird dabei das Ortsgeschehen kritisch unter die Lupe genommen. So beklagt sich eine Scherbelgruppe im nebenstehenden Text, verfaßt im Möhringer Dialekt, darüber, daß beim Hanselerennen heutzutage alle möglichen Geschenke verteilt werden, anstatt beim süßen Bonbon, genannt Mocke, zu bleiben.
Das Hanselerennen ist vor allem für die Kinder. Die Maskenträger beschenken dabei die Kleinen am letzten Tag der Fasnet, damit sie sich schon wieder auf die nächste freuen.

S' Lied vom Mocke
zu hochdeutsch: Bonbon

Wer ka sich erinn're
an Furters Lade?
A de Klausmanns -Beck
und an d' Bachstub Wagner
a' d Lacknermadlä und Boschttheres
und 's Idales Lade,
war des ebbes schäs.
Bei der Bleuer Länä,
de Muetter vo de Hanne
hät mer Mocke ka,
drum isch mer gern ane.
Un hät voller Sehnsucht
in 's Mockeglas gucket,
un hät's oane gäe,
ha no isch mer g'jucket.

Do dät mer hit lache,wa mir do
verzelle,
wer kocht au hit
als Kind Karamelle?
Wie oft hät ees frieher
d' Mamme verwischt,
d' Kuche hät qualmet,
de Ofe hät zischt!

A de Metteberghalde,
's ischt ä uralte G'schicht
ischt en Kochhafe glege,
verbrennt und verbicht.
's hät g'hoße, de Peter
häb Rohmocke g'macht,
de Hafe veschoppet,
bei Nebel und Nacht.

Wiä mer d'Kind duet hit verwehne
des kascht ämol sehne
do hond mir koa Schos me,
bem Hanselerenne.
Überraschungseier un nomol en Gäg
da gwenlich Mocke liet im Dreck.
Ihr Hansele lond es net sterbe
und Lompezieg de Kind nawerfe.
's ischt Traditio, und zwar vo frier
en siäße Mocke im Babier!

Am 19. März: Lichterschwimmen in Wurmlingen

Beispiele alten Brauchtums

Lichterschwimmen in Wurmlingen

Das Lichterschwimmen (Schiffleschwimmen), in anderen Gegenden auch „Lichtliabischwimme" genannt, ist ein uralter Frühlingsbrauch, bei dem sich am Josephstag (19. März) in Wurmlingen bei Tuttlingen große und kleine Kinder beteiligen. Mitmachen kann jeder, der ein selbstgebasteltes „Lichterschiffchen" mitbringt. Manche setzen da natürlich ihren Ehrgeiz ein und bringen höchst originelle und kunstvolle Schiffchen mit, wenn bei Einbruch der Dämmerung im „Wiesle" am Faulenbach der Lichterkorso gestartet wird. Jedes Jahr sind es 60 bis 70 Schifflebauer. Die Albvereinler, die den Brauch besonders fördern, lassen zunächst eine große Lichterkette mit Brettchen, die mit Lichtern versehen sind, den Faulenbach herunterschwimmen. Die Kinder haben ihre Schiffchen an Schnüren angebunden und lassen sie so im Bach schwimmen.

Der Brauch geht darauf zurück, daß man nach dem alten Ausspruch „Josef löscht 's Licht aus, Michel zündet's wieder an" das Licht den Bach hinunter schwimmen lassen konnte, sobald die Tage länger geworden waren und man in Stube und Werkstatt ohne Licht arbeiten konnte. Und mit dem Licht, so hieß es, schwimmt auch das Eis ins Meer. Der Frühling beginnt.

Auch in der Schweiz wird der Brauch noch geübt, im Kanton Glarus am Fridolinstag (6. März), in Schaffhausen auch am Josephstag, im Züricher Oberland am ersten Freitag im April und in Luzern am Gründonnerstag. Dort läßt man aber meist Schiffchen mit beleuchteten Häuschen oder Kirchlein schwimmen. Das Schiffleschwimmen gehört zu den vielen Lichterbräuchen des Vorfrühlings.

„Eierschupfen" in Egesheim

Das „Eierschupfen" am Ostermontag ist ein großes Fest in Egesheim auf dem Heuberg. Mehrere hundert Besucher feuern die Wettkämpfer, den Läufer, den Eierwerfer und den Eierfänger bei diesem Osterspiel an.

Die Burschen des Dorfes, die jetzt 20 Jahre alt geworden sind, sammeln am Ostersonntag in den Häusern rohe Eier. Bevor der Spaß am Ostermontag nach dem Gottesdienst beginnt, werden auf einer Sägmehllinie 50 Eier im Abstand von jeweils einer Elle ausgelegt. Auf den Startschuß hin müssen nun ein Eierwerfer und ein Eierfänger zusammenarbeiten, indem der Werfer die rohen Eier in eine mit Spreu ausgefüllte Wanne wirft, die der Eierfänger so geschickt hält, daß die Eier unbeschädigt bleiben.

Mit dem Startschuß ist aber auch ein Läufer gestartet, der zu einem 3 km entfernten Punkt laufen muß. Nun geht es darum, wer seine Aufgabe zuerst erfüllt hat: Sind die Eier aufgesammelt, wenn der Läufer wieder eintrifft, oder ist der Läufer eher wieder da. In den letzten Jahren, in denen Bürgermeister Bär bei den Eierschupfern war, siegten diese.

Selbstverständlich ist bei diesem Fest auch die Musikkapelle dabei, die zum Frühschoppen aufspielt. Nach dem Wettkampf kommt dann das große „Eieressen", bei dem die jungen Burschen die gesammelten und heil gebliebenen Eier verzehren.

Der Brauch, der in Egesheim schon uralt ist, gehört zu den vielen Osterbräuchen, die einst geübt wurden und heute leider meist ausgestorben sind. Dazu gehörten das „Eierrollen" um die Wette, das „Anschlagen" (Picken, Dotzen) Spitze gegen Spitze. Derjenige bekam das Ei des anderen, desen Ei bei diesem Spiel ganz geblieben war. Zu den immer noch geübten Osterbräuchen gehört das Eierfärben und das Schmücken der Eier mit kunstvollen Motiven.

Funken- oder Fackelsonntag

„Buschl raus, Buschl raus, oder mr schlaget e Loch i's Haus", rufen die jungen Burschen, wenn sie am Samstag vor dem Funken- oder Fackelsonntag von Haus zu Haus ziehen und Holz für das Fackelfeuer sammeln. Ihre Aktion dient dem uralten Brauch des Abbrennens eines Funken- oder Fackelfeuers am ersten Fastensonntag, dem Sonntag, der dem Fasnachtssonntag folgt.
Es ist dies der Brauch der Frühlingsfeuer, der bis in die vorchristliche Zeit zurückreicht.
Mit diesem Feuer soll der Winter vertrieben, und es sollen rings in der Flur die Saaten geweckt werden. So sagt man in manchen Orten, diese Feuer seien fürs „Kornaufwecken" und „Samenlocken", und es werde dabei „der böse Sämann vertrieben".
Den ganzen Samstag sind nun die Helfer, meist Mitglieder des Schwäbischen Albvereins und die Entlaßschüler des Jahres, hart an der Arbeit, um den großen Holzstoß aufzurichten. Natürlich wurde auch schon vor diesem Tag für das Funkenfeuer Holz angesammelt, Stangen, altes Bauholz und die inzwischen dürr gewordenen Christbäume. Um eine starke Stange herum wird nun der Holzstoß aufgerichtet, und auf die höchste Spitze kommt die Winterhexe. Weil nach dem alten Volksglauben das schöne gleichmäßige Abbrennen des Funkens auf ein gutes Jahr hindeutet, legen die „Funkenwarte" allen Ehrgeiz darein, den Stoß so aufzubauen, daß er gut abbrennt.
Am Sonntag treffen sich nun die Jugend und die Kinder mit ihren Eltern mit Fackeln und Lampions am Ortsausgang und wandern im großen Lichterzug zum Fackelplatz. Jeder, der als „Lichtträger" dabei ist, erhält eine Funkenbrezel.
Nun wird mit den Fackeln der Holzstoß in Brand gesetzt. Während die Flammen lodern, singt man zur Begleitung der Musikkapelle Heimat- und Volkslieder. Gut eine Stunde bleibt man so ums Feuer stehen, beobachtet die Flammen und den Feuerschein, denn es heißt, so weit der Schein des Feuers reiche, werde die Saat gut. Um den Segen des Feuers möglichst weit zu verbreiten, ließ man früher noch Feuerräder den Hang hinunter rollen oder übte das „Scheibenschlagen", bei dem glühende Holzscheiben mit einem „Schwingstock" hinausgeschleudert wurden.
Die Erwachsenen und die Burschen und Mädchen gehen dann noch ins Wirtshaus zu einem fröhlichen Beisammensein, einer letzten Nachfeier für die Fasnacht und feiern ein Freudenfest für den erwachenden Frühling, der an diesem Abend mit Frühlingsliedern begrüßt wird.

Funkenfeuer

Ringsum auf den Winterhöhen
sind die Feuer nun entfacht,
hohe rote Fackeln stehen
leuchtend in der kalten Nacht.

Und es finden sich zusammen
Bursch und Mädchen, Frau und Mann,
stimmen vor den hellen Flammen
ihre Heimatlieder an.

Sieh, da zieht ein helles Glühen
durch die dunkle, wehe Welt,
und im Schnee beginnt ein Blühen,
wenn die Winterhexe fällt.

Fritz Schray

Holzstoß mit „Winterhexe"

Funkenfeuer

Die „Jägerhaus-Höhle" bei Fridingen

Begegnung mit der Geschichte

Steinzeitmenschen in der „Jägerhaus-Höhle" unter Schloß Bronnen

In der Zeit zwischen 8000 und 5000 v. Chr. hausten Jäger der Mittelsteinzeit in der „Jägerhaus-Höhle", einem Felsloch im Oberen Donautal rechts oberhalb des Jägerhauses Bronnen zwischen der steil aufragenden Martinswand und Schloß Bronnen. Als Schutz, Unterschlupf und Wohnstätte benutzten die Steinzeitmenschen die Höhle, in deren nächster Nähe frisches Quellwasser aus dem Berg sprudelte. In der Forschung der Mittelsteinzeit spielt die „Jägerhaus-Höhle" eine bedeutende Rolle. Die Archäologen fanden bei ihren Ausgrabungen Steinwerkzeuge aus scharfem, glashartem Hornstein oder anderen Materialien der näheren Umgebung. Die Steinzeit-Jäger schlugen von den ungefähr 100 Kernsteinen, die zum Vorschein kamen, rundum schmale, scharfe Späne oder Klingen ab, deren Zahl in der „Jägerhaus-Höhle" auf etwa 6500 beziffert wurde. Diese Steinwerkzeuge benutzten die Menschen zu verschiedenen Tätigkeiten, zum Bohren, Schneiden und Schaben, aber auch, um Tierfelle, Knochen, Geweihe und Holz zu bearbeiten. Die kleinen, messerscharfen Werkzeuge verwendeten sie auch zur Herstellung von Waffen, etwa als Pfeilspitzen oder Widerhaken in hölzernen Harpunen.

Auf die Jagd gingen sie mit Pfeil und Bogen, Lanzen und Speeren mit feuergehärteten Spitzen. Jagd, Fischfang und Sammeln von eßbaren Pflanzen bildete für die Steinzeitmenschen die notwendige Grundlage ihrer Ernährung. Als ausschließliche Wildbeuter lebten die Bewohner der „Jägerhaus-Höhle" nur von dem, was ihnen die Natur anbot. Ihre Kleidung fertigten sie aus Häuten, Fellen und Pflanzenfasern. Als Schmuck trugen die Steinzeitmenschen Schnecken, durchbohrte Tier- und Fischzähne. Von Zeit zu Zeit mußten sie auf Wanderschaft gehen, um neue Nahrungsquellen zu suchen.

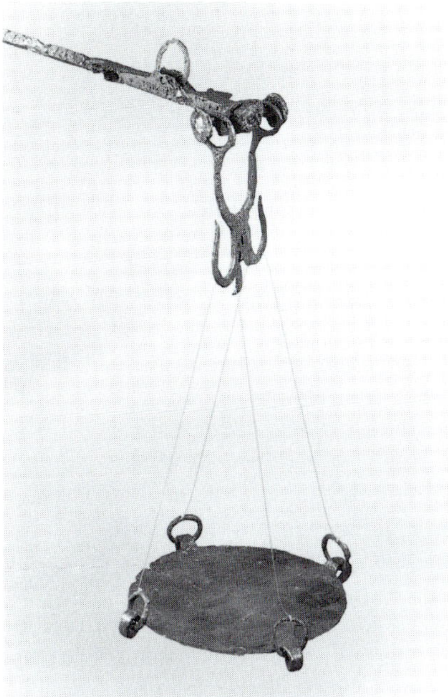

Römische Waage

Römisches Glasfläschchen: „Gemauerte Wiese"

Das römische Kastell in Tuttlingen

Noch heute erinnern zahlreiche Funde im Kreis Tuttlingen an die fast 200jährige Besatzungszeit der Römer, die bis Mitte des 3. Jahrhunderts n. Chr. dauerte.

Im „Zehntland" bauten die Römer ein dicht verzweigtes Straßennetz, vorwiegend für militärische Zwecke. Zur Sicherung der Kreuzungen und Flußübergänge entstanden Kastelle als Hauptstützpunkte für die römischen Legionen. Auch in Tuttlingen kamen bei Kanalisationsarbeiten in der Zeughausstraße Reste eines solchen Römerkastells zum Vorschein, das vermutlich aus der zweiten Hälfte des 1. Jahrhunderts n. Chr. stammt.

Zu einem Kastell bauten die Römer auch ein Lagerdorf. Zu diesem oder zum Kastell selbst könnte das an der Ecke Zeughaus-/Bismarckstraße aufgefundene Gebäude gehören. Am Donau-Limes sicherte es den Übergang der wichtigen West-Ost-Verbindung, die von Straßburg über Offenburg, Rottweil durch das Prim-und Faulenbachtal nach Inzigkofen in Richtung Augsburg verlief. Von Süden führten zwei weitere bedeutende Wege in unseren Kreis: Die über Stein am Rhein verlaufende Straße mündete bei Neuhausen ob Eck in die West-Ost-Verbindung. Von Zurzach aus führte eine andere Römerstraße über Schleitheim, Hüfingen nach Rottweil. Funde von römischen Einzelgehöften bei Aulfingen, Zimmern, Immendingen und im Amtenhausener Tal weisen darauf hin, daß ein Weg entlang der Aitrach und Donau nach Tuttlingen führte. Es gilt als sicher, daß Tuttlingen im römischen Besatzungsgebiet ein wichtiger Verkehrsknotenpunkt war. Wie die Römer damals Tuttlingen bezeichneten, ist allerdings unbekannt.

Während ihrer Herrschaft lernten die Kelten die römische Kultur und Lebensart kennen. Kaufleute, Handwerker und Händler siedelten sich rund um die Kastelle an, Gewerbe und Handel blühten. Die Römer brachten ihre hochentwickelte Mittelmeerkultur mit: Nicht nur den Straßen- und Steinbau, sondern auch edle Obst- und Gemüsesorten, Gewürze, Weinbau und Weiterentwicklungen in Technik und Landwirtschaft.

Restaurierte Grabfunde aus Oberflacht: Leuchter, Daubenbecher und -kanne sowie Feldflasche und Tragfäßchen in Drechsel- bzw. Böttchertechnik

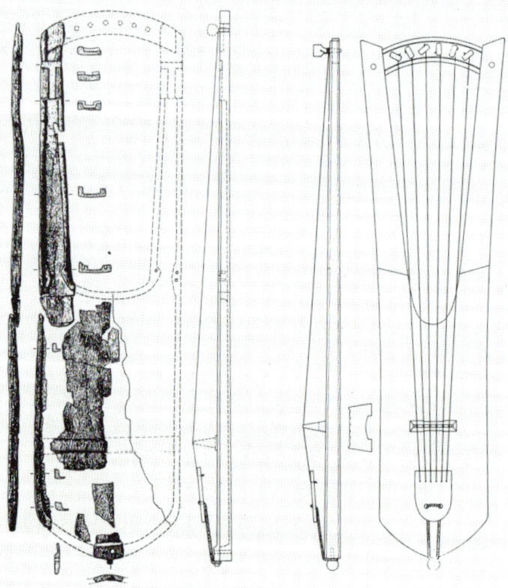

Die beiden Leiern aus Adelsgräbern von Oberflacht: Links eine Rekonstruktion anhand der Originalteile, rechts eine Rekonstruktionszeichnung

Das „Sängergrab" auf dem alemannischen Friedhof bei Oberflacht

Von der sippenweisen Besiedlung der Alemannen („alle Mannen") im Kreis Tuttlingen zeugen noch heute viele Flur- und Ortsnamen mit der Endung „ingen". Zahlreiche Reihenfriedhöfe und Einzelgräber mit reichen Grabbeigaben legen eindrucksvoll Zeugnis ab von der alemannischen Kultur. Als das in Süddeutschland interessanteste und aufschlußreichste Gräberfeld, angelegt in der ersten Hälfte des 6. Jh. n. Chr., gilt der bereits 1809 erstmals angeschnittene alemannische Friedhof bei Oberflacht.

Bereits im vergangenen Jahrhundert entdeckten Archäologen in den „Sängergräbern" gut erhaltene Überreste von Musikinstrumenten, darunter auch Leiern aus Holz. Diese Funde gehören zu den sensationellsten der Merowingerzeit in Mitteleuropa. Bisher wurden ganz selten so hervorragend erhaltene Saiteninstrumente gefunden. Günstige, konservierend wirkende Bodenverhältnisse hatten für eine außergewöhnlich gute Erhaltung aller Grabbestandteile aus organischem Material gesorgt.

Gefunden wurden vielerlei Gegenstände aus Holz und Leder, Gewebereste und Pflanzenfrüchte, die im natürlichen Zerfallprozeß normalerweise zersetzt werden.

Reichliche Grabbeigaben wie silberverziertes Pferdezaumzeug, kostbare Waffenausrüstung, bronzenes Geschirr, Leuchter und prächtige Totenbetten zeugen vom Adelsgeschlecht des Verstorbenen. Diese wertvollen Funde sind auch damit zu erklären, daß in Oberflacht zu jener Zeit eine überdurchschnittlich wohlhabende Adelsfamilie ansässig war.

Die größte Bedeutung des alemannischen Gräberfeldes bei Oberflacht liegt in seinen Holzfunden, welche den Archäologen tiefe Einblicke und wichtige Erkenntnisse in eine bis zu diesem Zeitpunkt kaum erforschte Handwerkskunst vermittelten.

In einer aus Holzbohlen zusammengefügten Grabkammer ruht der Tote in einem Bett mit kunstvoll gedrechseltem Geländer. Gefunden wurden verschiedene noch gut erhaltene Grabbeigaben: Schalen, eine Stange, eine Feldflasche aus Holz mit herrlichen Ornamenten. In einem anderen „Sängergrab" lagen zu Füßen des Toten prachtvoll gedrechselte Möbelstücke. Mit ins Grab gegeben wurden ihm Lanze, Pfeile, Eibenholzbogen und Schwert. Zum Vorschein kamen auch ein gedrechselter Leuchter, zwei Feldflaschen aus Holz, ein verziertes Brett und eine Bronzeschale. Zur Herstellung und Verzierung von Möbeln, Geräten und Geschirr dienten die handwerklichen Techniken Drechseln, Schnitzen, Zimmern und Böttchern. Kunstvolle Arbeiten zeugen vom fachlichen Können alemannischer Handwerker. Außer einer Vielzahl hölzerner Gegenstände kamen bei den Ausgrabungen in Oberflacht auch Totenbäume aus Eichenstammholz zum Vorschein. Wissenschaftler entdeckten bei ausgezeichnet konservierten Grabfunden, daß der Tote auf Heu, Laub und Moos gepolstert ruhte. Da Totenbettstätten nur in reich ausgestatteten Gräbern gefunden wurden, liegt die Vermutung nahe, daß nur wohlhabende Menschen so bestattet wurden.

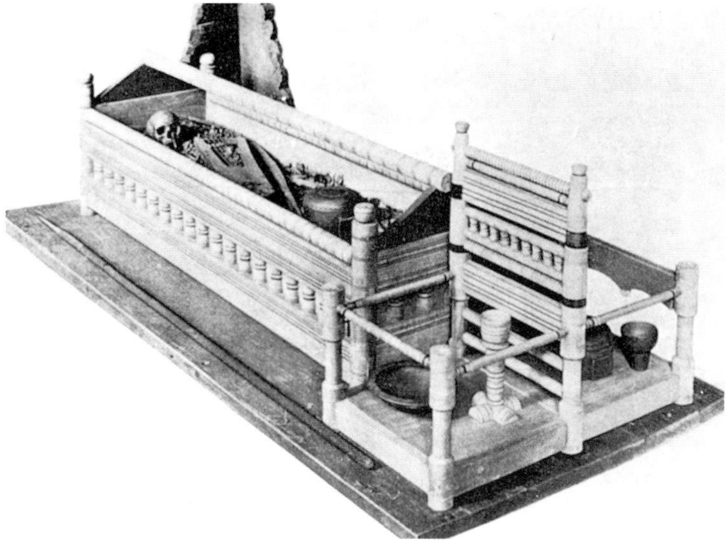

Nachbildung einer Totenbettstatt von Oberflacht. Im Arm des Toten die Leier, über den Beinen die große Feldflasche. Weitere Holzbeigaben in dem reich gedrechselten Gestell zu Füßen.

Besonders wertvoll sind auch die gedrechselten Holzstücke aus Oberflacht, nördlich der Alpen die einzigen dieser Art. Zum Aufbewahren kleinerer Gegenstände dienten schon damals verzierte Spanschachteln, gefertigt aus Eschenholz.

Aus Laubhölzern (Esche, Ahorn, Birke und Erle) wurde auch Eßgeschirr gedrechselt: Schüsseln, Schalen und Reste eines Holzbrettchens, das die Alemannen statt flachen Tellern benutzten, wurden gefunden.

Manche enthielten Früchte, besonders Hasel- und Walnüsse, Birnen, Äpfel und Pflaumen. Reste deuteten auch auf Pfirsiche, Schlehen und Mohnsamen hin. In den Schüsseln fanden sich auch Spuren von Fleisch, Fladenbrot oder Brei. Zum Vorschein kam auch eine Fülle formreicher Trinkgefäße, darunter ein langgestrecktes Tragfäßchen, eine Reise- bzw. Feldflasche, gedrechselt und geschnitzt aus Esche, Ahorn oder Birke. Als Lichtquellen dienten Fackeln aus harzreichen Holzspänen, in Wachs, Harz oder talggetränkte und zusammengebündelte Textilien, Tranlampen aus Stein oder Ton und Leuchter. Gefundene Textilien zeugen von der handwerklichen Arbeit der „Berufsweber". Durch die günstige Konservierungswirkung des Bodens haben sich in Oberflacht Wollstoffe von einer teilweise überdurchschnittlich hohen Qualität erhalten können. Ein Frauengrab barg sogar Goldfäden.

Einen bisher einmaligen Fund stellt ein Stoffkreuz auf feiner Seide dar. Das besonders interessante Stück weist den Toten als Christ aus.

Das von Heldengesang und Liedvortrag zeugende Spiel mit der Harfe und Leier pflegten nur adlige Herren, die sich wegen ihrer Kunst an Königshöfen großer Beliebtheit erfreuten.

Seinen Namen erhielt das „Sängergrab" deshalb, weil in ihm ein adliger Sänger, die Leier fest mit seinem Arm umschlungen, in einer hölzernen Grabkammer die letzte Ruhe fand. Das im Jahre 1950 am Rande des Alemannenfriedhofs aufgestellte Denkmal sowie der im Jahre 1963 gestaltete „Sängerhain" sollen „die Sänger der Gegenwart über mehr als ein Jahrtausend hinweg mit dem Sänger der Frühzeit verbinden".

Die Gemeinde Oberflacht nahm die Leier vor Jahren in ihr Wappen auf, um an diesen bedeutenden Fund zu erinnern.

Die Burg Oberhohenberg

Auf den meisten unserer vielen Hügel und Berge standen in früheren Zeiten Burgen. Das war nicht immer so. Erst im 11. und 12. Jahrhundert kam es in Mode, sich seinen Wohnsitz auf einem Berg zu erbauen. Doch das konnte nicht jeder. Es waren die Ortsadeligen, die begannen, ihre Häuser aus dem Tal auf luftige Bergeshöh' zu verlegen. Das hatte mehrere Gründe: Zum einen hoben sie sich durch ihren Umzug von ihren gewöhnlichen, weil nicht adeligen, Mitmenschen ab, und zum anderen ließen sich diese Wohnsitze auf einem meist schwer zugänglichen Berg leichter mit Verteidigungsanlagen versehen als im Tal. Das Wohnen dort oben machte den Unterschied zwischen Herr und Untertan deutlich – der oben wohnte, war auch oben in der Gesellschaft. Das Wohnen auf dem Berg gestattete den Ausblick weit ins Land. Anrückende Konkurrenten oder gar Feinde konnten besser ausgemacht und die notwendigen Verteidigungsvorbereitungen getroffen werden. Natürlich gab es zwischen den Burgbewohnern große Unterschiede. Viele waren zwar Herren und nannten eine Burg ihr eigen, doch sie waren ihrerseits wiederum Dienstmannen oder Lehensleute von höheren Adeligen.

Das Adelsgeschlecht, das in unserer Gegend im hohen Mittelalter wohl am angesehensten war, war das der Grafen von Hohenberg, die auf dem Oberhohenberg, der zweithöchsten Erhebung der Schwäbischen Alb, bei Deilingen ihre Stammburg hatten. Der spätere deutsche König Rudolf von Habsburg nahm sich schließlich eine Tochter der Grafen von Hohenberg zur Frau. Die aus dieser Ehe hervorgegangenen Kinder verheiratete man mit den vornehmsten Fürsten Europas.

Der Oberhohenberg als Standort für eine Burg war gut gewählt. Er war der Mittelpunkt einer Herrschaft, die von Fridingen an der oberen Donau bis nach Rottenburg am Neckar reichte. Die Burg Hohenberg auf dem Oberhohenberg gehörte zu den größten Burgen in unserer Gegend. Kurz nach der Jahrhundertwende hat ein Schörzinger Lehrer Ausgrabungen am Platz der Burg vorgenommen und festgestellt, daß die Hauptburg eine Länge von 77 Metern und eine Breite von 40 Metern hatte. Mit einer mächtigen Schildmauer, deren Stärke 3,85 Meter betrug, war die Burg an ihrer empfindlichsten, der Westseite geschützt. Natürlich war die Burg von einer starken Mauer umgeben. Die eigentliche Burg bestand aus dem Palas – hier wohnten die Adeligen – einem weiteren Wohngebäude, einem Speicher für Vorräte und vermutlich einer Burgkapelle. Zwei Türme, ein achteckiger bei der Schildmauer und ein runder zum nordöstlichen Vorhof hin, dienten als letzte Rückzugsbastion für die Burgbesatzung, wenn Feinde die Burg gestürmt hatten.

Wie viele Menschen lebten nun auf dieser Burg? Die Burg besaß alle Ausstattungen für eine Dauerresidenz, und dazu brauchte man Personal. Sie war auch in der Lage, den höchsten Fürsten der damaligen Zeit standesgemäß zu beherbergen, denn kurz vor Weihnachten des Jahres 1286 kam der deutsche König und hohenbergische Schwiegersohn Rudolf von Habsburg zu Besuch auf den Oberhohenberg. Etwa 50 bis 80 Personen lebten dauernd auf der Burg: Mitglieder der gräflichen Familien und die Familienangehörigen der ritterlichen Dienstmannen, Hofbedienstete, 10 bis 15 Wächter, Handwerker, Knechte und Mägde. Es ging eng zu auf der Burg mit ihrer Grundfläche von 20 Ar. Aber räumliche Enge gehörte zu einer mittelalterlichen Burg. Man rückte zusammen, dann war es nicht so kalt in dem winddurchzausten Gemäuer, in dem nur wenige Räume heizbar waren, und das in 1 000 Meter Höhe.

Große Probleme bereitete den Burgherren immer die Wasserversorgung. Mangels Grundwasser wurden Zisternen angelegt, in denen sie das Regenwasser sammelten. Zum Transport des Wassers und anderer zum Leben notwendiger Güter wurden in späterer Zeit Esel und Maultiere gehalten.

Die Räume der Burggebäude waren düster, da sie nur kleine Fenster hatten, die mit Holzläden verschlossen gehalten wurden. „Die Mühe ums Fenster war ein Kampf gegen Kälte und ein Kampf ums Licht" (Borst). In den Häusern wird der Begriff vom „finsteren Mittelalter" erlebbar. Als Rudolf auf den Oberhohenberg kam, gab es noch keine Glasfenster. Unterhalb der Burg Hohenberg befand sich ein gleichnamiges Städtlein, um das sich viele Geschichten ranken. Das Städtlein diente wahrscheinlich zur Versorgung der Burg mit Dienstleistungen, das heißt, dort lebten Handwerker, die für die Bewohner der Burg arbeiteten.

Ulrich von Hutten beschrieb 1518 das Leben auf solch einer Burg:

„Die Burg selbst, ob sie auf dem Berg oder in der Ebene liegt, ist nicht als angenehmer Aufenthalt, sondern als Festung gebaut. Sie ist von Mauern und Gräben umgeben, innen ist sie eng und durch Stallungen von Vieh und Pferden zusammengedrängt.
Daneben liegen dunkle Kammern, vollgepfropft mit Geschützen, Pech, Schwefel und sonstigem Zubehör für Waffen und Kriegsgerät. Überall stinkt es nach Schießpulver; und dann die Hunde und ihr Dreck. Auch das – ich muß es schon sagen – ein lieblicher Duft! Reiter kommen und gehen, darunter Räuber, Diebe und Wegelagerer. Denn fast für alle stehen unsere Häuser offen, weil wir nicht wissen, was das für Leute sind oder uns nicht danach erkundigen.
Man hört das Blöken der Schafe, das Brüllen der Rinder, das Bellen der Hunde, das Rufen der auf dem Feld Arbeitenden, das Knarren und Rattern der Fuhrwerke und Karren – ja sogar das Heulen der Wölfe hört man in unserem Haus, weil es nahe am Wald liegt."

Die Burg Oberhohenberg (im Hintergrund) auf einer Abbildung in der Rottweiler Hofgerichtsordnung um 1430

Hexenprozesse in Tuttlingen

In der Zeit zwischen 1450 und 1750 wurden in Mitteleuropa, vor allem in Deutschland, Tausende unschuldiger Menschen, hauptsächlich Frauen, als Zauberer und Hexen zum Tode verurteilt. Viele erlitten auf brennenden Scheiterhaufen unter unsagbar großen Schmerzen einen qualvollen Tod, oftmals umgeben von einer laut grölenden Volksmenge. Die Hexenverbrennungen und -enthauptungen fanden immer öffentlich statt. Sie waren für viele ein wohlvertrautes Schauspiel, ein großes Volksfest. In den schrecklichen Hexenprozessen wurden durch grausame Folterungen und schlimme Verhörmethoden von den Angeklagten fadenscheinige Geständnisse erpreßt, die meistens jedoch nicht der Wahrheit entsprachen. Brutale Foltermethoden führten dazu, daß die Gequälten meist in Ohnmacht fielen, sich erbrachen und nach ihrem Erwachen bereit waren, „alles zu sagen, was man wissen wollte, um lieber den Tod, als noch einmal diese Pein erleiden zu müssen." Eigentlich hatten die Verhafteten keine Möglichkeit, ihre Unschuld zu beweisen. Wenn sie die furchtbaren Folterqualen aushielten, wurde ihnen vorgeworfen, erst recht mit dem Teufel im Bunde zu stehen, weil ein „christlicher Mensch" diese Torturen nicht überstehen könne. Also wurden sie schuldig gesprochen. Gaben sie jedoch ihr angebliches „Verbrechen" zu, stand ihr Todesurteil schon fest. So loderten in der vom abscheulichen Hexenwahn geplagten Zeit die Scheiterhaufen landauf, landab.

Niemand konnte sich davor sicher fühlen. Jeder, also Angehörige aller Bevölkerungsschichten und jedes Alters, konnte der Hexerei bezichtigt und als Hexe bzw. Hexenmeister angezeigt werden. Nicht einmal Nachbarn konnten einander trauen. In qualvollen Folterungen erpreßte man die Namen anderer „Hexen". Dies oder allein schon die Beschuldigung durch andere reichte zur Festnahme. Wenn eine Person erst einmal der Hexerei verdächtig war, wurde sie in ein engmaschiges Netz von Vorurteilen und Anschuldigungen verstrickt, aus dem es kaum noch ein Entrinnen gab. Katastrophen, wie in Tuttlingen das Hagelunwetter 1597/98 oder die Überschwemmung von 1612, bei der danach Seuchen 306 Menschen und 840 Stück Vieh hinwegrafften, lösten Verdächtigungen aus und dienten als Vorwand für Festnahmen. Überhaupt wurden Hexen für allerhand Böses und Schreckliches verantwortlich gemacht und beschuldigt, mit dem Teufel zu paktieren. Weitere Anklagen gegen die Hexen: Krankmachen von Tier und Mensch (durch Anfassen oder Anblasen), Vernichten von Ernten, Unfrieden stiften, Unwetter machen. Auf ihren nächtlichen Zusammenkünften auf dem Heuberg und anderen Plätzen der Gegend hätten die Hexen angeblich persönlich dem Satan gehuldigt, mit ihm getanzt, geschmaust und allerhand Unfug getrieben. Viele der angeklagten Frauen und Männer gestanden, auf gesalbten Stöcken, Gabeln, Besen, auf Pferden, Hunden, Katzen und Schweinen durch die Luft geritten zu sein. Die Leute glaubten an das Märchen, die „Teufelsweiber" würden auf Schürgabeln durch den Kamin ins freie Feld hinausfahren und im Gefängnis trotz geschlossener Tür Besuch erhalten.

Der gräßliche Hexenwahn verschonte auch die hiesige Gegend nicht. Bekannt sind Hexenprozesse in Geisingen, Mühlheim, Rottweil und Tuttlingen. Verglichen mit dem gesamten Herzogtum Württemberg herrschte in Tuttlingen eine relativ starke Hexenverfolgung.

Zwischen 1602 und 1622 standen allein in Tuttlingen etwa 50 Personen wegen Hexerei vor Gericht. Seltsamerweise wurden in Tuttlingen keine Männer, sondern nur Frauen aus ärmlichen Verhältnissen angeklagt. Das Tuttlinger Stadtgericht vertrat die Auffassung, daß wohlbegüterte, reiche Frauen die Hilfe des Satans nicht nötig hätten. In Tuttlingen wurden viele Verdächtige eingesperrt, die örtlichen Gefängnisse waren überfüllt. Eingesperrt wurden die Frauen im „Tuttlinger Turm", der heute noch neben dem Fruchtkasten steht, oder im 1803 durch Brand zerstörten Gefängnisturm, der an den Fruchtkasten angebaut war.

Fast jedes Jahr sah das Volk Enthauptungen und Verbrennungen von Hexen. Dieses Schicksal erlitt auch die berüchtigte Ursula Kromer, die in Armut lebte und kein Geld besaß, um Schmalz zu kaufen. Aus Kummer und Not verschrieb sie sich beim Erdbeerensammeln in der Grafenhalde dem Teufel. Die Ankläger warfen ihr vor, in der Nacht mit drei Helfershelferinnen Hans Menger umgebracht zu haben, „indem sie den Wagen über ihn hergeworfen hätten". Ursula Kromer gestand, am Tod von zwei Kin-

Hexendarstellung aus dem Mittelalter

dern, der Krankheit der Pfarrersmagd und der Schädigung von fünf Stück Vieh schuldig zu sein.
Mit dem Spruch „Wohlauf und an, stoß niemand an" sei sie durch den Kamin zum Hexentanz auf Gürtlingers Garten hinausgefahren. Der Teufel soll der Kromerin in ihrem Garten einmal „eine grüne Salbe" gegeben haben, die sie über sich geworfen habe, worauf ein Reis entsprungen sei. Der Teufel habe sie geschlagen und mit ihr gerauft, als sie ihm nicht mehr gehorchte. Die Magd des Dekans beschuldigte Ursula Kromer, im Pfarrhaus „einen Schenkel der krank darnieder liegenden Magd in die Hände genommen mit dem Wunsch, daß 'Gott sie behüt!'". Seitdem plagten die Magd solche Schmerzen, „daß sie nicht mehr stehen konnte". Das könne nur ein böses Weib getan haben, meinte der Rottweiler Nachrichter. Man beschuldigte Ursula Kromer, diese Tat nur aus Rache verübt zu haben, weil sie und ihre Tochter im vergangenen Sommer von der Magd weder Milch noch Rahm erhielten. Andere Zeugen schoben der Kromerin die Schuld zu, weil ihr Vieh keine Milch mehr gab. Da sie ihre Schuld zuerst nicht eingestand, wurde sie auf die Folter gespannt und mußte höllische Qualen erleiden. Ursula Kromers Tochter, die Braungreterin, war ebenfalls als Teufelsweib angeklagt. Man warf auch ihr vor, auf Ofengabeln zum Tanz und Schmaus der Hexen am hohen Turm hinauszureiten. Die Braungreterin wurde beschuldigt, „Unwetter gemacht, des Brechts Weib geunholdet (verhext), den Kühen die Milch entzogen, ein Kind angeblasen, daß es krank wurde, Geißen und Schweine gelähmt" zu haben.
Ursula Kromer und ihre Tochter starben durch Feuer und Schwert.
In Tuttlingen wurden viele andere Angeklagte beim Hochgericht enthauptet. Dies befand sich an der Stelle, an der heute das Haus Zeppelinstraße 15 steht, oberhalb des Weges nach Neuhausen ob Eck.

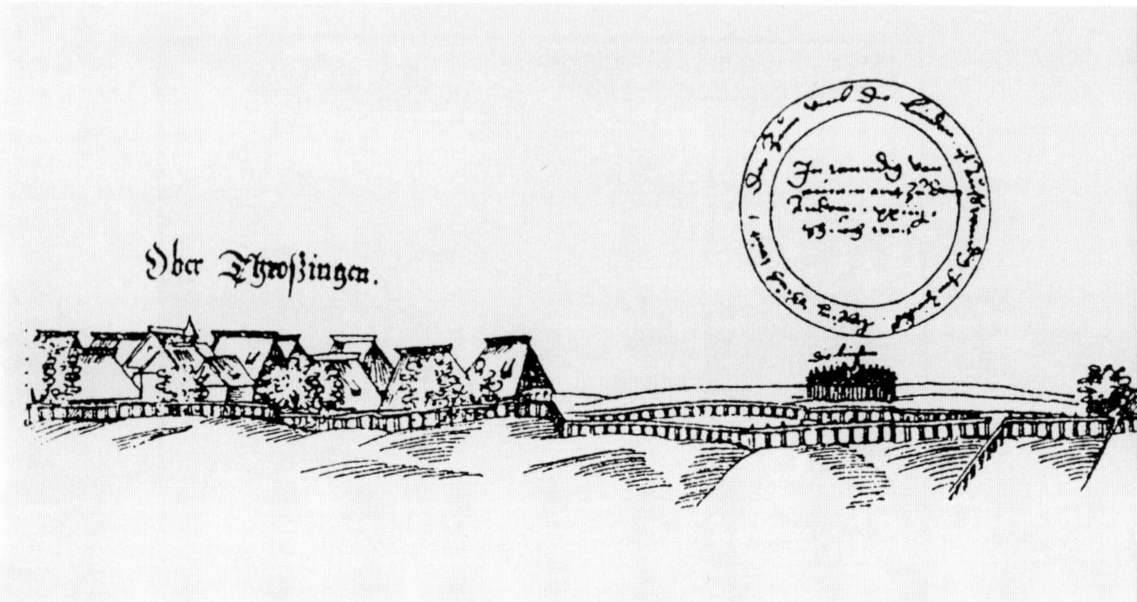
Trossingen zur Reformationszeit

Johannes Spreter, der Reformator von Trossingen

Im Spätmittelalter war die Kirche reformbedürftig geworden. Der Papst und die Bischöfe waren meist nur auf die Mehrung ihrer Macht und ihres Reichtums bedacht, viele Geistliche waren ungebildet und vernachlässigten die Seelsorge.
Als dann noch der Ablaßhandel die Gläubigen in Deutschland beunruhigte, fanden die 95 Thesen des Augustinermönchs Martin Luther, die er am 30. Oktober 1517 an die Schloßkirche in Wittenberg anschlug, auch in unserer Heimat große Beachtung.

Zu den Geistlichen, denen eine Erneuerung des christlichen Glaubens am Herzen lag, gehörte auch Johannes Spreter, der Reformator von Trossingen.
Er entstammte einem alten Rottweiler Patriziergeschlecht und wurde kurz vor 1500 geboren.
Nach dem Studium der Theologie hielt er sich am Hof des Bischofs von Konstanz auf.
1520 verlieh ihm der Abt des Klosters Reichenau die

Pfarrei Trossingen. Die Gemeinde zählte damals etwa 350 Einwohner und galt als wohlhabend. Das Dorf besaß zwei Kirchen.

Im Unterdorf stand, seit der Bekehrung der Alemannen zum Christentum, die der Jungfrau Maria geweihte Pfarrkirche. Die Bewohner des Oberdorfs besuchten die Messe in der St. Anna-Kirche, wo ein Kaplan amtierte.

Als Spreter 1524 Pfarrer von St. Stefan in Konstanz wurde, stand er noch treu und fest auf dem Boden des katholischen Glaubens. Den Gottesdienst und die Amtsgeschäfte in Trossingen ließ er in dieser Zeit durch einen Vikar versehen. Doch schon 1526 finden wir Spreter an der Seite der Konstanzer Reformatoren Blarer und Zwick.

In der St. Stefans-Kirche führte er die evangelische Predigt ein. Er verfaßte auch eine neue Gottesdienstordnung für seine Kirche und fand dabei große Zustimmung in der Bürgerschaft.

Als aber Spreter im Jahre 1527 heiratete, lud ihn der Bischof vor sein Gericht und entzog ihm die Pfarrei Trossingen. Außerdem weigerte sich der Abt von Reichenau, ihm weiterhin sein Gehalt zu bezahlen. Doch seine Gemeinde ließ ihn nicht im Stich, und der Rat der Stadt unterstützte ihn mit 200 Gulden jährlich.

In dieser Zeit hat Spreter auch versucht, seine Vaterstadt Rottweil zur Annahme der Reformation zu bewegen. Er richtete eine Schrift an den Magistrat, jedoch ohne Erfolg. Die Rottweiler sperrten Spreters Boten in den Turm, verurteilten das Büchlein als ketzerisch und ließen es vom Henker öffentlich auf dem Marktplatz verbrennen. 1532 kam Spreter als Pfarrer nach Geislingen a. d. Steige, wo er sich aber mit seinen Kollegen nicht vertrug.

In St. Georgen, wohin er dann berufen wurde, duldete der Abt des Klosters keinen evangelischen Prediger auf der Kanzel, so daß Spreter unverrichteter Dinge wieder abziehen mußte.

Inzwischen war Herzog Ulrich nach langer Verbannung 1534 wieder nach Württemberg zurückgekehrt und hatte gleich mit der Reformierung seines Fürstentums begonnen. Im südlichen Landesteil stand ihm dabei Ambrosius Blarer zur Seite.

Auf dessen Vorschlag hin übernahm Spreter seine alte Trossinger Gemeinde wieder, wo er dann anstelle der katholischen Messe den evangelischen Predigtgottesdienst einführte. Im Jahre 1547 ist er hier gestorben.

Als Ambrosius Blarer im Sommer 1535 die Reformation von Stadt und Amt Tuttlingen durchführte, fand er in Trossingen zu seiner Freude schon eine evangelische Gemeinde vor. Der Kaplan der St. Anna-Kirche im Oberdorf wollte beim alten Glauben bleiben und verließ Trossingen. Diese Kirche wurde geschlossen und ihre Einkünfte mit denen der Marienkirche vereinigt.

Neben seinem Pfarramt entfaltete Spreter eine umfangreiche schriftstellerische Tätigkeit. Neun theologische Werke tragen seinen Namen. Einige davon widmete er 1543 Herzog Ulrich, wie die Schrift „Christliche Instruktion und Erklärung fürnehmster Artikel des Glaubens".

In seinen Büchern zeigt er sich als sehr belesener Mann, der sich in der Bibel und in den Kirchenvätern gut auskennt, aber auch mit den Werken der griechischen und römischen Klassiker und den Schriften der Reformatoren wohl vertraut ist.

Johannes Spreter lebte in der Hoffnung, daß sich das Evangelium gegen alle Feinde durchsetzen werde. Dies drückt auch sein Wahlspruch aus: „Nach der Finsternis hoffe ich auf das Licht!"

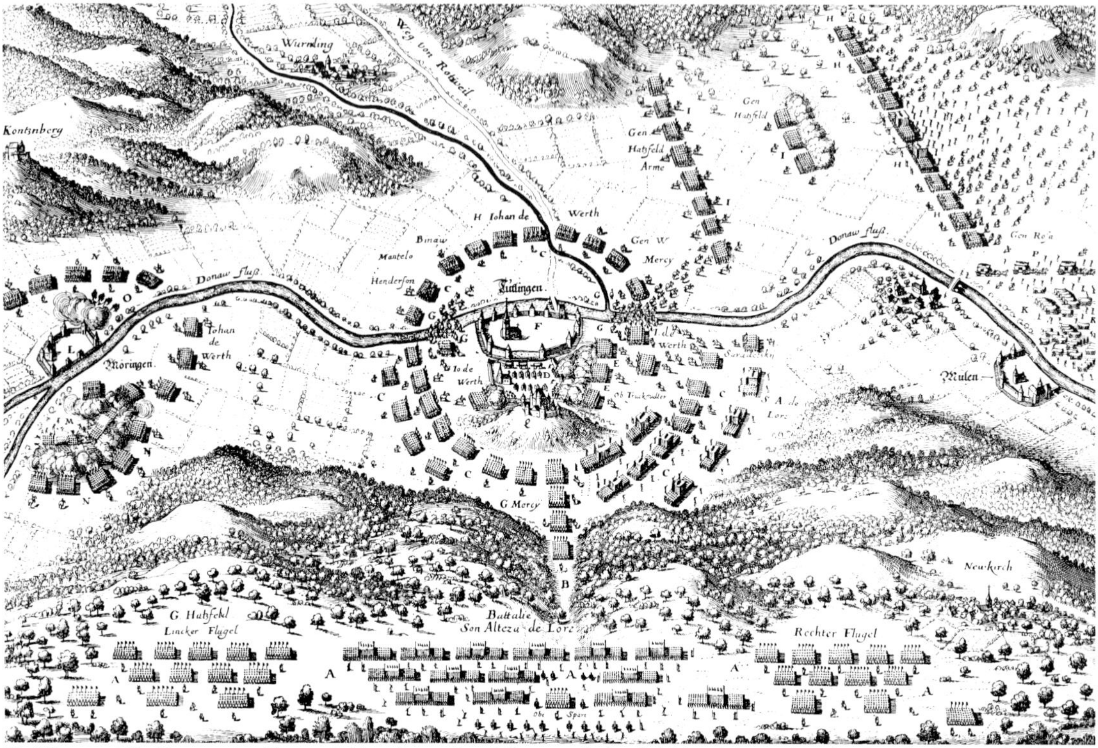

Tuttlingen / Dutlingen. Im Donautal in einem fruchtbaren Ackerfeld (welches aber hart zu bebauen ist) in der Runde gelegen. Das außerhalb der Stadt auf einem schönen, hohen, runden Berg gelegene Schloß wird Honberg genannt (um 1400 gebaut)... Das Wappen der Stadt ist zum Teil wie das württembergische: nämlich drei schwarze Hirschhörner in gelbem Feld. Nach: Merian, Topographia Germaniae, um 1643.

„Der Blutstrom floß das Untere Tor hinaus"

Szenen aus dem Dreißigjährigen Krieg

Nachdem eine pestartige Seuche in den Jahren 1585 bis 1589 die Bevölkerung um ca. ein Drittel dezimiert und in Not gebracht hatte, kam mit dem Jahre 1618 der Dreißigjährige Krieg.

In der Wut über Mißachtung zugesicherter Religionsfreiheit warf man zu Prag drei Regierungsbeamte aus dem Schloßfenster in den Graben hinab. Die Herren fielen weich auf einen Haufen Mist.

Von diesem Ereignis an nahm der Krieg seinen Anfang und wuchs von Böhmen über das ganze deutsche Land. Die beiden Kriegsparteien waren die kaiserlich – und damit katholisch – eingestellte Liga und auf der anderen Seite die Union der protestantischen Fürsten. Im Verlauf des Krieges änderte sich diese Zusammenstellung mehrfach, und schon nach wenigen Jahren war aus dem Krieg um den Glauben ein Krieg um die Macht geworden, in den auch die Schweden, Spanier und Franzosen eingriffen. Die meisten Menschen wußten nicht einmal, weshalb er geführt wurde.

Wie roh und brutal der Krieg verlief, zeigen folgende Augenzeugenberichte aus unserer Gegend:

Auszug aus einem Brief des „Kellers" Hans-Konrad Müller von Tuttlingen:

„...Ich wollte eben sehen, wie es mit meinem Weib und meinen Kindern stehe, da wurde ich von etlichen Polacken (gehörten zur Nachhut des kaiserlichen Regiments), deren keiner über 25 Jahre alt war, auf der Stadtmauer abgefangen. Sie suchten mich auf und nahmen alles, was sie bei mir fanden. Dann zwangen sie mich, mit ihnen in mein Haus zu gehen. Sie entsetzten sich wegen der vielen Kranken. Ich war von Herzen froh, daß ich wieder bei meinem Weib und den fünf kleinen Kindern sein konnte. Sie stellten eine Wache auf die Treppe und vor beide Haus- und Hoftüren. Unterdessen kochten sie von allem, was sie noch im Hause übrig fanden. Dann riefen sie mich zum Nachtessen. Weil ich keinen Wein mehr hatte, gab es Essig mit Wasser vermischt zu trinken. Ehe wir aber vom Tisch aufstanden, kam ein deutscher Offizier mit etlichen Dienern. Dieser war offensichtlich von ihnen angefordert worden, weil keiner von ihnen deutsch reden konnte. Dieser aß auch ein wenig, wollte mich dann aber zwingen, ihm Wein zu verschaffen. Ich entschuldigte mich wahrheitsgemäß, daß ich keinen Tropfen Wein mehr hätte. Der Offizier wollte es aber nicht glauben. Ich sollte ihn in den Keller führen. Als wir hinunterkamen, ließ er sofort die Tür versperren. Er verlangte von mir alles Geld, das ich hätte, sonst müßte ich auf der Stelle sterben. Er ließ mir beide Arme oberhalb der Ellenbogen auf dem Rücken zusammenbinden und mich rücklings auf den Boden werfen. Darauf prügelten mich die Knechte mit ihren Jataganen (lange, türkische Säbel) so ab, daß ich vor Schmerzen und Schreien oft keinen Atem holen konnte. Das hörte der deutsche Dragoner-Wachtmeister, der beim oberen Tor am Amtshaus Wache hatte. Er schrie in den Keller herunter, warum sie mit den armen Bürgern so unmenschlich umgingen. Darauf ließen sie nach. Ich habe mich erboten, ihnen alles Geld zu geben, sie sollten mich nur nicht so peinigen. Da haben sie mich aufgerichtet und so gebunden zu meinem Weib und zu meinen Kindern in die Stube geführt. Da haben sie alles durchsucht. Was sie an silbernen Löffeln und Gürteln noch unter dem jüngsten Kind in der Wiege verborgen fanden, nahmen sie alles weg..."

Der Bürger und Hufschmied Bartholomäus Kindler von Mühlheim berichtet im Mühlheimer Stadtprotokoll von den schrecklichen Nöten in jener Zeit:

„Nachdem Mühlheim in den vergangenen Jahren verschiedenen Truppen als Quartier gedient hatte, traf 1633 der schwedische Oberst Farboß mit über 1 000 Reitern ein. Er wurde nach kurzem Aufenthalt vom kaiserlichen Oberst Goß mit 4 000 gut ausgerüsteten Reitern überfallen und bis auf 300 Mann niedergemacht. Alle Straßen und Gassen waren bald mit Verwundeten und Toten angefüllt. Der Blutstrom floß durch das Untere Tor hinaus längs der Ortssteige bis zur Donau und färbte ihr rechtes Ufer ein Stück weit rot. Die Schweden flohen nach Nendingen, wohin sie Goß verfolgte und nochmal 200 Mann erschlug.

Obwohl die Schweden vernichtend geschlagen worden waren, war von dieser Zeit an Mühlheim fortwährend stark mit schwedischen Truppen besetzt. Die Not war hier so groß, daß die Einwohner meistens nur noch in Wäldern und Felshöhlen sich aufhielten, namentlich in der Felshalde, im Hündlistal, in Buchhalden und im Lippachtal. Doch auch hier wurden sie aufgesucht, unmenschlich gequält, vertrieben oder getötet. Einmal kamen nachts um 11 Uhr nach dem Abzug der erfolglosen Belagerung von Konstanz 300 schwedische Reiter hier an und nahmen das Vieh, das noch gerettet worden war, weg. Die wenigen Einwohner des Städtchens entsprangen meistens im bloßen Hemd und flohen nach allen Seiten. Mann und Weib, Eltern und Kinder sahen sich manchmal acht Tage lang, manchmal gar nicht mehr. Häufig kam es vor, daß ein Mensch vier bis acht Tage lang keine menschliche Nahrung zu sehen oder zu genießen bekam. Die Not war überall und in allem furchtbar. In der ganzen Herrschaft Mühlheim war kein lebendiges Haustier mehr zu finden und manchmal 10 bis 20 Wochen lang kein Schmalz und kein Salz zu sehen. Eßfrüchte waren nächsten Orts nur in Schaffhausen in der Schweiz zu bekommen. Wer es vermochte, zog fort in die Schweiz, und wer das nicht konnte, lebte nur noch von der tierischen Nahrung im Walde. 1633 gab es nur noch 10 Bürger in Mühlheim.

1635 stiegen Teuerung und Hungersnot noch höher. Viele Leute lebten nur noch von Wurzeln wie die Schweine. Die Eicheln wurden gemahlen und zu Brot verarbeitet. Viele Leute starben den Hungertod. Leute, welche ganze Bauerngüter besaßen, zogen als Bettler hoffnungslos in die Welt hinaus. Hausgeräte, Betten, Hand- und Feldgeschirre aller Art wurden in die Schweiz getragen, weil man in der Heimat nirgends einen Käufer fand. Aus dem Erlös wurden Eßfrüchte gekauft und zur Saat verwendet. Damit aber alles Maß von Not und Elend übervoll werde, wurde der Samen zum größten Teil von Feldmäusen gefressen und was übrig blieb durch ein Hagelwetter am 10. August fast ganz vernichtet."

Nun kam noch die Pest. Der Chronist Kindler verlor in wenigen Tagen seine acht Kinder, wovon zwei in einen Sarg gelegt wurden.

Das Kreisgebiet Tuttlingen kurz vor 1800 – Skizzierung der territorialen Verhältnisse

Noch einmal davongekommen

Wie schon so oft in der Trossinger Geschichte waren wieder einmal die Schrecken des Krieges über die wehrlosen Bewohner des Dorfes hereingebrochen. Im Jahre 1800 hatte eine französische Armee unter dem Ersten Konsul Napoleon Bonaparte das schlechtgeführte österreichische Heer über den Schwarzwald hinweg verfolgt und ganz Württemberg besetzt. In einem Jahr hatte Trossingen nicht weniger als fünf Einquartierungen von österreichischen und französischen Soldaten über sich ergehen lassen müssen, als schon wieder neue Truppen angekündigt wurden.

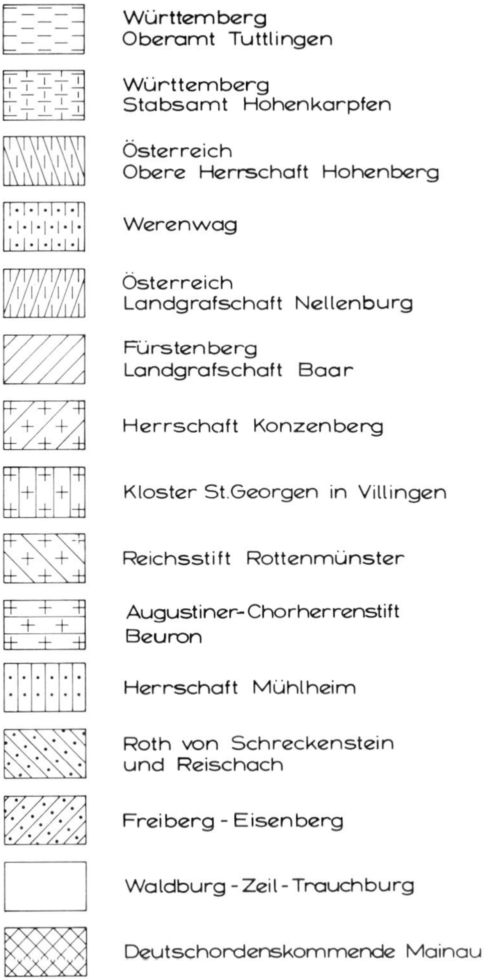

An einem Abend im Oktober kam ein französischer Offizier vor das Haus des Vogts Meßner geritten, stieg vom Pferd und begab sich zu Meßner in die Wohnstube. Mit der barschen Frage: „Sie sind der Vogt?" trat er ohne Gruß ein und verlangte Quartier für 50–70 Reiter. „Sie haben für gute Unterkunft und Verpflegung zu sorgen, die Pferde müssen alle in Ställen unterkommen. Außerdem ist genügend Heu und Hafer bereitzustellen!" Zum Schluß forderte er noch bequeme Privatquartiere für die Offiziere und drohte mit einer empfindlichen Strafe, falls der Vogt seinen Wünschen nicht nachkommen sollte.

Meßner, der nicht zum ersten Mal Ärger mit fremden Soldaten hatte, gab seinem Ärger mit einem Schimpfwort Ausdruck.

Wütend zog daraufhin der Kriegsmann seinen Säbel und wollte auf den Vogt einhauen. Dabei hatte er allerdings nicht mit der niedrigen Bauweise der Trossinger Bauernstuben gerechnet, ein Deckenbalken fing den Schwerthieb auf, und es gelang Meßner, aus der Reichweite seines Gegners zu flüchten.

Doch schon am nächsten Morgen stand ein französischer Artillerie-Offizier vor der Tür und forderte für das unehrerbietige Verhalten des Vogts die Summe von 100 Gulden. Würde das Geld nicht pünktlich bis um 10 Uhr bezahlt, so habe eine vor dem Dorf aufgefahrene Batterie den Befehl, Trossingen in Grund und Boden zu schießen.

Die durch das Läuten der Kirchenglocken zusammengerufenen Bewohner zeigten sich darüber sehr bestürzt. Wer sollte das bezahlen? Durch die vielen Einquartierungen gab es kaum noch bares Geld in der Gemeinde, und man gab dem Vogt mehr oder weniger deutlich zu verstehen, wen man für den Schuldigen an dem ganzen Unglück halte. Die Zeit verrinnt, schon schlägt es zehn, als die geforderten 100 Gulden endlich beisammen sind. Zusammen mit seinem Feldschütz macht sich Meßner auf den Weg, den Franzosen das erpreßte Geld auszuhändigen.

Da kracht auch schon ein Schuß! Zum Glück ist nirgends etwas von einem Einschlag zu sehen. Vermutlich hatten die Kanoniere Napoleons nur Pulverdampf gemacht, um ihren Forderungen mehr Nachdruck zu verleihen. Die beiden Parlamentäre ziehen ihre Leinenkittel aus und schwenken sie wie weiße Fahnen, worauf die Franzosen das Feuer einstellen. Trossingen ist gerettet!

Nach der Zählung des Geldes durfte der Feldschütz gleich wieder nach Hause gehen, doch der unglückliche Vogt wurde, an sein Pferd gebunden, nach Rottweil abgeführt. Spät am Abend kam er zurück, ohne jemals ein Wort darüber zu verlieren, was er dort noch alles hatte ausstehen müssen.

Gedankt hat dem Vogt Johannes Meßner niemand dafür, und seine Mitbürger waren schlecht auf ihn zu sprechen, solange er lebte.

„Die gute alte Zeit"– als 13jähriger Roßbube in Stetten zu Beginn des 19. Jahrhunderts

Pfarrer Lorenz Lang erzählt von seiner Kindheit:

„In meinem Dorfe befand sich damals ein Bauer, Huber mit Namen, welcher zwar reich und begütert, aber wegen seiner Händelsucht, Hitze und Filzigkeit und anderer Übel auch sehr verrufen war. Dienstboten, welche zu ihm kamen, hielten es nicht bei ihm aus. Oft bekam er gar keine.
Gerade damals, als ich meinen Entschluß, von zu Hause fortzugehen, gefaßt hatte, hatte er keinen Roßbuben. Zu ihm ging ich also hin, ihm meinen Dienst anbietend. So wenig er Vertrauen in meine künftigen Leistungen setzte, konnte er mich doch nicht abweisen, weil er sonst gar keinen Dienstbuben erhalten hätte. Abends nach der Betglocke kam er zu meinem Vater und machte es mit ihm wegen des Lohnes und der Zugehör aus. Und jetzt war ich Roßbube. 'Ihr alle, die ihr mich Tagedieb und Taugenichts nanntet, wißt jetzt: ich bin Roßbube', dachte ich stolz, wie ein Spanier. In der Woche vor dem Palmsonntag 1814 hatte ich meinen Dienst angetreten. Ach! Der kurzsichtige, unbesonnene Knabe, hatte vieles übersehen, was ihm später sehr viel Leiden verursachte.
Mein Dienstherr hatte 5 Pferde und 3 Ochsen, vorn im Stall waren die Pferde und hinten die Ochsen und Kühe. Stall und Scheuer standen mit dem Wohnhaus in Verbindung. Ein zweites, meinem Dienstherrn gleichfalls zugehöriges Haus stieß unmittelbar an das Wohnhaus. Die Dunglege war drüben über der Gasse, die am Hause vorbeiführt. Unfern von ihr befand sich der Brunnen , ein sogenannter Schöpf- oder Galgbrunnen, aus dem das Wasser im Eimer wenigstens 30 – 40 Fuß mühsam heraufgezogen werden mußte. Hinter und neben dem Haus befand sich ein Garten. In demselben keine Obstbäume.
Die Familie bestand im Bauer, seinem Weib Monika, einem kleinen Knaben, welcher bald nachher starb, einer rothaarigen Magd Franziska und mir. Im Sommer gesellten sich zu uns Taglöhner und Aushelfer. Was meine Pferde betrifft, dürfte ich sie nicht sehr fürchten, sie waren sehr mager und elend, so daß sie kaum die eigene Haut zu tragen vermochten. Wenn ich auf einem ritt, war's, als ob ich auf einem spitzigen Holzscheit sitze.
Mein Bauer hatte nur zwei Seiten, von welchen er sich mir zeigte: entweder war er böse, und dann hörte ich nichts als Schimpf- und Lästerworte, oder er war gut und heiter, dann war sein ganzes Wesen Ironie und Spott. Wie er immer war, beides schnitt mir durch Mark und Bein, beides vernichtete und zermalmte mich. Seine Frau war nicht besser, sondern noch schlimmer. Aus ihrem Munde hörte ich, solange ich da war, auch nicht ein einziges erfreuliches Wort. Sie sagte alles mit solchem Gift und solcher Malitiosität, daß ich sie noch weit mehr als den Bauern fürchtete. Die Magd, obwohl selbst Dienstbote und solchen Geschäften zugewiesen, welche mit meinen Arbeiten weniger in Berührung kamen, ermangelte nicht, mir meinen Aufenthalt in diesem Hause recht bitter zu machen. Es ist gewiß damit genug gesagt, wenn ich kurz anführe, von ihr mehr als einmal Schläge bekommen zu haben.

Meine Geschäfte richteten sich nach der Jahreszeit. Morgens früh, im Winter um 4 – 5 Uhr, im Sommer 2 – 3 Uhr mußte ich aufstehen, um die Pferde zu füttern, zu putzen und zugleich den Stall zu reinigen. Im Sommer waren wir oft schon um 2 Uhr beim Pflügen oder auf dem Wege, Erz zu führen. An den Nachmittagen, wenn es nicht Ernte, Heuzeit oder Sätage waren, mußte ich die Pferde hüten. Das Hüten traf mich auch alle Sonn- und Festtage des ganzen Jahres, wenn man noch die Pferde austreiben konnte. Von der Anhörung einer Predigt oder Anwohnung einer Hl. Messe war weit und breit keine Rede. War's im Herbste, wo die Pferde unter einem eigenen Roßhirten auf die Wiesen getan wurden, so mußte ich schon um 12 oder 1 Uhr aufstehen. Im Winter half ich dreschen und wenn dieses ausging, mußte ich Futter machen und Holz spalten. In die warme Stube kam ich erst nach dem Nachtessen, wenn ich es nicht vorzog, sogleich mich zu Bett zu legen. Die Kost war genügend und nicht schlecht, allein ich aß mich selten satt, weil ich zu große Furcht vor dem Bauer und seiner Frau hatte. Sie sahen es ungern, wenn ich zuweilen zu Hause bei meinen Eltern Besuch machte, darum fand dieses selten statt.
Wie es mir in diesem Hause zu Mute gewesen, da ich das traute, liebe und sanfte Mutterwort gewöhnt

war, kann sich jeder vorstellen; und ich setze nur bei, daß ich einst der Magd, welche sagte, die Kopfkissen meiner Liegestatt seien immer naß, bekannte: das komme von dem vielen Weinen her, denn viele Nächte badete ich mich in Tränen. Ich bat sie aber zu schweigen, was sie wirklich auch getan hat. Ein anderer hätte sich bald aus dieser Lage losgerissen, er wäre mit Sack und Pack fortgegangen. So wollte ich es auch machen, allein mit Schlägen und Drohungen trieb mich mein Vater wieder in den Dienst zurück.

Endlich schlug die Stunde der Erlösung. Nach den Weihnachtsfeiertagen war meine Dienstzeit aus. Mit einem Hagel der gemeinsten und pöbelhaftesten Schimpfwörter wurde ich besonders von meiner Dienstfrau entlassen. Im Elternhause selbst, wohin ich mich wieder begab, fand ich nicht die erwünschte Aufnahme..."

Blick in einen Stall mit Melkerin um 1700

Beim Ausbringen von Stallmist um 1904

Großmutter Walter erzählt ihren Enkeln von früher

„Großmutter, wie war es, als du noch klein warst?" fragen die Enkelkinder ihre Großmutter. „Erzähl uns doch, wie es früher war!"
„Es hat sich viel geändert", beginnt die Großmutter, „seit jener Zeit, als ich – so wie ihr jetzt – Zweit- oder Drittklässlerin war. Wir Mädchen hatten damals alle das Haar zu Zöpfen geflochten, schwarze selbstgestrickte Strümpfe an und genagelte schwarze Schnürstiefel. Meistens hatte man nur ein Paar Schuhe. In unserem Schulranzen war eine Schiefertafel, daran hingen an Schnüren ein nasser Schwamm und ein trockener Lappen. Zum Schreiben nahmen wir den Griffel aus dem Griffelkasten. In der dritten Klasse lernten wir das Schreiben mit Federhalter und Tinte. Das war schwierig. Tauchte man den Federhalter mit der Schreibfeder zu tief in das Tintenfaß, gab es dicke Tintenkleckse im Schreibheft und schwarze Finger dazu. Das sah dann nicht schön aus. Wir kannten damals noch keinen Tintenkiller und keine Kugelschreiber.
Morgens mußte man früh aufstehen. Zuerst zündete die Mutter im Herd in der Küche mit Papier und Kleinholz, den 'Spreißele', das Feuer an. Für diese Holzspäne und das übrige Brennholz hatten wir Kinder zu sorgen. Jeden Tag mußte man Holz aus dem Holzschopf in die Küche tragen und die Holzscheite unter dem Schüsselbrett aufbeigen. In der Küche spielte sich viel ab. Wenn man Landwirtschaft hatte, wurde in der Küche auch das Futter für die Schweine und die anderen Tiere gerichtet. In der Küche war es immer warm, weil den ganzen Tag im Herd ein Feuer brannte. Der Küchenherd war anders als heute. Er wurde nur mit Holz geheizt. An der einen Herdseite war ein Behälter eingehängt, das sogenannte Wasserschiff. Wenn das Feuer im Herd brannte, gab es hier ständig warmes Wasser. Allerdings durfte man nicht vergessen, das Wasserschiff immer wieder aufzufüllen. Auf der Herdplatte befanden sich drei Löcher, die mit Ringen abgedeckt waren. Je nach Größe der Kochtöpfe wurden Ringe abgenommen, so daß der Wulst des Topfes auf der Herdplatte auflag und der tiefe Topfboden im offenen Feuer hing. Dadurch waren die Töpfe und Pfannen unten voller Ruß, und es war nicht leicht, sie zu spülen. Eine Besonderheit war das Waffeleisen. Es hatte einen Rand, der ebenfalls auf der Herdplatte auflag. Der Teil, in dem die Waffeln gebacken wurden, konnte über dem offenen Feuer gedreht werden. Sehr praktisch war auch die Knöpflemaschine. Sie wurde auf den Herd über einen Topf mit kochendem Wasser gestellt. Man konnte mit ihr meterlange Knöpfle machen. Auch das dreibeinige Schmälz-

pfännle war eine praktische Sache. Wenn man fertig gekocht hatte, ob Suppe, Kartoffeln, Knöpfle oder Kraut, gab man noch schnell in das kleine Pfännle etwas Schmalz, machte das Herdtürle auf, stellte es in die heiße Glut und goß dann das geschmolzene Fett über die Speisen. Das nannte man Abschmälzen.
In den meisten Häusern war noch keine Wasserleitung. In der Küche auf der Bank stand ein Kübel, den man mit Wasser füllte und je nach Gebrauch mit einem Schöpfer Wasser herausschöpfte. In unserer Straße holten die Frauen am 'Schmittenbrunnen' das Wasser. Sie legten auf den Kopf einen 'Bausch' und trugen darauf den Kübel mit Wasser nach Hause. Natürlich ging man da viel sparsamer mit dem Wasser um als heute.
Damals gab es noch keinen Mülleimer. Vor jedem Haus war eine Miste. Darauf warfen wir alle die Küchenabfälle, die nicht an die Schweine oder Hühner verfüttert werden konnten. Plastiktüten und Plastikflaschen waren unbekannt. Wenn wir Essig und Öl im Kaufladen holten, brachten wir unsere Essigflasche oder die Ölkanne von zu Hause mit. Zucker und Salz bekamen wir in einer Papiertüte, die man im Herd verbrennen konnte.
Ab und zu kam mal ein Lumpensammler. Der fuhr mit einem kleinen Handwagen durch die Straßen und rief: 'Lumpen, Alteisen, Knochen, Papier, – ich zahle die höchsten Preise dafür.' Wenn wir Kinder ihm etwas brachten, bekamen wir ein 'Hälgle' (ein kleines Bild) geschenkt. Manchmal kam auch der Scherenschleifer. Er hatte ein Wägelchen mit einem Schleifstein, den er mit Treten in Bewegung setzte. Daran wurden Scheren und Messer geschliffen.
Anders war es mit den Sensen, die man zum Mähen der Wiesen und der Kornfelder benötigte. Die mußte man dengeln. Der Bauer saß vor einem Holzklotz, auf dem ein Eisen (Dengelstock) befestigt war. Darauf legte er die Sense und klopfte mit einem Hammer die Sensenschneide Stück für Stück dünn und scharf. Das nannte man 'dengeln'. In der Erntezeit hörte man im ganzen Ort oft bis in die Nacht hinein das eintönige Dengeln.
Ein Ereignis war, wenn der Ortspolizist mit der Glocke in der Hand Nachrichten vom Rathaus ausschellte. Da ging man auf die Straße oder schaute schnell zum Fenster hinaus. Der Ausscheller stellte sich mitten auf die Straße und rief mit lauter Stimme: 'Heute zwischen 5 und 6 Uhr wird auf der Freibank Rindfleisch verkauft!' – 'Ab nächster Woche wird auf dem Rathaus der Allmand neu verpachtet!' – 'Dann ist noch bekanntzugeben, daß wegen der Ansaat die Hühner in den nächsten Tagen nicht mehr frei herumlaufen dürfen. Jeder muß ab sofort seine Hühner einsperren.'
Neben dem Schmittenbrunnen war die Schmiede. Da wurden Pferde und Kühe beschlagen. Die Hufeisen wurden im Feuer, das der Schmied mit seinem Blasebalg anfachte, glühend gemacht und auf dem Amboß gehämmert. Dann wurden die Eisen auf den Hufen der Tiere festgenagelt. Ebenso wurden in der Schmiede hölzerne Wagenräder mit glühenden Eisenbändern gebunden. Wenn das Holz anfing zu rauchen oder gar zu brennen, wurde das Wagenrad schnell in den naheliegenden Schmittenbrunnen gerollt, wo es dann gewaltig dampfte und zischte.
Im Herbst ging der Krauthobler mit einem riesigen Krauthobel, den er an einem Riemen über der Schulter trug, von Haus zu Haus und hobelte die vorgerichteten Krautköpfe und die geschälten Zwiebeln in einen großen Waschzuber. Das gehobelte Kraut wurde in einer Krautstande eingestampft, immer eine Lage Kraut und dann eine Lage Salz. Zum Schluß wurde das Kraut mit einem Tuch abgedeckt, darüber kamen passende Brettchen und darauf ein schwerer Stein. Nun mußte das Kraut gären, bis daraus Sauerkraut geworden war. Den ganzen Winter hindurch und bis in den nächsten Sommer hinein gab es jede Woche einige Male Sauerkraut zum Mittagessen. Andere Vorräte waren Eier, die man in Kalkbrühe einlegte, weil die Hühner während der kalten Jahreszeit keine Eier legten. Kartoffeln, Gelbe Rüben und Obst wurden im Keller eingelagert, Fleisch und Speck geräuchert. Apfel- und Birnenschnitze dörrte man im Backofen. Mehl hatte man auf der Bühne. Davon konnte man Brot backen und Spätzle und Knöpfle machen. Kühlschränke und Gefriertruhen kannte man damals bei uns noch nicht.
Wir Kinder hielten uns, so oft es nur ging, auf der Straße auf und machten dort vielerlei Spiele: Blindekuh, Steinle hüpfen, Seilspringen allein und mit mehreren. Zwei schwangen ein großes Seil und die übrigen Kinder mußten während des Schwingens hineinspringen und nach einer Weile Innenhüpfen ungestreift wieder herausspringen. Schwierig war auch Stelzenlaufen. Wenn im Herbst die Mostfässer

Lasten wurden auch auf dem Kopf getragen

Wasser gab's an öffentlichen Brunnen

aus dem Keller geholt und gerichtet wurden, gab es oft alte Faßreifen. Mit denen konnten wir 'roafle'. Mit einem kurzen Stock wurde der aufgestellte Faßreifen die Straße entlanggetrieben. Man mußte dabei schnell neben dem Reifen herrennen und ihn mit dem Stock antreiben und gleichzeitig lenken. In den Winkeln zwischen den Häusern, hinter den Holzbeigen, in den Holzschöpfen und Gäßchen konnte man gut Verstecken spielen. Gerne spielten die Buben auch mit der 'Habergeiß', einem Holzkreisel. Der Kreisel wurde mit der Schnur der Geißel (eine Peitsche) umwickelt, auf den Boden gesetzt und die Geißel mit einem Ruck weggezogen. Machte man es richtig, fing der Kreisel an, sich zu drehen. Nun mußte er schnell mit der Geißel geschlagen werden, damit er möglichst lange tanzte.

Wenn eines von den Mädchen einen Gummiball hatte, konnten wir besonders gut das Ballspiel 'Zehnerprobe' machen. Auf zehn verschiedene Arten mußte der Ball an die Hauswand oder das Scheunentor geworfen werden: Mit einer Hand, mit beiden Händen, werfen und in die Hände klatschen, rückwärts, mit dem Knie, mit dem Kopf..., alles in einer genauen Reihenfolge. Wenn der Ball auf den Boden fiel, kam das nächste Mädchen an die Reihe, und man mußte wieder von vorne anfangen.

Wir hatten damals wenig Spielzeug, keinen Roller, kein Fahrrad, ganz selten einen Gummiball. Unsere Bälle waren meistens aus Lumpen gebastelt.

Einmal in der Woche wurde Brot gebacken. In Backkörbchen brachte man den Teig zum Backen ins Backhaus. Die Brotlaibe wurden daheim im Keller auf einer Hange aufbewahrt. Die Hange war ein breites Brett, das an vier Stangen von der Kellerdecke herunterhing, damit die Mäuse nicht an das Brot kamen. Nur an Festtagen gab es Hefekranz oder Weißbrot. Am Nikolaustag bekam man von den Großeltern einen Weckenmann und an Weihnachten einen Weckenring. Auf Weihnachten wurde auch Hutzelbrot oder 'Birrebrot' gebacken.

Fast in jedem Haus wurde noch eine kleine Landwirtschaft betrieben. Da die Väter tagsüber in der Fabrik waren, mußten wir Kinder oft den Müttern bei der Feldarbeit helfen: Beim Heuen mit dem Rechen die Wiese nachrechen und beim Abladen in der Scheune auf dem Heuboden Heu stampfen. Bei der Getreideernte wurden die Kinder immer gebraucht. Voraus mähte der Vater mit der Sense das Getreide

Große Wäsche mit Zuber und Waschbrett

Kühe und Ochsen waren die Zugtiere

um. Die Mutter kam hintendrein und nahm mit der Sichel die Halme zu armvollen Bündeln zusammen. Diese Bündel kamen dann auf Garbenseile, die wir der Mutter jeweils auf den Boden hinlegen mußten. War der Vater mit Mähen fertig, band er die Ährenbündel zu Garben zusammen.

Auch bei der Kartoffelernte mußten wir mithelfen. Nachdem die Kartoffeln mit dem Karst ausgehackt waren, las man sie in Körbe und füllte sie dann in Säcke. Das dürre Kartoffelkraut wurde auf Haufen geschichtet und angezündet. Herumliegende Kartoffeln spießten wir auf Stöcke und hielten sie in das Feuer. Diese gebratenen Kartoffeln schmeckten immer besonders gut.

Alle vier Wochen hatte die Mutter große Wäsche. Abends wurde die Wäsche im Waschzuber in Sodawasser eingeweicht. Am nächsten Morgen kam sie zum Kochen in den Waschkessel, der entweder auf dem Hof oder im Schopf stand. Mit einem großen Holzlöffel mußte man dann die heiße, gekochte Wäsche herausnehmen und in den Waschzuber legen. Wenn sie etwas abgekühlt war, wurde sie an einem Waschbrett sauber gerieben und einige Male in frischem Wasser geschwenkt. Im Sommer machte das Trocknen der Wäsche keine Schwierigkeiten. Im Winter jedoch, kann ich mich erinnern, trug man abends aus dem Garten oder von der Bühne die stocksteif gefrorenen Wäschestücke in die Stube an den Kachelofen.

War die Wäsche trocken, wurde sie gebügelt. Dazu gab es einen Stahl, der auf der Herdplatte erhitzt wurde, oder ein Kohlebügeleisen. Dieses konnte man aufklappen und mit glühender Holzkohle füllen. Damit die Kohlen auch richtig glühten und das Eisen heiß wurde, mußte es immer wieder einige Male hin und hergeschwenkt werden.

Trotz der vielen Arbeit saßen im Sommer die großen Leute abends vor den Häusern auf dem Bänkle und schwätzten miteinander. Auch wir Kinder waren noch auf der Gasse, aber nur so lange, bis bei Einbruch der Dunkelheit der Läuter vom Türmle die Betglocke läutete, dann mußten wir zu Hause sein und ins Bett. Den Läuter vom Türmle hatten wir gern, weil er beim 'Viere-Läuten' uns manchmal am Glockenseil ziehen ließ. Aber beim Betglocke-läuten verstand er keinen Spaß. 'Nach der Betglocke', sagte er immer, 'habt ihr nichts mehr auf der Gaß verloren!'"

Das KZ-Ehrenmal in Spaichingen von Roland Martin

Das Konzentrationslager in Spaichingen

Ein Schild mitten in der Stadt weist den Weg zum „KZ-Ehrenmal" in der Nähe des Friedhofes. Ein gepflasterter Pfad führt durch die Blumen- und Gemüsebeete der Stadtgärtnerei zu einem Geviert aus Buchenhecken direkt neben der Bahnlinie Tuttlingen – Rottweil. Eine Bank, eine Skulptur aus Eisenrohren, davor im Boden eingelassen fünf Steinplatten. „Den Opfern der Gewalt" steht auf der einen, die anderen enthalten als Inschrift 30 Namen von Menschen, die hier in einem Massengrab verscharrt worden sind; umgekommen im Konzentrationslager in Spaichingen, das von September 1944 bis April 1945 als eines von 77 solcher Lager in Baden und Württemberg eingerichtet worden war, als Außenkommando des KZ Natzweiler-Struthof im Elsaß, welches gegen Kriegsende bereits aufgelöst war.

Aus politischen Gründen Deportierte aus ganz Europa waren nach Spaichingen gebracht worden, um vor allem im Gewann Lehmgrube eine Montagehalle für einen Rüstungsbetrieb, die Metallwerke Spaichingen, zu errichten. Die Häftlinge wurden auch für Transportdienste eingesetzt. Etwa 160 Menschen sind nach Zeugenaussagen in diesem KZ gestorben.

Das Lager stand im Gewann „Bulzen" in der Nähe des heutigen Marktplatzes und umfaßte drei Baracken, zwei kleinere, einstökkige und eine größere mit zwei Stockwerken.

Mit der massenweisen Verhaftung von politisch unliebsamen Menschen wollten die Nazis billige Arbeitskräfte rekrutieren, der Versuch, in aussichtsloser Lage mit unmenschlichen Mitteln doch noch den Krieg zu gewinnen. Eingerichtet wurden diese kleinen KZs auf direkten Befehl des Reichsführers der SS, Heinrich Himmler. Systematische Züchtigung, unglaubliche Unsauberkeit, eine allen hygienischen Anforderungen spottende Fahrlässigkeit, ungenügende Ernährung, aufreibende Arbeitsbedingungen, Mangel an Kleidung und Schuhwerk

machten den etwa 300 bis 400 Menschen das Leben in diesem KZ in den letzten Kriegsmonaten zur Hölle. Viele zogen Selbstmord einem langen Hinsiechen vor.
Der damalige Lagerführer Schnabler erklärte einem Transport Juden, der nach Spaichingen gebracht wurde, sie hätten die Wahl zu arbeiten oder zu sterben.
Der damalige KZ-Häftling Chaim Parzenczewski, für den Spaichingen die letzte Station einer fünfjährigen Haft war, konnte beim Abmarsch der KZ-Insassen im April 1945 in Richtung Allgäu bei Kempten fliehen. „Als wir in Spaichingen ankamen, waren wir ohne Ungeziefer", erinnert er sich. „Der Lagerkommandant klärte uns auf, daß wir uns in Spaichingen befänden. Er fragte uns, ob wir Läuse, Wanzen, Mäuse oder Ratten hätten. Als wir verneinten, sagte er zu uns: 'Dann bekommt ihr es hier', was auch geschah."
Über die Spaichinger Bevölkerung, welcher Strafe drohte, wenn sie den Häftlingen helfen wollte, sagte er: „Es gab Menschen, die uns in dieser schrecklichen Hungerszeit kleinere Päckchen oder Brot auslegten auf unserem Marsch von und zur Arbeit. Groß konnten sie nicht sein, damit es nicht auffiel. Als einmal zwei Häftlinge ausscheren wollten, um sich etwas zu schnappen, sah dies ein SS-Mann und erschoß die beiden Häftlinge auf der Stelle."

Als sich zwischen Dezember 1946 und Frühsommer 1947 in Rastatt im sogenannten Kriegsverbrecherprozeß 350 Angeklagte wegen Verbrechen gegen die Menschlichkeit in den Nebenlagern von Natzweiler-Struthof zu verantworten hatten, traten als Zeugen auch Häftlinge auf, welche den Holocaust in Spaichingen überlebt hatten.
„Alle Zeugen", berichtete am 20. Dezember das „Schwäbische Tagblatt", "charakterisierten Spaichingen als ein Lager, das im Vergleich zu Dachau und selbst Auschwitz als eine wahre Hölle bezeichnet werden müßte." Hier seien die KZ-Insassen den Torturen „grausamer Kapos und SS-Wächter" ausgesetzt gewesen.
Von den zunächst zur Verantwortung gezogenen sieben Angehörigen des Wachpersonals in Spaichingen wurden drei zum Tode verurteilt, einer zu lebenslänglicher Zwangsarbeit, zwei zu 20 Jahren Zwangsarbeit und einer zu fünf Jahren Gefängnis. Später erhielt auch der ehemalige Direktor der Metallwerke, Hartmann, eine Gefängnisstrafe, weil er u. a. für die schlechte Ernährung der Gefangenen verantwortlich gemacht wurde. Von den während des Prozesses genannten 50 000 Häftlingen, die die Konzentrationslager Schörzingen, Dautmergen, Schömberg, Erzingen und Spaichingen durchlaufen mußten, sollen über 25 000 den Tod gefunden haben.
Über die Zahl der Toten des KZ Spaichingen gibt es unterschiedliche Angaben. 95 Todesfälle wurden im Spaichinger Standesamt beurkundet, wo allerdings nicht alle Toten gemeldet worden waren. 1946 sollen 110 Opfer ausgegraben worden sein. Der Spaichinger Arzt Dr. Ruffing, der als Zeuge in Rastatt aussagte – er hatte selbst zehn Totenscheine ausgestellt – schätzte die Zahl der Opfer auf rund 160. Das 1948 von Eugen Rosenfeldt, Vorsitzender des Vereins ehemaliger politischer Gefangener und der Vereinigung der Verfolgten des Naziregimes für den Kreis Tuttlingen, herausgegebene Buch „Miseris Procul Defunctis" enthält 95 Namen, darunter 24 unbekannter Herkunft, 21 Ungarn, 20 Italiener, 15 Jugoslawen, fünf Tschechen, fünf Slowaken, zwei Franzosen, jeweils einen Schweizer, Österreicher und Russen. Die Wachmannschaften versuchten, die Spuren von vielen Toten durch Verbrennen im Tuttlinger Krematorium zu beseitigen.

Das heutige Ehrenmal wurde 1963 eingeweiht, bereits 1946 stand hier ein Erinnerungszeichen aus Stein. Die Skulptur des Bildhauers Roland Martin besteht aus einer Komposition ineinander verschränkter Kreuze, in deren oberem Knotenpunkt ein Dornenkreuz zu erkennen ist.
Als Regierungspräsident Birn diese Gedenkstätte einweihte, meinte er, die Phantasie reiche nicht aus, sich das namenlose Elend dieser Menschen auszudenken. „Keine Erfindung der Propaganda, sondern furchtbare Wirklichkeit", erinnerte er an die Mißachtung des Menschen unter dem Nationalsozialismus. Er trat allen entgegen, die forderten, dies endlich zu vergessen.
Vergessenwollen sei Torheit: „Wo wir hinrühren sind Wunden, die nicht verheilt sind!" rief er aus, „wir kommen keinen Schritt weiter mit uns selbst, wenn wir vor dieser Dornenkrone nicht merken, daß sie zu uns spricht! Haben sich nicht viele Schweigen vorzuwerfen, wo sie hätten sprechen müssen, weggesehen, wo sie hätten helfen sollen?"

Jochen Kastilan

Die Lagerkirche des ehemaligen Kriegsgefangenenlagers Mühlau in Tuttlingen

Gefangenenlager in Tuttlingen

Kaum jemand in Tuttlingen denkt heute mehr daran, daß in Mühlau, wo heute die beiden Neubauten der Gymnasien stehen, einst ein Gefangenenlager war, in dem schon während des Krieges und in den Jahren danach viele tausend Menschen in Baracken hinter hohen Zäunen aus Stacheldraht schwere Zeiten als Gefangene verbringen mußten.

Als in Deutschland im Zweiten Weltkrieg die Arbeitskräfte knapp wurden, holte die Staatsführung einfach Frauen und Männer aus den Gebieten im Osten Europas, aus Polen und Rußland, die von der deutschen Wehrmacht erobert und besetzt worden waren. So wurde 1942 in Mühlau ein Barackenlager gebaut, in das Zwangsarbeiterinnen aus Rußland aufgenommen wurden, die dann in Tuttlinger Betrieben arbeiten mußten. Sie wohnten in diesen Baracken und wurden frühmorgens in Kolonnen unter Bewachung zu ihren Arbeitsplätzen geführt und ebenso am Abend wieder zurückgebracht.

Als am 21. April 1945 die französischen Streitkräfte in Tuttlingen einrückten und die Stadt besetzten, wurden die Lagerinsassen befreit.

Nun wurden deutsche Kriegsgefangene in dieses Lager eingeliefert. Ein Transport nach dem andern kam an. Da reichten die Baracken natürlich nicht mehr aus, und die Soldaten standen Tag und Nacht in Wind und Wetter im Freien, nur mit dem versorgt, was sie auf dem Leibe trugen.

Nach einiger Zeit wurde das Kriegsgefangenenlager auch zum Durchgangs- und Entlassungslager für die Soldaten aus anderen Kriegsgefangenenlagern, die in der französisch besetzten Zone beheimatet waren. Wer aus russischer, amerikanischer oder englischer

Gefangenschaft kam, mußte sich hier im „Depot de Transit No 2" einen französischen Entlassungsschein aushändigen lassen. Wenn ein Transport deutscher Kriegsgefangener an der Rampe der nahen Eisenbahnlinie entladen worden war, wurden die Soldaten zunächst gefilzt, entlaust und verhört. Wer der Waffen-SS oder einer Einheit angehörte, die auf der schwarzen Liste stand, wurde gleich wieder in Waggons verladen und kam in andere französische Gefangenenlager, meist nach Marseille oder zur Arbeit in ein Bergwerk.

Die anderen Kriegsgefangenen erhielten oft schon nach kurzer Zeit ihren Entlassungsschein und durften heim ins französische Besatzungsgebiet, das Südwürttemberg-Hohenzollern, Südbaden und den bayerischen Kreis Lindau umfaßte.

Einige Zahlen sollen belegen, wieviele deutsche Kriegsgefangene ins Lager Mühlau kamen: Im April waren es 15 000, am 1. Mai kamen 4 000, am 2. Mai 9 000, am 4. Mai waren 10 000 Kriegsgefangene im Lager. Die Zahlen wechselten ständig, weil viele Gefangene gleich wieder entlassen oder wieder weitertransportiert wurden.

Für viele tausend Gefangene aber wurde Tuttlingen auch das Tor zur Freiheit. Es müssen etwa 250 000 Kriegsgefangene gewesen sein, die das Lager Mühlau passierten.

Im Sommer 1946 bauten sich die Kriegsgefangenen im Lager eine Holzkirche, die für 200 bis 250 Gottesdienstbesucher Platz bot. Der Kriegsgefangene Carolus Vocke malte die Kirche aus, ein anderer schnitzte eine Madonna, und ein dritter schmiedete den Tabernakel. Auch als das Lager 1952 aufgelöst wurde, fanden noch bis zum Abriß der Lagerkirche im Mai 1964 dort für die Tuttlinger Bevölkerung Gottesdienste statt.

Das Altarbild von Carolus Vocke in der Lagerkirche Mühlau

1988 wurden in einem Heizkeller Wandbilder und die Bilder des Kreuzweges aus der Lagerkirche entdeckt. Sie erinnern jetzt noch an eine schreckliche Zeit und an eine Stätte des Gebetes, an der so viele trostlose Menschen neue Hoffnung schöpfen durften. Später wurde diese Kirche auch Keimzelle der Aussöhnung zwischen Deutschen und Franzosen, eine Stätte der Völkerverständigung nach den Greueln eines unseligen Krieges.

„Von de Leut"

Wer aufmerksam die Seiten im Telefonbuch seiner Gemeinde und seiner Stadt durchliest und sie mit denen früherer Jahre vergleicht, wird leicht feststellen können, daß zu den bekannten Familiennamen seines Ortes viele „fremde" hinzugekommen sind. Einwanderungen fanden zu jeder Zeit statt. Genauso ist es mit den Auswanderungen. Die Bevölkerung eines Dorfes, einer Stadt oder eines Landes verändert sich in ihrer Zusammensetzung. Menschen kommen und gehen. Die Einwanderer bringen neue Gedanken, Sitten und Gebräuche ihrer Heimat mit, das gleiche geschieht mit den Auswanderern. Was sind die Gründe für diese Bevölkerungsbewegungen, die zum Teil zu wahren Völkerwanderungen anschwollen? Da gibt es vielerlei Dinge. Viele mußten ihre Heimat verlassen, weil wirtschaftliche Not, Krieg, Verfolgungen aus religiösen oder politischen Gründen sie dazu zwangen, andere hofften, in fremden Ländern bessere Lebens- und Arbeitsbedingungen zu erlangen. Die Verheißungen ferner Länder waren verlockend. Diejenigen, die gingen, waren meist die Unternehmungslustigen, die ihr Schicksal beherzt in die Hand nahmen. Im 18. Jahrhundert wanderten viele aus unserer Gegend nach Polen, Ungarn und Südosteuropa aus. Sie wurden angeworben von fremden Landesherren, die ihnen Land und ein besseres Leben versprachen.

1793 zog es den Schuhmacher Josef Zepf aus Dürbheim in die Ferne. Wie andere Dürbheimer schon vorher, wollte er nach Philippova in Ungarn auswandern, wo sich schon mehrere aus seiner Heimatgemeinde niedergelassen hatten. Die zuständige Behörde in Ungarn versprach dem Schuhmacher einen „Grund von halber Ansässigkeit in Philippova", doch müsse er dafür 200 oder 300 Gulden mitbringen. Die würden reichen, um das notwendige Pferd und den Wagen zu beschaffen, das man zur „Bauerey" brauchte. Ganz arme Leute wollte man also auch nicht.

40 Jahre früher, 1753, wanderten viele Bewohner aus der südlichen Baar ebenfalls nach Ungarn aus. Joseph Schmutz, ein aus Ungarn zurückgekehrter Bürger aus Kirchen-Hausen, der als Werber tätig war, verursachte diese Massenauswanderung. Er brachte viele Menschen dazu, der Heimat den Rükken zu kehren.

Zwei Fälle von Hunderttausenden: In der Zeit zwischen 1700 und 1820 wanderten 27 Menschen aus Spaichingen nach Ungarn aus. Von 1799 bis 1801 zogen allein 31 Trossinger nach „Preußisch Polen", in jene Gebiete, die der preußische König nach den Teilungen Polens erhalten hatte. Nach den Hungersnöten in den 1840er Jahren schwoll die Auswanderungswelle stark an. Amerika war das Ziel.

Waren es z. B. in Spaichingen zwischen 1841 und 1850 noch 21 Amerika-Auswanderer, so schnellte ihre Zahl ein Jahrzehnt später auf 100 hoch. Übrigens, ein Umzug von Spaichingen ins badische Villingen war zu jener Zeit auch schon eine Auswanderung, da Baden Ausland war. Insgesamt 226 Spaichinger suchten zwischen 1841 und 1918 in Amerika ihr Glück.

Nach dem Zweiten Weltkrieg kehrte sich die Geschichte um. Viele Millionen Menschen mußten infolge des Krieges ihre Heimat in Ost- und Südosteuropa verlassen, sie wurden vertrieben, oder sie flüchteten in den freien Teil Deutschlands. Jede Gemeinde unseres Landkreises hat Vertriebene und Flüchtlinge aufgenommen. Ihr Anteil an der Bevölkerung einer Gemeinde war und ist sehr hoch, obwohl das kaum noch jemand merkt. Er betrug z. B. 1961 in Wehingen 38,4%, Gosheim 32,2%, Immendingen 30,8%, Spaichingen 26,7%, Trossingen 23,2%, Tuttlingen 22,9%, Balgheim 21,0%, Denkingen 19,7% und Rietheim 17,0%.

Diese Menschen aus Osteuropa, sie waren Deutsche wie die einheimische Bevölkerung, halfen kräftig mit beim Aufbau des kriegszerstörten Deutschland. Noch heute kommen viele Menschen aus diesem Teil Europas zu uns: Aussiedler aus der Sowjetunion, Rumänien, Polen und anderswo. Diese sogenannten Aussiedler, die jetzt zu uns kommen, sind die Nachfahren jener Menschen, die im 18. und 19. Jahrhundert zum Teil aber auch schon weit früher von Deutschland in den Osten und Südosten Europas gezogen sind.

Seit 30 Jahren ist unser Land auch das Ziel zahlreicher Auswanderer aus anderen Ländern. Anfang der 60er Jahre versuchte die deutsche Regierung, den damals herrschenden Arbeitskräftemangel dadurch zu beheben, daß sie tüchtige Leute in Italien, Griechenland, Spanien, Portugal, Jugoslawien und der Türkei anwarb, damit diese bei uns arbeiten – es waren die „Gastarbeiter", wie man sie nannte. Und viele kamen, sie wurden und sind unverzichtbar für uns geworden. Ohne sie würden die Maschinen in vielen Fabriken stillstehen und wäre unser Wohlstand nicht so hoch. Diese zweite Welle der Einwanderung in unser Land dauerte bis etwa 1973. Die Menschen haben bei uns Familien gegründet, und ihre Kinder besuchen die gleichen Schulen und Einrichtungen wie die Deutschen.

Ein dritter Einwandererstrom mit wieder einer anderen Personengruppe kam dann Ende der 1970er Jahre in unser Land. Wegen politischen und religiösen Verfolgungen mußten zu jeder Zeit Menschen ihr Land verlassen, so auch heute.

Wir, denen es gut geht, sind verpflichtet, verfolgte und an Leib und Leben bedrohte Menschen aufzunehmen. Es ist quasi eine Dankesschuld, die wir abtragen wollen. In der Zeit der schrecklichen Hitlerdiktatur suchten Deutsche in anderen Ländern Zuflucht und fanden sie. Weil damals vielen deutschen Männern, Frauen und Kindern geholfen wurde, haben die Verfasser des Grundgesetzes das Asylrecht in unserer Verfassung verankert.

Wir haben aus unserer Geschichte gelernt und wollen Verfolgten helfen und Schutz bieten. Menschen aus fremden Ländern bringen Leben und Farbe, andere Sitten und Gebräuche zu uns. Sie tragen mit neuen Ideen und mit ihrer Tatkraft dazu bei, unser Leben und unsere Umwelt interessanter zu gestalten.

699)2 Tuttlingen.

Abschied.

Vor meiner Abreise nach Amerika, lade ich Verwandte, Freunde und Bekannte zu meinem Abschied auf Samstag Abend in die Bierbrauerei z. „Löwen" freundlich ein.

Joh. Friedrich Teufel,
Fruchtwägers.

Tuttlingen.

Auswanderer nach Amerika

befördert mittelst Post-Dampfschiffen & Segelschiffen 1. Klasse
der Bezirks-Agent
Fr. Frick, Schullehrer.

Tuttlingen.

Für Auswanderer & Reisende nach Süd- & Nord-Amerika.

Regelmäßige Fahrgelegenheiten mit Dampf- & Segelschiffen ab Bremen & Hamburg vermittle ich zu den billigsten Preisen.

Abfahrten der Dampf-Schiffe:
Den 2. und 16. Juli und 1 August.
Abfahrten der Segel-Schiffe:
Den 1. und 15. eines jeden Monats.
Nähere Auskunft ertheilt der Agent:
Conditor Schad.

Abschied.

Vor meiner Abreise nach Amerika lade ich Freunde und Bekannte auf heute Samstag Abend 8 Uhr in die L. Storz'sche Brauerei freundlichst ein.

Jakob Hilzinger,
1924)1b Mezger.

„Von dr Sproch"

Im Vorhof der alemannischen Mundart

Unser Landkreis weist eine interessante sprachliche Besonderheit auf. Mitten durch den Kreis geht von Nordwesten nach Südosten die Sprachgrenze zwischen der alemannischen und der schwäbischen Mundart.
Eigentlich sind es zwei Grenzen, die zu beachten sind: Die Südgrenze des Schwäbischen, die bei Trossingen in den Kreis hereinkommt, an Tuttlingen vorbei geht und in Richtung Meßkirch den Kreis wieder verläßt. Das andere ist die Nordgrenze des Alemannischen, die etwa bei Talheim in den Kreis hereinkommt, an Tuttlingen-Möhringen vorbeigeht und über Emmingen-Liptingen in Richtung Stockach den Kreis verläßt.
Wegen dem „Zwischenland" zwischen diesen Grenzen, in dem auch die Mundart einmal dem Schwäbischen, dann wieder dem Alemannischen zuneigt, nennt man den Raum um Tuttlingen auch den „Vorhof" des Alemannischen.
Die alemannische Mundart, die noch viel von der alten mittelhochdeutschen Sprache des Mittelalters hat, erkennt man an Worten wie „Wiib, Ziit, wiit, Buur, Muurer, Huus, Füür, Schüür, Lüüt, Krüüz". Dieses Wörter haben im Schwäbischen die Doppellaute ei, au und eu erhalten. Sie heißen dann: „Weib, Zeit, weit, Bauer, Maurer, Haus, Feuer, Scheuer, Leute, Kreuz." Natürlich gibt es noch viele andere Unterscheidungsmerkmale. Aber dies sind einmal die wichtigsten.

Das schwäbische Liedle

„I hab e schöns Häusle, i hab e schöns Haus,
do will i dren wohne, i zieh nemme aus"

würde man auf Alemannisch so singen:

„I ha e schöns Hüsle, i ha e schöns Huus,
do will i drin wohne, i zieh nimme uus."

Was alte Leute noch in ihrer Mundart erzählen

In Renquishausen

Hitte morge umma fai'fi hau-n-i mai Haab gfuattarat ond tränkt; nocham Morgejassa hau-n-i Habr puttzt, no hau' mi griit (gerichtet) gi Tuttlingnga z gonnd, ond Sunntighäs aa'glait (angezogen). 's Wjattr ist reat gsai, vill Schnai het as no it ghett, no bai-n-i gloffe, d' Schtoag nab. Nochchi hau-n-i Gsellschaft ibr kumme vu zwai Muurer. Dinna hau-n-i an alte Frai'd bsuacht ond mit djamm a Gläsli Wai trunka imm Adler.

In Balgheim

Am Morge trii'k ich a Schäle Milk und suss nii't. Des hebt bis im niine; no geit as a Schtuck Brout und a Gläsle vool Brentawii'. Z' Mittag jassed mr Schpjack, Krout und Knepfle, ällbot ou Salaut. No laut mr a Bier hole und an Khais. No haalt is schau widr ouss bis z'Naat. Do geit as noo Suppa und Eardepfl. No khaa mr schlaufe.

In Trossingen

D'r Hoadaphäitter (Heidepeter), des is an Räiberhotmaa' ksii; däär hät se uffghaalte bei dr untara Mile. Däar hät ällbot bei dr Naa't ii'broche. Di aalte Leit wussad noch, wie des Weibsbild ghoassa hät, won er hät Zepf abhoube. Amool haud se Lärm gmachat; do schtaut an Jäger uff und machat Liat; no hau'd obe rii' gschossa. Wämmr 's Taifer awjagreißt, no siat mr noch des Loch i dr Waa'd, wo d' Kugel ina ist.

Friar hätt mr Zii' knau statt am Mess zu da Mundharffa und d' Fädara sind broat gschlaga woara mit dr Haa'd. Nochhäar hät mr dia Blatta oussgfiilat, d' Fäadara druff gnaglet ond drnoo kläisst (gelöst). Wänn säal fertig gsii ist, no hät mr Blatta gschtimmt am Muul und 's Holz häar grist (gerüstet) zum uffanand schlaa. Jetzt wurd des älls mit dr Maschina gmachat.

In Emmingen

Am neia Jaur bini 's eerscht mol z' Tuttlinga gsei. I bi chumma um drii Viartl uff zwelfe mit da Muattr; da Vattr hät mesa 's Hous hiatta, wiil er chraa'k ist. Ma hao chinna a Schtuck weit Schlitta fahre mit-a-m-a Buur. D'Bah ist guat gsei; 's hät no vill Schnee gha' uffam Schtraißle. Mei Muattr ist inn Läde ummagloffa und ech ha dawiil d'Schtadt aa'gluagat.

In Mühlheim

D'r Hirt vo Mühla

Do ischt amol z'Mühla 'n armer Hirt gsei. Der hot ama Sonntigamorga seine Schäfle uf de Wealschabearg triebe und hot se d'oba ghüatat. 's ischt grad a bsonders Fescht a sellem Sonntig ghalta woara i' dr Wallfahrtskirch, und wie er nu do hoba d'Glocka hot läute höra, do hot's dem arma Ma 's Hearz schier abdruckt, daß er it au hot könna hi und beata und singa.
Do ischt ihm uf oamol eigfalla: Aber worom ka' i denn it au unterm freie Hemmel zu euserm Herrgott beata?
Aber do hot er mit Schreacka gmerkt, daß'm sei Nuschter fehlt.
Uf dem Plätzle aber ischt a Busch gschtanda, und der hot schöana, grüane Blättle ghet, und die Blättla hont so gschtrahlat und glitzerat! Und uf oamol hot er a'gfanga z' beatet ond hot ällemol a grüas's Blättla rabroche, wenn er a's neue Ave komma ischt.
Aber wie-n-er des letzt Blatt a'gregt hot, do sind uf oamol älle fufzg Blättla lauter rea'te Goldschtuck gsei, ei's schöaner wias ander...

(Mühla = Mühlheim, Nuschter = Rosenkranz, Welschabearg = Wallfahrtskirche, heute Kirchenruine „Maria Hilf")

In Tuttlingen

D'Hoamet

's ischt neane so schäh(n) we bei i(n)s
i dä Hoamet,
wo Feld ond Waald a dä Bearg
danne loanet
ond Fleige ond Drolle bleihet am Roa(n)!
Ond we isch schäh(n)
im Donnedahl donne
mit Felse ond Höhle ond äm
Schloß Bronne
ond dä Deifelskuche
ond äm Wildeschtoa(n)!

Ond schäh(n) isch ou
am Witthoh dobbe,
deischt halt än Bearg, dear mo mer lobbe,
weil mer d' Alpe, dä See ond
d' Heggebearg sieht.
Er konnet annegau, wo ner au mögged,
's ischt übberaal schäh(n)
i i(n)sere Gegged;
ond dear, däm's it g'fellt, ischt aarm
i sihm Gmiat.

So ruh we dä Luft,
dear ibber d'Höh durre blauset,
sind ou d'Leit, wo dau schaffet
ond houset,
so ruh we dä Luft ond we d'Sonne
so guat.
Ond wurd onn vo i(n)s i d'Främde ver-
schlagge,
dear ka(n) vo mä truurige Liadle sagge
vo dam truurige Liad,
we ´s Hoamweh duat.

Hugo Geißler

Miär sind vo Duttlinge...

Miär sind vo Duttlinge, miär schtecked i Schueh,
diä laond is koa Rascht ond laond is koa Rueh;
si mond is a Sonne- ond Räggedaage
uff Buckel ond Bearg i dä Welt ommetraage.

I dä Wearchschtatt schtao mer ond i dä Fabrik.
För düftlige Aarbet hoa mer ä Gschick.
Ob mer Schtahl oder Lädder hoand i dä Händ,
's wurd ebbes Reachts drous ond Soubers am Änd.

Wä mer hoand gschaffet än lange Daag,
wurd Fierobed gmachet noch aaltem Schlaag.
Es waiht ibber d'Höh än schaarfe Luft,
aber woach ischt dä Duttlinger Nägeleduft.

Hugo Geißler

Gaoh, staoh, lao

Gaoh lao, staoh lao, bleibe lao!
Dees saet mr de Kender schao.
Gaoh lao, was d' net jage ka'scht,
staoh lao, was d' net trage ka'scht,
bleibe lao, wo d' net woge sollscht,
's Maul halte, wo d'net froge sollscht.-
Dean Spruch sott mr emder hao:
Gaoh lao, staoh lao, bleibe lao.

Karl Häfner

Worterklärungen: ka'scht = kannst, woge = wagen, sott = sollte, emder = immerdar, gaoh lao = gehen lassen, staoh lao = stehen lassen

Alemannischer Zungeschliifer

Hinters Hennese-Hannese Hassehuus hinget hundert Hasse ruus!
Hundert Hasse hinget ruus hinters Hennes-Hannese Hassehuus.

Am Morge

Jetzt, Tag, bischt wieder do!
Ond i sag zu dr: Jo,
jetzt komm zu dein're Frischt!
I nemm di, wie du bischt.
Wenn mi au manches kränkt,
heut bischt mr du doch gschenkt.
Ond 's ischt doch ganz mei Sach,
was i jetzt aus dir mach.
Ma ka älles hentersenne,
schwarz seah' usse ond au enne.
Doch ischt es besser om die Zeit,
wenn ma sich e'n Rucker geit.

Guck amol zom Feaschter naus,
no sieht d' Welt scho anderscht aus.
Do blost e frischer Luft dur's Hoor,
vo Nochbers Hausdach pfeift e Schtor.
Guck doch den arme Kerle a,
ond wie der sorglos pfeife ka.
Probier's doch au ond pfeif e Lied,
no kriegscht au glei e anders Gmüet.
Wie schnell ischt doch e Tag verschenkt,
wenn ma bloß z'ruck a's Geschtern denkt.
Also uf ond älles g'richt't,
nei en de Tag mit Zueversicht!

Fritz Schray

De klai Mustafa

E neue Schüeler kriege si – mitte im Johr,
e klaine, schwarze, mit kruslige Hoor.
Mustafa heißt er un kunnt us de Türkei.
De Lehrer frogt, wo des Land denn sei,
ob ebber de neue Schüeler scho kenne tät
oder sunscht über d' Türkei ebbis z'verzelle hätt?
De klai Hanseli kennt sich schinbar uus:
„Ich wohn", sait er,„im Nochberhuus -
und die Türkei isch nit witt - irgendwo hinter de Baim,
si Vatter kunnt z'Mittag nämlich zum Esse als heim!"

Paul Nunnenmacher

E'Bitt

Bhüet mis Chind, Gott, allizit!
Bin i i dr Fremde so fern und wit!
O bhüet es vorm Kranksi, bewhar sis Herz,
bhüet es vor Chummer, bhüet es vor Schmerz,
erhalt mer si Liebe, bin i fern und wit.
Bhüet mis Chind, Gott, allizit!

Bhüet mis Hus, Gott, allizit!
Bin i i dr Fremde so fern und wit!
Laß es stoh, wo's der Atti het anebaut,
wo's lustig zu üsere Felder hischaut.
Wo fründlig ertönet das Glockeglüt.
Bhüet mis Hus, Gott, allizit!

Bhüet mis Land, Gott, allizit!
Bhüet es im Friede, bhüet es im Strit!
Bhüet es im Wetter, in Sunne und Schnee,
vo de Done bis abe zum Bodesee.
Erhalt es doch einig, erhalt's in Fried!
Bhüet mis Land, Gott, allizit!

(Alemannisches Volkslied)

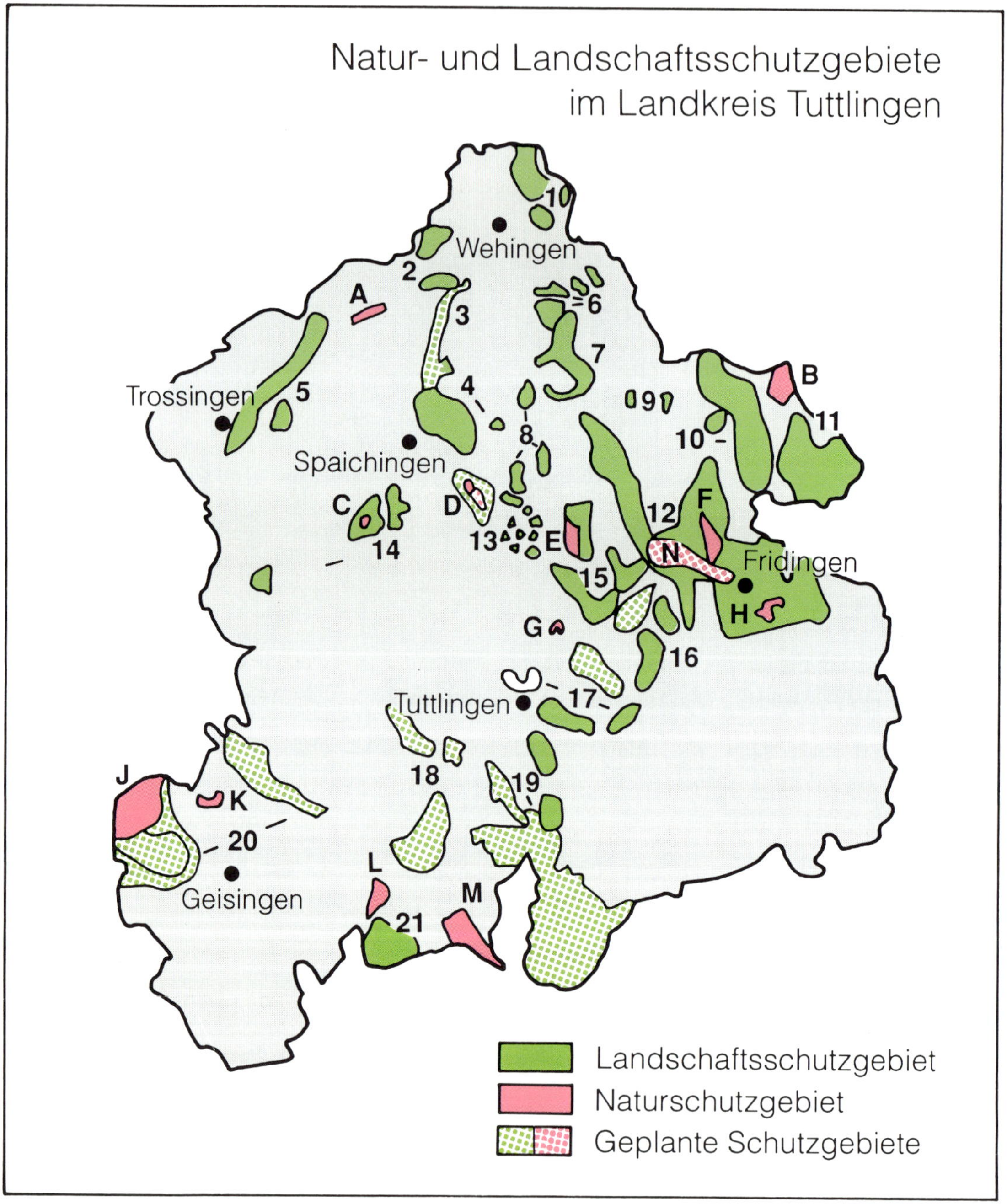
Natur- und Landschaftsschutzgebiete
im Landkreis Tuttlingen
Wehingen
Trossingen
Spaichingen
Fridingen
Tuttlingen
Geisingen
1
2
3
4
5
6
7
8
9
10
11
12
13
14
15
16
17
18
19
20
21
A
B
C
D
E
F
G
H
J
K
L
M
N
Landschaftsschutzgebiet
Naturschutzgebiet
Geplante Schutzgebiete

Naturschutzgebiete

Tiefental; Gemarkung Frittlingen (geplant)
Irndorfer Hardt; Gemarkung Irndorf
Hohenkarpfen; Gemarkung Hausen o. V.
Dürbheimer Moos mit Erweiterung; Gemarkung Dürbheim (Erweiterung geplant)
Kraftstein; Gemarkung Mühlheim
Hintelestal; Gemarkung Fridingen, Kolbingen, Mühlheim
Donaualtwasser; Gemarkung Tuttlingen (geplant)
Stiegelesfels; Gemarkung Fridingen
Unterhölzer Wald; Gemarkung Geisingen
Hörnekapf; Gemarkung Geisingen
Höwenegg; Gemarkung Immendingen-Mauenheim
Ramberg-Rehletal; Gemarkung Immendingen
Buchhalde; Gemarkung Mühlheim, Fridingen (geplant)

Landschaftsschutzgebiete

Landschaftsteile auf den Gemarkungen Deilingen und Wehingen; Hintere Harrasbachtalwiesen; Gemarkung Wehingen.

Sommerschafweiden unterhalb des Lembergs, Hirnwiesen und Längenberg; Gemarkung Gosheim. Sommerschafweiden, Baum- und Heckengruppen am Hörnle, an der Steige und in der Au; Gemarkung Gosheim. Sommerschafweide beim Steinbruch am alten Weg nach Böttingen; Gemarkung Gosheim. Melchiorshalde; Gemarkung Gosheim. Erweiterung Dreifaltigkeitsberg; Gemarkung Spaichingen, Denkingen, Gosheim (geplant).

Klippeneck; Gemarkung Denkingen. Dreifaltigkeitsberg; Gemarkung Spaichingen. Hirnbühl; Gemarkung Dürbheim.

Trosseltalbach, Hagenbach- und Primtal; Gemarkung Aixheim, Trossingen. Sommerschafweide mit Baum- und Heckenbeständen in den Gewannen Brühl und Menishalde; Gemarkung Aixheim. Sommerschafweide mit Baum- und Heckenbeständen südlich der Straße Trossingen-Aldingen im Gewann Auwasen; Gemarkung Trossingen.

Aischwang; Gemarkung Reichenbach. Heckenlandschaft im Gewann Bühl; Gemarkung Reichenbach. Sommerschafweide Eichen; Gemarkung Bubsheim. Sommerschafweide Börnle; Gemarkung Bubsheim. Sommerschafweide Kirchberg; Gemarkung Bubsheim. Gemeindeweide; Gemarkung Bubsheim.

Sommerschafweide beim Wasserstall; Sommerschafweide am Eingang zum Schäfertal, im Grauental, Kuhwasen und am Hühnerbühl; Gemarkung Böttingen.

Alter Berg und Winkel; Gemarkung Böttingen. Sommerschafweide im Gewann Eichenhärtle; Gemarkung Dürbheim. Sommerschafweide Aggenhauser Weiler und Bühl; Gemarkung Mahlstetten. Sommerschafweide bei Silvesteräcker und Bleuelstein; Gemarkung Dürbheim. Sommerschafweide am Osterberg; Gemarkung Dürbheim.

Sommerschafweide auf dem Wachtbühl; Gemarkung Königsheim. Sommerschafweide mit Baum- und Heckenlandschaft beim Steinbruch in Bohl; Gemarkung Renquishausen.

Bäratal; Gemarkung Bärenthal. Feldmarkung östlich von Kolbingen; Gemarkung Kolbingen. Tiefes Ried; Gemarkung Renquishausen.

Teil der Feldmarkung Irndorf; Gemarkung Irndorf.

Sommerschafweide Scheibenbühl und Bühle; Gemarkung Mahlstetten. Donautal mit Bära- und Lippachtal; Gemarkung Fridingen, Mahlstetten, Mühlheim.

Egelsee; Gemarkung Dürbheim (geplant). Sommerschafweide am Banneck; Gemarkung Dürbheim. Sommerschafweide im Gewann Reistenloch; Gemarkung Dürbheim. Sommerschafweide am Wachtbühl; Gemarkung Dürbheim. Sommerschafweiden westlich und östlich vom Risiberg; Gemarkung Dürbheim. Sommerschafweide am Brunnenziel beim Risiberg; Gemarkung Dürbheim. Sommerschafweide am Bühl; Gemarkung Dürbheim. Sommerschafweide im Gewann Ziegelhütte; Gemarkung Dürbheim. Sommerschafweide am Nordwestrand des Waldteiles Buch; Gemarkung Dürbheim.

Hohenkarpfen; Gemarkung Hausen o. V. Heckenlandschaft oberhalb der Hausener Mühle in Heeräcker, Ried, Bachreute und Schildbühl; Gemarkung Hausen o. V. Sommerschafweide mit Heckenreihen am unteren und mittleren Hang des Lupfen in den Gewannen Hagen und Greutloch; Gemarkung Talheim.

Sommerschafweide auf dem Bräunisberg und Kraftstein, Gemarkung Mühlheim. Stettener Tal mit geplanter Erweiterung; Gemarkung Stetten. Ursental mit unterem Bräunisberg; Gemarkung Tuttlingen.

Tiefental; Gemarkung Mühlheim. Oberes Donautal; Gemarkung Nendingen, Stetten, Mühlheim (geplant).

Altental – Rottweiler Tal; Gemarkung Nendingen.

Leutenberg; Gemarkung Nendingen (geplant). Bergwiesen, Gewann Haldenlang; Gemarkung Tuttlingen. Honberg; Gemarkung Tuttlingen. Eichen; Gemarkung Tuttlingen (geplant).

Mühlberg, Gemarkung Möhringen (geplant). Krähenbachtal; Gemarkung Möhringen, Eßlingen (geplant). Donautal zwischen Immendingen und Möhringen (geplant).

Witthohstraße mit angrenzenden Wiesen; Gemarkung Tuttlingen. Rabental/Goggental; Gemarkung Möhringen (geplant). Witthoh; Gemarkung Emmingen (geplant). Wasserburger Tal; Gemarkung Emmingen (geplant).

Amtenhausener Tal; Gemarkung Immendingen-Zimmern (geplant). Wartenberg; Gemarkung Geisingen (geplant). Kuhberg; Gemarkung Geisingen-Gutmadingen (geplant).

Hegau; Gemarkung Immendingen.

Eisvogel

Perlmuttfalter

Kaisermantel

Erdkröte

In den letzten Jahrzehnten wurden in der Bundesrepublik Deutschland jeden Tag über 1,5 Quadratkilometer Wiesen, Felder und Wälder für Häuser, Fabriken, Straßen und andere Einrichtungen verbraucht und überbaut.
In der freien Landschaft wurden Bäche und Wasserläufe begradigt, Feuchtflächen entwässert oder als Müllabladeplätze verwendet. Um die Felder großflächig bewirtschaften zu können, wurden Feldhecken gerodet, Baumgruppen gefällt, Wegraine und Böschungen eingeebnet.
Wenn es für den Menschen von Nutzen war, wurden Lebensräume von Pflanzen und Tieren in Bächen und Feuchtgebieten, in Hecken und an Wegrainen eingeengt oder zerstört. Der Landschaftsverbrauch, Müll, Abgase, die Verwendung giftiger Spritzmittel gegen Schädlinge und Unkraut, das Einleiten von Schadstoffen in Bäche und Flüsse, all dies hat dazu geführt, daß viele Tier- und Pflanzenarten vom Aussterben bedroht oder gar ausgestorben sind.
Die sogenannte „Rote Liste der gefährdeten Tiere und Pflanzen in der Bundesrepublik Deutschland" zeigt deutlich, wie verantwortungslos der Mensch mit der Natur umgegangen ist und mit ihr noch weiterhin umgeht: Bis heute sind in der Bundesrepublik 128 Tier- und Pflanzenarten ausgestorben. Bei 315 Tieren und 161 Pflanzen muß mit dem Aussterben im Lauf der nächsten Jahre gerechnet werden.
Viel zu spät haben wir gemerkt, daß wir die Natur nicht uneingeschränkt unseren Interessen opfern dürfen. Die Zerstörung und Ausbeutung der Natur gefährdet nicht nur die Tier- und Pflanzenwelt, sondern auch unser zukünftiges Leben. Deshalb stellt sich heute für uns alle die Aufgabe, mit beizutragen, die Natur zu erhalten und wiederherzustellen.
So werden immer mehr Lebensräume für bedrohte und seltene Tiere und Pflanzen unter Schutz gestellt, Landschaften, Gebiete, Höhlen und Plätze vor dem Menschen geschützt.
Auch in unserem Landkreis wurden zur Erhaltung der Tier- und Pflanzenwelt eine Reihe von Gebieten unter Naturschutz gestellt. Weitere Schutzgebiete sind geplant.
Das älteste Naturschutzgebiet im Kreis ist das *„Hintelestal"* (Hintele = Himbeeren). Schon vor 50 Jahren wurde die durch das zahlreiche Vorkommen des Märzenbechers bekannte Fels- und Geröllschlucht unter Naturschutz gestellt. Neben der „Schneeglöckchenblüte" sehen wir im Hintelestal eine besondere Art des Waldes, den sogenannten „Schluchtwald". Bergahorn, Esche, Linde, Ulme und Buche finden in den feuchten Schluchten gute Wachstumsbedingungen und prägen hier das Waldbild.
Nur wenig jünger ist das Naturschutzgebiet *„Irndorfer Hardt"*, eine aus Weidewäldern oder „Harte", wie diese früher genannt wurden, entstandene Landschaft. Auf den sogenannten „Holzwiesen", die nicht gedüngt und nur einmal im Jahr gemäht wurden, entwickelte sich eine besonders schützenswerte Pflanzengesellschaft: Die alte Heilpflanze Arnika, das Borstgras, die Drahtschmiele, das Berghähnlein oder narzissenblütige Anemone, Trollblume und Buschnelke, Türkenbund, der Gelbe Enzian, der etwa zehn Jahre braucht, bis er zum ersten Mal blüht, und verschiedene Orchideenarten. Die reiche Blumen- und Pflanzenvielfalt der ungedüngten Holzwiesen bietet Schmetterlingen und einer ganzen Reihe weiterer Insektenarten Nahrungsquellen für sich und ihre Nachkommenschaft.
Von ganz anderem Aussehen ist das Naturschutzgebiet *„Stiegelesfels"* im Donautal. Steil ragt der Fels mit der nach beiden Seiten senkrecht abfallenden Wand aus dem Tal auf. Hier wächst die seltene Felsennelke, der Steinbrech, das Steinröschen und die Küchenschelle, um nur einige der dort vorkommenden, geschützten Pflanzen zu nennen. Neben den Fels- und Steppenheidepflanzen genießt hier die Vogelwelt besonderen Schutz. Der einst aus den Felsen des Donautals verschwundene „König der Nacht", der Uhu, und der durch menschliche Nesträuber und durch Giftmittel vom Aussterben bedohte Wanderfalke haben im Naturschutzgebiet sicheren Lebensraum gefunden.
Dank der Maßnahmen des Natur- und Vogelschutzes, so die ständige Bewachung der Horste während der Brutzeit oder das Kletterverbot an den Brutfelsen, brüten heute im Donautal wieder mehrere Uhu- und Wanderfalkenpaare.
Vielgestaltig und vielfältig – sowohl landschaftlich als auch in der Tier- und Pflanzenwelt – zeigen sich auch die anderen Naturschutzgebiete unseres Landkreises:
Die weite *„Wacholderheide Kraftstein"*, eine charakteristische Alblandschaft, verdankt ihre Entstehung der Beweidung durch Schafherden. Sommer für

Sommer rupften und knabberten die weidenden Schafe Gras und Kräuter, Heckentriebe und Baumschößlinge ab. Nur der stachlige Wacholder widerstand den empfindlichen Schafmäulern und konnte ungestört heranwachsen.

Als die Schafhaltung auf der Alb zurückging, war für manches Wacholdergebiet das Ende gekommen: Die als Samen angeflogenen schnellwüchsigen Fichten und Kiefern begannen allmählich, den langsamen Wacholder zu überwuchern und zu ersticken. Auch der Wacholderheide Kraftstein drohte diese Gefahr. Anfangs der 70er Jahre wurde deshalb von der Naturschutzbehörde ein Pflegeprogramm zur Rettung der Wacholderheide durchgeführt. Fichten und Kiefern wurden entfernt. Heute weidet wieder eine Schafherde auf Kraftstein und sorgt für die Erhaltung des Wacholderbestandes.

Im Schutzgebiet *„Ramberg-Rehletal"* findet der interessierte Naturfreund eine Vielzahl pflanzlicher Kostbarkeiten. Hier blüht wohl eine unserer schönsten einheimischen Orchideen, der Frauenschuh. Der durch einen Teil des Gebietes führende Naturlehrpfad macht den Wanderer mit seltenen Pflanzen und eigenartigen Namen vertraut: Fliegenorchis, Akelei, Waldvögelein, Reckhölderle, Katzenpfötchen, Knabenkraut...

Von beeindruckender Urwüchsigkeit ist das Gebiet *„Unterhölzer Wald"*. Die Waldbereiche mit knorrig aufragenden Eichen, mächtigen Buchen und Lärchen, die Moorflächen, Wasser und Schilf sind die Heimat einer artenreichen Tier- und Pflanzenwelt.

Gemessen am Unterhölzer Wald ist das Schutzgebiet *„Hörnekapf"* mit seinem Halbtrockenrasen und Orchideenstandorten eine Welt der kleinen Dinge. Doch wer zu sehen versteht, wird auch sie an seinem Wege finden.

Müllplatz oder Naturschutzgebiet? Ein Müllplatz sollte der *„Höwenegg"* werden. Erst nach mehrjährigen heftigen Diskussionen wurde 1983 das Vulkangebiet Höwenegg zum Naturschutzgebiet erklärt. Bis zu diesem Zeitpunkt hatte man den 80 m tiefen, riesigen Vulkankrater, der jahrzehntelang als Basaltsteinbruch für Straßen- und Bahnschotter gedient hatte, als idealen und billigen Platz für die Müllbeseitigung angesehen.

Verbunden mit dem Naturschutzgebiet „Höwenegg", das als geologisches Dokument des Vulkanismus und als Lebensraum seltener Tiere und Pflanzen dient, ist das Grabungsschutzgebiet „Fossilfundstätte Höwenegg". Hier wurden vollständige Skelette des Urpferdes Hipparion, die Knochen von Antilopen und sogar von Nashörnern und Elefanten gefunden, die alle vor Millionen Jahren die Gegend um den heutigen Höwenegg bevölkerten.

Zu den jüngsten Naturschutzgebieten im Kreis zählt der *„Hohenkarpfen"*. Weit ins Land hinausschauend wird der Berg seiner Form wegen häufig als Vulkanberg angesehen. Tatsächlich ist er jedoch ein „Zeugenberg" der Schwäbischen Alb.

An der europäischen Wasserscheide bei Dürbheim liegt eines unserer letzten großen Feuchtgebiete, das Schutzgebiet *„Dürbheimer Moor"*. Offene Wasserflächen, Sumpfgebiete und ausgedehnte Streuwiesen bieten der diesem Lebensraum angepaßten Tier- und Pflanzenwelt ungestörte Zuflucht. Dem Schicksal anderer Feuchtgebiete, die schutzlos in den letzten Jahrzehnten durch Entwässerung zerstört oder als Müllplätze benutzt wurden, ist das Dürbheimer Moor nur knapp entgangen.

Neben den großflächigen Naturschutzgebieten finden wir im Kreis eine ganze Reihe von Einzelbildungen der Natur, seien es Baumgruppen, Einzelbäume, Höhlen, kleine Flächen, Quellen, die alle auf Grund ihres Alters, ihrer Form, ihres Bewuchses oder sonstiger Besonderheit als *Naturdenkmal* Schutz genießen. Eine kleine Dreieckstafel mit der Aufschrift „Naturdenkmal" weist auf die besondere Schutzwürdigkeit hin.

Aus der Vielzahl der Naturdenkmale im Kreisgebiet können an dieser Stelle nur einige wenige benannt werden: So wohl die älteste Linde, die „Allensbacher Hoflinde" bei Böttingen, die „Wunderfichte" am Abhang des Lembergs, die „Kolbinger Höhle" und das einzige Hochmoor der Schwäbischen Alb, das vor etwa 30 000 Jahren, am Ende der letzten Eiszeit entstandene „Hochmoor Wilde im Schindelwald" bei Neuhausen ob Eck.

Haben Naturschutzgebiete die Aufgabe, der Tier- und Pflanzenwelt ausreichende Lebensräume zu sichern und diese vor menschlicher Zerstörung zu bewahren, ist es das Ziel der *Landschaftsschutzgebiete*, das Bild einer Landschaft zu erhalten: Heckenlandschaften, Sommerschafweiden, Gebiete wie der „Alte Berg" bei Böttingen oder Talbereiche wie das „Obere Donautal" sind im Kreis als Landschaftsschutzgebiete ausgewiesen oder vorgesehen.

Zwergweide

Frauenschuh

Katzenpfötchen

Berghähnlein

Akelei

Das Landratsamt als Untere Naturschutzbehörde hat in Zusammenarbeit mit Städten und Gemeinden die Aufgabe, Natur und Landschaft zu erhalten und zu schützen. Doch auch wir, jeder von uns, kann beim Schutz der Natur und der Erhaltung bedrohter Tiere und Pflanzen mithelfen. Schon eine Hilfe, die keine Mühe und Arbeit macht, wäre zum Beispiel: Geschützte Pflanzen nicht pflücken – Vögel in ihren Nestern nicht stören – Ameisenhaufen nicht auseinanderstochern – das dürre Gras an Wegrainen und Böschungen nicht abbrennen – in den Naturschutzgebieten auf den Wegen bleiben.

Feuchtgebiete. Anlegen von kleinen Tümpeln

Künstliche Nistkästen für Höhlenbrüter

Baumpatenschaft. Betreuung von Bäumen an Plätzen und Straßen

Wer für den Naturschutz mehr tun will, findet im Garten, in Feld und Wald viele Möglichkeiten:
Im Frühjahr suchen Meisen und andere Höhlenbrüter in unseren Gärten vergeblich nach hohlen Bäumen, in die sie ihre Nester bauen können. Mit Nistkästen, die wir im Garten aufhängen, helfen wir nicht nur diesen Vögeln, sondern auch uns. Vögel im Garten ersetzen giftige Spritzmittel! Man hat ausgerechnet, daß ein Meisenpaar und seine Jungen in einem Jahr etwa 50 kg Räupchen, Insekten und Insekteneier von Bäumen und Sträuchern absuchen und verzehren.
In einem Garten, in dem mit giftigen Spritzmitteln gearbeitet, wo jede Woche der Rasen gemäht wird und fremdländische Sträucher stehen, kann unsere einheimische Tier- und Pflanzenwelt nicht mehr leben. Schmetterlinge verschwinden, weil sie für sich und ihre Raupen keine Futterpflanzen mehr finden. Igel, Kröte und Kleinvögel sterben durch vergiftete Nahrung.
Ein aufgeräumter Garten bietet einem Igel keinen Platz, wo er den Tag ungestört verschlafen und währen der kalten Jahreszeit überwintern kann. Mit einem kleinen Laub- und Reisighaufen, in einer ruhigen Gartenecke aufgeschichtet, verhelfen wir dem Igel zu einem sicheren Unterschlupf und machen den stachligen Gesellen zu einem ständigen Gartenbewohner.
Auch draußen in der freien Landschaft bieten sich da und dort Möglichkeiten, solche Reisighaufen größer und kleiner aufzubauen. Zaunkönig und Rotkehlchen, der Igel und viele andere Kleintiere sind dafür dankbar. Eidechsen und Blindschleichen lieben die Wärme. In „Steinriegeln", die man an sonnigen Stellen aus herumliegenden Steinbrocken locker aufsetzt, finden diese Tiere einen idealen Lebensraum.
Aufgaben, sich naturschützerisch zu betätigen, gibt es viele: Seien es die kleinen Dinge oder aber große Projekte, wie die Pflanzung von Schutzgehölzen, das Anlegen von Heckenstreifen, die Einrichtung von Feuchtgebieten, der Schutz von Ameisenhaufen, die Pflege von Flächen und Gebieten zur Erhaltung besonderer Pflanzen- oder Lebensgemeinschaften.
Die örtlichen Naturschutzgruppen geben jedem Interessierten gerne Anregungen und Hinweise.
Wer beim Schutz der Natur mitarbeitet, wird sie achten und letzten Endes verstehen lernen!

Ist der Lemberg in Gefahr?

„Der Lemberg gerät ins Rutschen", berichtete im Frühjahr 1988 die Zeitung in unserem Landkreis. „Ist der Lemberg, die höchste Erhebung der Schwäbischen Alb, in Gefahr?" Wir befragten den Leiter des Forstamtes Rottweil, Herrn Oberforstrat Dr. Kettler.

TUT: „Herr Dr. Kettler, ist der Lemberg in Gefahr?"

Dr. Kettler: „Der rutschgefährdete Westabfall des Lembergs kommt seit einigen Jahren verstärkt ins Gleiten. Daraus ergibt sich eine zunehmende Gefährdung des gesamten Naturraumes in diesem Bereich."

TUT: „Was ist die Ursache?"

Dr. Kettler: „Durch Luftschadstoffe ist der Wald am Lemberg stark erkrankt. Nach dem Verlust mehrerer Nadeljahrgänge können die erkrankten Bäume nun nicht mehr dem Untergrund Wasser und damit Gewicht entziehen. Hinzu kommt, daß sich bei jedem erkrankten Baum der Umfang des Wurzelwerks vermindert. Dadurch wird die Bodenhaltekraft des Wurzelgeflechts in Hanglagen erheblich verringert."

TUT: „Kann man dem Lemberg helfen?"

Dr. Kettler: „Eine drastische Verminderung der Luftschadstoffe würde am wirksamsten Hilfe bringen; dies allerdings auch erst nach einer jahrzehntelangen Erholungszeit. Der dann wieder gesunde Wald könnte den Hangboden vor Abtragungen und Abrutschungen schützen. Diesen Wald der Zukunft pflanzen wir derzeit bei der Pflanzaktion Lemberg."

TUT: „Pflanzaktion Lemberg! Wie ist sie entstanden?"

Dr. Kettler: „Die Anregung kam von vergleichbaren Aktionen in den deutschen Alpen, wo durch das Sterben des Bergwaldes ähnliche, allerdings räumlich weit umfangreichere Probleme entstanden sind."

TUT: „Was will man mit dieser Pflanzaktion erreichen?"

Dr. Kettler: „Diese 'Aktion' läuft unter dem Titel 'Lemberg-Seminar' und wird gemeinsam vom Schwäbischen Albverein, der Volkshochschule und dem Staatlichen Forstamt Rottweil durchgeführt. Informationen und Fortbildung der Öffentlichkeit stehen dabei im Vordergrund. Der praktische und nützliche Zusatzeffekt des Seminars ist, daß unter dem kranken, teilweise sterbenden Lembergwald eine neue Baumgeneration gepflanzt wird, die – so hoffen wir – eines Tages wieder in sauberer Luft höchste Lebenskraft und damit beste Bodenschutzfunktion entwickeln kann."

Neupflanzungen am Lemberg

TUT: „Welche Baumarten werden gepflanzt?"

Dr. Kettler: „Tanne, Buche, Esche und Bergahorn."

TUT: „Warum werden diese Baumarten gewählt?"

Dr. Kettler: „Gepflanzt werden ausschließlich Baumarten der natürlichen Waldvegetation. Nur die sind standortgerecht und können daher allen dem Wald drohenden Gefahren am ehesten widerstehen."

TUT: „Wer pflanzt die Bäume?"

Dr. Kettler: „Es sind Mitglieder des Schwäbischen Albvereins, vor allem aus dem nordwürttembergischen Bereich. Einige dieser ehrenamtlichen Helfer haben sogar eigens für das Lemberg-Seminar ihren Urlaub geopfert."

TUT: „Herr Dr. Kettler, wie beurteilen Sie abschließend die 'Aktion Lemberg'?"

Dr. Kettler: „Das Hauptziel, nämlich Information und Fortbildung, wird Dank des Interesses der Teilnehmer vollständig erreicht. Die Pflanzungen werden nahezu profihaft durchgeführt. Eine endgültige Erfolgsprüfung der 'Aktion Lemberg' bleibt allerdings – wie bei fast allen waldbaulichen Maßnahmen - späteren Generationen vorbehalten."

Unsere Städte und Gemeinden

von Wolfgang Kramer

Aldingen

586-800 m, Fläche: 2 217 ha (davon 679 ha Wald und 1 888 ha landwirtschaftlich genutzt), Einwohner 1989: 5 704, Verwaltungsgemeinschaft Spaichingen.

Die Gemeinde auf der linken Talseite der Prim wurde 802 zum erstenmal urkundlich erwähnt. Die Klöster St. Gallen und Allerheiligen in Schaffhausen waren hier begütert. Als Bestandteil der Herrschaft Karpfen kam der Ort 1444 an Württemberg. Aldingen, wohl der „städtischste" Ort der Herrschaft Karpfen, blieb bei der Neubelehnung der Herrschaft 1491 an Hans Wirtemberger, dem ersten Vertreter der neuen Linie von Karpfen, direkt dem Amt in Tuttlingen unterstellt. Da Aldingen zu Altwürttemberg gehörte, wurde hier die Reformation durchgeführt. Berthold Haller, der spätere Reformator von Bern und Freund Melanchthons, wurde 1492 hier geboren. Von 1810 bis 1938 gehörte Aldingen zum Oberamt Spaichingen und seit 1938 zum Kreis Tuttlingen. - Die evangelische Mauritiuskirche ist eine Erweiterung des dritten Baus an der gleichen Stelle. 1720 wurde er vollendet. Die Kirche wurde 1967 im Innern restauriert, wobei archäologische Untersuchungen bemerkenswerte Ergebnisse zutage brachten. Demnach soll Aldingen ein Siedlungsplatz sein, der sich bis ins 4. Jh. sicher verfolgen läßt. Die Kirche fällt durch ihre barocke Bemalung im Schiff und im Chor besonders auf. Auch die Kanzel aus dem 17. Jh. ist sehr schön. Aus der Kirche des abgegangenen Ortes Dellingen, der jetzt auf Gemarkung Aldingen liegt, stammt das Altarbild mit Predella. 1964 wurde die katholische Kirche „Unserer Lieben Frau" gebaut. Seit 1980 besteht eine katholische Pfarrei in Aldingen.

Aixheim: Der Ort wurde als "Eichisheim" 1086 bei einer Schenkung an das Kloster St. Georgen urkundlich erwähnt. Die Ende des 11. Jahrhunderts auftauchende edelfreie Familie von Aixheim saß vermutlich auf der westlich vom Ort gelegenen, längst abgegangenen Burg. Ab dem Ende des 13. Jahrhunderts hat das Kloster Rottenmünster fortlaufend Besitz erworben. Durch die Säkularisation kam der Ort 1802/03 an Württemberg. Er gehörte bis 1811 zuerst zum Oberamt Rottweil, dann bis 1938 zum Oberamt Spaichingen und schließlich zum Kreis Tuttlingen. - Die neugotische katholische St. Georgs-Kirche wurde 1904 anstelle einer barocken Vorgängerin aus dem 18. Jahrhundert errichtet. - Am 1. Januar 1975 wurde Aixheim nach Aldingen eingemeindet.

Einrichtungen: Turnhalle, Mehrzweckhalle mit Hallenbad und Sauna in Aldingen, Turn- und Festhalle in Aixheim.

Balgheim

681-973 m, Fläche: 761 ha (davon 392 ha Wald und 318 ha landwirtschaftlich genutzt), Einwohner 1989: 778, Verwaltungsgemeinschaft Spaichingen.

An der europäischen Wasserscheide zwischen Rhein und Donau an der B 14 liegt Balgheim. Der Ort wurde vermutlich 1113 erstmals erwähnt. Ortsadel ist bis etwa 1500 nachgewiesen. Im 13. und 14. Jh. besaßen die Grafen von Hohenberg und ihre Verwandten, die Zollern, Güter und Rechte im Ort. 1420 wurde er an die Reichsstadt Rottweil verkauft, in deren Besitz er bis 1689 blieb. Über mehrere Hände kam der Flecken schließlich 1789 an die Fürsten von Waldburg-Zeil-Trauchburg. Mit Waldburg ging er 1806 an Württemberg über, von 1806 bis 1938 gehörte Balgheim zum Oberamt Spaichingen. Das Schloß teilte über Jahrhunderte nicht die Geschichte des Dorfes, da es in anderen Händen war. Die Fürsten von Waldburg-Zeil-Trauchburg verkauften es in der Mitte des 19. Jahrhunderts an den „Verein zur Errichtung einer Beschäftigungsanstalt für verwahrloste Kinder katholischer Konfession". In der Folge diente es als Fabrikgebäude. Der mit mächtigen Bäumen bestandene Schloßgarten dient einem Betrieb als Heimstatt und wurde aufwendig wieder hergerichtet.

In der katholischen Kirche Mariä Himmelfahrt, die barocke und klassizistische Stilelemente enthält, befinden sich Grabmäler von Adligen aus dem 18. Jahrhundert. Das barocke Gewölbe mit reizvoller Stukkatur ist beachtlich.

Einrichtungen: Sonderschule für Sprachbehinderte, Sport- und Festhalle (1990 geplant).

Bärenthal

650-930 m, Fläche: 1 269 ha (davon 760 ha Wald und 406 ha landwirtschaftich genutzt), Einwohner 1989: 488, Gemeindeverwaltungsverband Donau-Heuberg.

Das kleine Dorf an der namengebenden Bära tauchte im Jahr 1092 erstmals in den Urkunden auf. Seit dem 14. Jh. tätigte das Kloster Beuron immer wieder Käufe. Die Landeshoheit war lange Zeit strittig. Die Herren von Enzberg, Zollern und Österreich machten wegen Hohenberg Rechte geltend. Die Niedere Gerichtsbarkeit war 1729 im Besitz von Hohenzollern-Sigmaringen, das 1751 den Ort mit Ensisheim an Beuron verkaufte. In Ensisheim, einst Mittelpunkt einer kleinen Herrschaft, stand eine Burg, die 1784 zu einem Schlößchen umgebaut wurde. 1962/63 mußte es einem Tuffsteinbruch weichen und abgebrochen werden. Heute ist die Schlößlemühle als Museum eingerichtet. 1796 brannte Bärenthal fast vollständig ab. Der Ort fiel 1803 an Hohenzollern-Sigmaringen, gehörte bis 1830 zum Obervogteiamt Beuron, bis 1861 zum Oberamt Wald, bis 1973 zum Oberamt bzw. Kreis Sigmaringen und kam anschließend zum Landkreis Tuttlingen. - Die heutige Friedhofskapelle ist der Chor der 1588 erbauten ersten Kirche. Die Johannes dem Täufer geweihte katholische Pfarrkirche wurde 1758 erbaut und 1959 renoviert. Nach der umfassenden Restaurierung 1988/89 erstrahlt das Gotteshaus wieder in barockem Glanz. - Bärenthal ist staatlich anerkannter Erholungsort.

Böttingen

875-991 m, Fläche: 1 631 ha (davon 577 ha Wald und 955

ha landwirtschaftich genutzt), Einwohner 1989: 1 224, Verwaltungsgemeinschaft Spaichingen.
Die Gemeinde liegt auf dem Großen Heuberg und wurde in Schenkungen an das Kloster St.Gallen 802 als „Potingas" erstmals urkundlich erwähnt. Reihengräberfunde im Ort weisen auf eine alemannische Besiedlung in der ersten Hälfte des 6. Jahrhunderts hin. Über das Kloster Beuron kam Böttingen 1303 mit der Herrschaft Mühlheim an das Bistum Konstanz. Bis 1306 wird eine ortsadelige Familie erwähnt. 1409 ging Böttingen mit der Herrschaft Mühlheim an die Familie Enzberg über. Seit 1516 waren Böttingen und Königsheim ein österreichisches Lehen der Enzberger. Im Vertrag von 1544 zwischen König Ferdinand als Graf von Hohenberg und den Herren von Enzberg wurde vereinbart, daß die Hohe Gerichtsbarkeit innerhalb des Dorfetters den Enzbergern und außerhalb des Etters Österreich gehören soll. Das Niedergericht stand den Enzbergern zu. 1805 kam der Ort an das württembergische Oberamt Tuttlingen und 1810 zum Oberamt Spaichingen. Seit 1938 ist Böttingen Bestandteil des Kreises Tuttlingen. - Die in den Jahren 1743 bis 1747 erbaute katholische Kirche St. Martin wurde 1966 zum letztenmal grundlegend erneuert (Glasmalereien). Vom 1253 erwähnten Ort Allenspach blieb nur noch ein Hofgut übrig. Die dem heiligen Zeno geweihte Kirche von Allenspach, die Mitte des 13. Jahrhunderts gleichfalls erstmals erwähnt wurde, ging im 18. Jh. ab.
Einrichtungen: Nachbarschafts-Grund- und Hauptschule, Wintersportanlagen, Mehrzweckhalle.

Bubsheim
751-971 m, Fläche: 829 ha (davon 269 ha Wald und 504 ha landwirtschaftlich genutzt), Einwohner 1989: 666, Gemeindeverwaltungsverband Heuberg.
Auf der Albhochfläche, hart am Rande zum tief eingeschnittenen Tal des Anhauserbachs, liegt Bubsheim. Der Ort wurde 1095 erstmals im Zusammenhang mit dem Weiler Anhausen erwähnt und teilte als Bestandteil der Grafschaft Hohenberg das Schicksal vieler Gemeinden in unserer Gegend. Er kam 1381 an Österreich und ging mit der Oberen Grafschaft Hohenberg 1805 an Württemberg über. Im Städtekrieg 1376/78 sollen die Rottweiler den Ort verbrannt haben. Der Flurname „Bürgle" deutet auf einen früheren befestigten Wohnsitz hin. - Von der alten katholischen Pfarrkirche ist nur noch der Turm übriggeblieben, ein Teil der Fresken aus der Kirche befindet sich im Heimatmuseum Tuttlingen. Die jetzige katholische Pfarrkirche St. Jakobus im neuromanischen Stil stammt aus dem Jahre 1901 und wurde umfangreich restauriert. - Vom früheren Weiler Anhausen (1095 als Ahusen erwähnt) sind nur noch zwei Wohngebäude und eine Scheune übriggeblieben. Beide Mühlen sind in den letzten 50 Jahren abgegangen.
Einrichtungen: Grundschule, Gemeindehalle.

Buchheim
613-849 m, Fläche: 1830 ha (davon 696 ha Wald und 1049 ha landwirtschaftlich genutzt), Einwohner 1989: 617, Gemeindeverwaltungsverband Donau-Heuberg.
Als Bestandteil der Grafschaft Scherra wurde der Ort 861 in einer St. Galler Urkunde erwähnt. Die Klöster Petershausen und Salem und vor allem das benachbarte Beuron hatten Besitz. Über Beuron kam Buchheim unter die Schirmvogtei der Grafen von Zollern. Ab 1409 hatten die Enzberger das Sagen. Der Ort war Bestandteil der Herrschaft Mühlheim. Die Grafenrechte teilten sich Nellenburg und Sigmaringen. Das Niedergericht war bei den Enzbergern. Nach einem kleinen württembergischen Zwischenspiel von 1805 bis 1810 kam Buchheim an Baden, gehörte abwechselnd zu den Bezirksämtern Meßkirch und Stockach. Als Stockacher Kreisgemeinde kam Buchheim 1973 an den Kreis Tuttlingen. - Von einer früheren Kirche ist nur noch der Turm übriggeblieben, der sogenannte „Buchheimer Hans", der heute als Aussichtsturm dient. Die katholische Pfarrkiche St. Stephanus wurde 1742 gebaut und in barockem Stil ausgeschmückt. - Der 1155 genannte Ort und jetzige Hof Gründelbuch kam 1803 als Bestandteil des Klosters Salem an Baden. Der Kallenberg, 1225 erstmals erwähnt, war Sitz eines adeligen Geschlechtes. Er gab der gleichnamigen Herrschaft den Namen. Zu ihr gehörten neben der Burg das Städtlein Nusplingen mit Heidenstadt, die Dörfer Obernheim, Dormettingen und Erlaheim. Kallenberg kam als Besitz der Grafen von Hohenberg 1381 mit der Grafschaft an Österreich. Von 1401 bis 1695 besaßen die Truchsessen von Waldburg die Herrschaft als Pfand. Seit 1722 war sie ein Lehen der Freiherren von Ulm. Kallenberg kam ebenfalls 1810 an Baden.
Einrichtungen: Grundschule.

Deilingen
789-1 009 m, Fläche: 1 092 ha (davon 452 ha Wald und 527 ha landwirtschaftlich genutzt), Einwohner 1989: 1 450, Gemeindeverwaltungsverband Heuberg.
Am Westrand des Großen Heubergs liegt Deilingen. Es wurde schon 786 als „Tulingas" erstmals urkundlich erwähnt. Die Geschichte des Ortes war eng mit der der Grafen von Hohenberg verbunden, wenn sich auch Hohenberger Besitzungen erst ab der Mitte des 14. Jahrhunderts nachweisen lassen. Rottweiler Bürger, verschiedene Adlige und das Kloster Rottenmünster hatten Güter und Rechte. Als Bestandteil der Grafschaft Hohenberg kam Deilingen 1381 zu Österreich und ging mit dieser 1805 an Württemberg über. Der Ort war bis 1938 Teil des Oberamts Spaichingen und danach des Kreises Tuttlingen. - Von der alten katholischen Kirche, die der „Unbefleckten Empfängnis Mariens" geweiht war, stehen nur noch der Turm und der Chor. Der prächtige Hochaltar wurde um 1710 von Balthasar Zaiger aus Waldshut geschaffen. Seit 1966 dient die neu erstellte Kirche Christi Himmelfahrt als Pfarrkirche. - Der Gemeindeteil Delkhofen fand im Jahre 1253 seine erste Erwähnung. Im 14. Jh. gehörte er zum großen Teil den Grafen von Hohenberg und ging wie Deilingen 1381 ebenfalls an Österreich über. - Im Gemeindeteil befindet sich

eine im 18. Jh. gebaute kleine Kirche zu Ehren der heiligen Verena und des heiligen Marzellus.
Einrichtungen: Grundschule, Mehrzweckhalle, Ferienhaussiedlung, Wintersportanlagen.

Denkingen

619-1 002 m, Fläche: 1 502 ha (davon 442 ha Wald und 809 ha landwirtschaftlich genutzt), Einwohner 1989: 1 941, Verwaltungsgemeinschaft Spaichingen.
Das langgestreckte Straßendorf unterhalb des Albtraufs erscheint 818 anläßlich einer Schenkung an das Kloster St. Gallen zum erstenmal namentlich. Wie in vielen anderen Gemeinden auch, weisen mehrere Reihengräber auf eine frühere Besiedlung hin. Ob alle Herren von Denkingen, die im 14. und 15. Jh. auftauchen, einen Bezug zu unserem Ort haben, ist fraglich. Neben den Hohenbergern hatten die Grafen von Lupfen, Rottweiler Bürger, die Johanniterkommende zu Rottweil und vor allem das Kloster Rottenmünster Besitzungen. Mit der Oberen Grafschaft Hohenberg kam Denkingen 1381 an Österreich. 1806 bis 1938 gehörte es zum Oberamt Spaichingen und danach zum Kreis Tuttlingen. - Die spätgotische katholische Pfarrkirche St. Michael wurde im 19. Jh. in neugotischem Stil umgebaut und 1933 durch einen Neubau ersetzt. Am Ortsausgang gegen Gosheim steht die Nikolauskapelle mit spätgotischen Stilelementen. Seit 1968 hat Denkingen eine eigene evangelische Kirche (Pfarrei Aldingen).
Einrichtungen: Grundschule, Mehrzweckhalle, bekanntes Segelfluggelände und Station des Deutschen Wetterdienstes auf dem Klippeneck, Wintersporteinrichtungen. Das Klippeneck gilt als der Platz mit den meisten Sonnenscheinstunden in Deutschland.

Dürbheim

677-973 m, Fläche: 1 482 ha (davon 694 ha Wald und 679 ha landwirtschaftlich genutzt), Einwohner 1989: 1 295, Verwaltungsgemeinschaft Spaichingen.
An der linken Seite des oberen Faulenbachtals liegt Dürbheim. Der Ort wurde 786 erstmals erwähnt. Ein kürzlich aufgefundener kleiner Begräbnisplatz, der zu einem Einzelhof eines Adligen gehörte, und Spuren einer kleinen Holzkirche aus der Zeit um 700 weisen auf eine frühere Besiedlung hin. Zwischen dem Ende des 11. und 14. Jahrhunderts erscheinen mehrere Herren von Dürbheim in den Urkunden. Sie gehörten dem Hochadel an. Als Bestandteil der Oberen Grafschaft Hohenberg kam der Ort 1381 an Österreich. Die Klöster Rottenmünster, Beuron und andere, weltliche und geistliche Herren hatten hier Besitzungen. Mit Hohenberg kam Dürbheim 1805 an Württemberg und gehörte bis 1938 zum Oberamt Spaichingen, danach zum Kreis Tuttlingen. Zu Beginn des 19. Jahrhunderts entstand der Ortsteil Risiberg auf dem Heuberg. - Die katholische Pfarrkirche St. Petrus und Paulus wurde 1763 erbaut, der Turm ein Jahrhundert später im neugotischen Stil erhöht. Beachtenswert ist in der Kirche die Kanzel mit den vier Kirchenvätern und die Kommunionbank, die aus dem Kreuzlinger Münster stammen soll. Beim Friedhof steht die gleichfalls barocke St.Kosmas- und Damian-Kapelle. Eine kleine Frauenklause ist für das 14. Jh. bezeugt. - Der Flurname Wallenburg südöstlich des Orts weist auf eine abgegangene Burg hin.
Einrichtungen: Grundschule, Mehrzweckhalle, Naturschutzgebiet Dürbheimer Moos.

Durchhausen

705-883 m, Fläche: 898 ha (davon 328 ha Wald und 498 ha landwirtschaftlich genutzt), Einwohner 1989: 743, Verwaltungsgemeinschaft Trossingen.
Nördlich des mächtigen Lupfens liegt das Straßendorf Durchhausen. Als „Husen unter Lupfen" wurde der Ort gegen Ende des 13. Jahrhunderts (1295) erstmals erwähnt. 1399 verkauften die Grafen von Nellenburg das Dorf an den Rottweiler Bürger Endinger. Nach den Bletz von Rotenstein waren die Gut von Sulz die Ortsherren. Eine Schloßbehausung mit Hofstatt wird in einer Urkunde von 1603 erwähnt. Durchhausen wurde 1602 an die Dompropstei Konstanz verkauft und der Herrschaft Konzenberg angegliedert. Als Teil dieser Herrschaft gelangte der Ort 1802/03 an Baden und 1806 schließlich an Württemberg. Seit dieser Zeit ist er Bestandteil des Oberamtes beziehungsweise Kreises Tuttlingen. - Die dem heiligen Ottmar geweihte Pfarrkirche aus dem Jahre 1624 ist heute profaniert. 1958 wurde die heutige katholische Pfarrkirche „Zu den heiligen Engeln" gebaut.
Einrichtungen: Mehrzweckhalle.

Egesheim

695-943 m, Fläche: 766 ha (davon 509 ha Wald und 202 ha landwirtschaftlich genutzt), Einwohner 1989: 463, Gemeindeverwaltungsverband Heuberg.
Bei Egesheim kommen wir zu dem Ort, der von den Gemeinden des alten Kreises Tuttlingen am frühesten erwähnt wurde. Ein gewisser Gundacar schenkte im Jahre 770 dem Kloster St.Gallen seinen Besitz in Egesheim mit Ausnahme von zwei Leibeigenen. Neben den Klöstern St. Gallen und Reichenau hatten später vor allem die Hohenberger Besitzungen. Die Grafen von Zollern und auch das Kloster Beuron besaßen Güter und Rechte im Ort. Seit 1381 gehörte er als Teil der Oberen Grafschaft Hohenberg zu Österreich. Mit ihr kam er auch 1805 an Württemberg und war bis zur Auflösung des Oberamtes Spaichingen Bestandteil desselben. Anschließend ging er an den Kreis Tuttlingen über. Südwestlich vom Ort, oberhalb des Anhauer Tals, liegt die Ruine Granegg. Im hohen Mittelalter war diese Burg Sitz der Edlen von Michelstein, die von 1101 bis um das Jahr 1300 bezeugt sind und dem Hochadel angehörten. Den Namen Michelstein trug die Burg bis ins 16. Jahrhundert. Damals kaufte ein Herr Ifflinger, der das österreichische Lehen des Schlosses von Fridingen besaß, die Burg und gab ihr den Namen Granegg, den sie heute noch trägt. Die Ifflinger von Granegg wohnten in Fridingen und ab und an auch in Villingen, aber nie auf dem

Michelstein. Im Mittelalter gab es neben den Herren von Michelstein auch die auf einer etwas tieferen sozialen Stufe stehenden Herren von Egesheim. Auf der Gemarkung lag auch das ehemals vorderösterreichische Frisch- und Hammerwerk Bärental (ca. 1700-1819), welches das im Schmelzwerk Harras, Gemeinde Wehingen, erzeugte Roheisen verarbeitete. - Als Kleinod erweist sich die katholische Pfarrkirche Mariä Himmelfahrt. Die ursprünglich gotische Kirche wurde um 1760 barockisiert (Maler Weegschaider und Dent, Stukkateurwerkstatt Feuchtmayer). Im frühen 14. Jahrhundert wird eine Frauenklause genannt. *Einrichtungen:* Gemeindehalle, Wintersportanlage.

Emmingen-Liptingen

580 - 860 m, Fläche: 5 458 ha (davon 2 483 ha Wald und 2711 ha landwirtschaftlich genutzt), Einwohner 1989: 3 333, Verwaltungsgemeinschaft Tuttlingen.

Mit „villa que dicitur Eminga" wurde Emmingen auf der Hegaualb im Jahre 820 erstmals urkundlich erwähnt. Auch hier ist eine St. Galler Urkunde wieder die Quelle für den schriftlichen Nachweis der Existenz des Ortes. Nach frühem Besitz der Klöster St. Gallen und Reichenau wird später ein solcher der Klöster St. Georgen und Salem erwähnt. Ab Mitte des 13. Jahrhunderts erscheinen Herren von Emmingen als Lehensleute der Grafen von Zollern. 1249 wird ein Cunrad von Emmingen genannt. 1522 erwarb Graf Georg von Lupfen den Besitz des Klosters Inzigkofen im Ort, darunter eine Burg. Diese wurde im 18. Jahrhundert restauriert und diente später als Pfarrhaus. Als Bestandteil der Herrschaft Hohenhewen kam Emmingen 1639 an die Fürstenberger, wurde 1806 badisch und kam zum Amt Engen. Ab 1936 war der Ort Teil des Bezirksamtes beziehungsweise Kreises Donaueschingen, bis er durch die Kreisreform 1973 in den Landkreis Tuttlingen eingegliedert wurde. - Durch seine Kapellen ist er über die Grenzen der engeren Heimat hinaus bekannt. Die Wallfahrtskapelle „Unserer Lieben Frau", besser bekannt als Schenkenbergkapelle, birgt eine große Anzahl Votivtafeln, die, abgesehen vom künstlerischen Aspekt, einen guten Einblick in das tägliche Leben früherer Zeiten geben. Kunsthistorisch nicht minder bedeutend ist die Zeilenkapelle wegen ihrer Wandmalereien aus dem 15. Jahrhundert. Die katholische Pfarrkirche St. Silvester wurde 1841/42 erbaut, der Turm rührt von der Vorgängerkirche aus dem 16. Jahrhundert her. Der barocke Hochaltar von 1688 und die Seitenaltäre standen ursprünglich in der Klosterkirche Amtenhausen. Die Pestkreuze, ein äußerst beliebtes Fotomotiv, werden, sobald sie morsch geworden sind, stets erneuert und erinnern so noch heute an Notzeiten. - Emmingen ist staatlich anerkannter Erholungsort.

Liptingen: Mit Liptingen kommen wir zu dem ersten schriftlich erwähnten Ort im Landkreis Tuttlingen. Schon im Jahre 761 übergab ein gewisser Hungär seine Besitzungen dem Kloster St. Gallen. Neben St. Galler Besitz gab es später solchen der Klöster St. Blasien, Allerheiligen in Schaffhausen und Salem. Ortsadel läßt sich gegen Ende des 12. und im 13. Jahrhundert nachweisen. Die Niedere Gerichtsbarkeit gehörte zur Hälfte den Nellenburgern und ab 1465 den Österreichern, die andere Hälfte kam erst 1554 an das Haus Habsburg. Liptingen war Amt und Kameralort der vorderösterreichischen Landgrafschaft Nellenburg. In den Blickpunkt der europäischen Geschichtsschreibung kam der Ort durch die Schlacht bei Stockach, die 1799 um Liptingen tobte. Nach einer kurzen württembergischen Phase von 1805 bis 1810 kam der Ort zu Baden, und zwar zum Bezirksamt, später Kreis Stockach und seit 1973 zum Landkreis Tuttlingen. - In der 1724/26 erbauten katholischen Pfarrkirche St. Michael steht ein Hochaltar des bekannten Barockkünstlers Joseph Anton Feuchtmayer. - Die Weiler Ederstetten und Wehstetten - deutet man ihre Namen richtig - gehen vermutlich auf alemannische Ausbausiedlungen des 7. Jahrhunderts zurück. Südöstlich des Dorfes liegt der Burgstall Homburg.

Die Gemeinde wurde am 1. Januar 1975 durch die Vereinigung der Orte Emmingen und Liptingen gebildet.

Einrichtungen: Hauptschule für die Gesamtgemeinde in Emmingen, Grundschule in Liptingen, Turn- und Festhalle (Witthohhalle) in Emmingen, Turn- und Festhalle in Liptingen, Dorfmusem Emmingen, Wintersportanlagen auf dem Witthoh, Ferienhaussiedlung.

Fridingen an der Donau

609-835 m, Fläche: 2 247 ha (davon 1 414 ha Wald und 658 ha landwirtschaftlich genutzt), Einwohner 1989: 3 145, Sitz des Gemeindeverwaltungsverbandes Donau-Heuberg.

Urkundlich erwähnt wurde Fridingen zwar erst im Jahre 861, doch Funde aus der mittleren Steinzeit in der sogenannten „Jägerhaus-Höhle" beweisen, daß schon zwischen 8 000 bis 5 000 v. Chr. auf der Gemarkung Menschen gewohnt haben. Einen großen alemannischen Friedhof entdeckten die Archäologen in der Flur Spital. Die etwa 320 Bestattungen machen deutlich, daß Fridingen schon bei den Alemannen ein beliebter Siedlungsort gewesen sein muß. Das ursprüngliche Dorf Fridingen lag wohl ebenfalls um die alte Pfarrkirche St. Martinus. Im 13. Jahrhundert bauten dann die Grafen von Hohenberg nordwestlich der heutigen Stadtanlage auf einer Hochfläche eine Burg mit einer kleinen befestigten Siedlung. Die Siedlung, das sogenannte Altfridingen, wird von den Forschern als Bollwork der Hohenberger gegen die damaligen zollerischen Besitzungen angesehen. Im ersten Drittel des 14. Jahrhunderts wurde dann beim alten Dorf im Tal der Donau die jetzige Stadt gegründet. Ausgangspunkt der Gründung war die Burg, die wir heute als Ifflingisches Schloß kennen, an der die Hohenberger die fast rechtwinklige neue Stadtanlage anschlossen. Der Umfang der mittelalterlichen Stadt läßt sich noch sehr deutlich erkennen. Die Burg dürfte mit der 1334 erwähnten Burg „Neuhohenberg" identisch sein. 1372 nahm Rudolf von Hohenberg die Stadt Fridingen von Böhmen als Lehen an. In dieser Urkunde wurde Fridingen zum erstenmal als Stadt bezeichnet. Mit dem Übergang der Herrschaft Hohenberg an Österreich kam auch sie

1381 an das Erzhaus. Fridingen war die einzige Stadt Oberhohenbergs und bis 1688 Sitz des Obervogts der Oberen Herrschaft bzw. Grafschaft Hohenberg. 1536/37 ging das Schloß als österreichisches Lehen in den Besitz der Familie Ifflinger von Granegg über. 1793 verkauften die Ifflinger ihr Schloß, über Mittelsmänner kam es schließlich an die Stadt. Es diente in der Folge als Armenhaus, Feuerwehrmagazin, Fabrikgebäude und Schlachthaus. Heute sind die katholische Pfarrbücherei St. Martinus, die Stadtbücherei und das Heimatmuseum darin untergebracht. Mit Hohenberg ging die Stadt 1805 an Württemberg über und gehört seit 1807 zum Oberamt beziehungsweise Kreis Tuttlingen. - In der oben genannten Urkunde von 861 wurde auch die Kirche zu Fridingen erwähnt. Die heutige katholische Stadtpfarrkirche St. Martinus wurde 1851 bis 1853 gebaut und in der Folge mehrmals renoviert. Ein barockes Schmuckstück stellt die St. Anna-Kapelle an der Landstraße nach Mühlheim dar. Die Deckengemälde stammen vom Fridinger Maler Franz Josef Zoll. - Hoch über dem Donautal steht eindrucksvoll das Schloß Bronnen, das 1303 zum erstenmal erwähnt wurde. Das Schloß und die Markung Bronnen waren Bestandteil der Herrschaft Enzberg-Mühlheim. Die Höhen um Fridingen trugen früher mehrere Burgen und befestigte Anlagen. Sie sind heute fast gänzlich abgegangen.
Einrichtungen: Grund- und Hauptschule, Sonderschule für Lernbehinderte, Donausporthalle, Festhalle (Donautalhalle), Freibad, Museum „Oberes Donautal" (Heimatmuseum), katholische Pfarrbücherei und Stadtbücherei, Naturbühne Steintäle, Bahnhof (Eilzughalt), Wintersportanlagen, Donauversinkung, Naturschutzgebiete Hintelestal und Stiegelesfels.

Frittlingen
586-830 m, Fläche: 879 ha (davon 198 ha Wald und 566 ha landwirtschaflich genutzt), Einwohner 1989: 1 762, Verwaltungsgemeinschaft Spaichingen.
Nach neuesten Forschungen ist Frittlingen wahrscheinlich schon 797 erstmals erwähnt worden. Für dieses Jahr sprechen auch die Funde aus der Alemannenzeit. Das Kloster Rottenmünster hatte schon ab 1306 Besitzungen im Dorf. Ein Teil Frittlingens gehörte der Herrschaft Konzenberg, der 1411 bzw. endgültig 1623 an Rottenmünster kam. Das Kloster hatte das Niedergericht im Ort, während Österreich durch den Vertrag von 1544 die Hohe Gerichtsbarkeit zustand. Als Rottenmünsterischer Flecken kam der Ort 1802/03 an Württemberg und war ab 1806 Teil des Oberamtes Spaichingen, ab 1938 des Kreises Tuttlingen. - 1876 bis 1878 wurde die katholische Pfarrkirche St. Hippolyt und Kassian neu erbaut. Bildwerke aus Gotik und Barock schmücken den Innenraum.
Einrichtungen: Grund- und Hauptschule, Sport- und Festhalle.

Geisingen
660-915 m, Fläche: 7 376 ha (davon 3 438 ha Wald und 3 431 ha landwirtschaftlich genutzt), Einwohner 1989: 5 255, Sitz des Gemeindeverwaltungsverbandes Immendingen-Geisingen.
Mit der ersten Stadt an der jungen Donau kommen wir zum zentralen Ort der Ostbaar. Geisingen wurde mit dem jetzigen Stadtteil Kirchen(-Hausen) 764 erstmals urkundlich erwähnt. Die im Ort aufgefundenen Reihengräber weisen jedoch schon auf eine frühere Besiedlung hin. Seit 1086 sind die edelfreien Herren von Geisingen, die gegen Ende des 11. Jahrhunderts auf den Wartenberg zogen, nachgewiesen. Sie nannten sich in der Folge nach diesem Berg. Der Ansiedlung zu Füßen ihres Hausberges gaben die Wartenberger vor 1300 das Stadt- und das Marktrecht. Die Stadt entstand neben einem älteren Dorf. Der Stadtgrundriß ähnelt einem regelmäßigen Rechteck mit rippenförmigem Straßennetz. Die Haupt- und Marktstraße teilt die Stadt in einen schmalen Nordteil und einen breiteren Südteil. Als Hauptort der Herrschaft Wartenberg kam die Stadt 1318/21 an Fürstenberg. Von 1542 bis kurz nach 1570 beherbergte sie die oberste fürstenbergische Verwaltung. Die Stadttore fielen erst 1846. Nach der Mediatisierung Fürstenbergs kam Geisingen an Baden, zuerst an die Ämter Hüfingen und Möhringen, seit 1844 zum Bezirksamt beziehungsweise Kreis Donaueschingen. Seit 1973 ist Geisingen Bestandteil des Landkreises Tuttlingen. Von der regionalen Bedeutung für die Ostbaar zeugen noch einige Gebäude, so das Rentamtsgebäude, das ehemalige Gasthaus Bären als Poststation und der herrschaftliche Fruchtkasten in der Schloßstraße. Dieser Straßenname weist auf ein abgegangenes Schloß hin, das etwa beim früheren Krankenhaus stand. Malerisch liegt in der südöstlichen Ecke der alten Stadt die „Alte Gerbe". - Der Wartenberg hatte im Mittelalter zwei Burgen. Die ältere, an der zur offenen Baar gelegenen Seite, ist schon im 15. Jahrhundert abgegangen. Von ihr ist noch ein künstlich aufgeschichteter Basaltsteinhaufen zu sehen. Die jüngere mußte 1780 einem Lustschloß weichen, das heute noch steht. Im ehemaligen Schloßgarten befindet sich die Einsiedelei der Kapuziner. 1934 wurde der Wartenberg nach Geisingen eingemeindet. Ende des 18. Jahrhunderts wurde unterhalb des Wartenbergs die Kolonistensiedlung „Dreilärchen" gegründet. - Bis 1536 war die Geisinger Kirche Filiale von Kirchen(-Hausen). 1551 wurde die katholische Pfarrkirche St. Nikolaus anstelle einer älteren Kapelle gebaut. Als ältestes kirchliches Gebäude gilt die seit 1384 genannte Walpurgiskapelle auf dem Friedhof. Der Chor der Wallfahrtskapelle Heiligkreuz vor dem unteren Tor mit der wohlbekannten Figur, dem „Geschossenen Christus", wurde 1741 gebaut, das Kirchenschiff fehlt immer noch. Im 14. Jahrhundert wurde ein Frauenklösterlein erwähnt. Die evangelische Pfarrkirche wurde 1957 gebaut.
Aulfingen: Der Stadtteil wurde 770 erstmals urkundlich erwähnt. Auch hier ist die Quelle wieder eine Schenkungsurkunde des Klosters St. Gallen. 1310 erscheint mit Heinrich von Aulfingen, einem Ratsherrn in Villingen, wahrscheinlich zum erstenmal ein Ortsadliger. 1348 ist Aulfingen Le-

hen der Herren von Tengen für das Geschlecht Studengast. Schloß und Dorf waren in der Folge in verschiedenen Händen, bis sie 1749 an die Herren von Wessenberg kamen und 1775 schließlich an die Fürsten von Fürstenberg. Das ehemalige Schlößchen beherbergt heute die Ortschaftsverwaltung und das Pfarramt. Am Schloßhof stehen noch die früheren Wirtschaftsgbäude mit der Zehntscheuer. Die Hohe Gerichtsbarkeit beanspruchten Fürstenberg und Nellenburg. Mit Fürstenberg kam der Ort 1806 an Baden. Über die Ämter Möhringen (1807) und Engen (1844) kam er 1936 zum Bezirksamt beziehungsweise Kreis Donaueschingen und 1973 zum Landkreis Tuttlingen. - Die katholische Kirche St. Nikolaus war bis 1749 Filiale von Kirchen. - An der Grenze zu Neudingen und auf dessen Gemarkung wurde in den Jahren 1766/67 das fürstenbergische Jagdschloß Länge erbaut, das bereits 1840 wieder abgebrochen wurde. - Seit 1. Januar 1974 gehört Aulfingen zur Stadt Geisingen.
Gutmadingen: Der Ortsteil unterhalb des Wartenbergs dürfte vermutlich Ende des 10. Jahrhunderts erstmals urkundlich erwähnt worden sein. Als Bestandteil der Herrschaft Wartenberg kam er 1318/21 an Fürstenberg und teilte fünf Jahrhunderte lang das Schicksal der fürstenbergischen Ostbaargemeinden. Nach der Mediatisierung Fürstenbergs kam Gutmadingen zuerst zum Amt Hüfingen, dann zum Amt Möhringen und ab 1844 zum Bezirksamt beziehungsweise Kreis Donaueschingen. Seit 1973 gehört es zum Landkreis Tuttlingen. In den zwanziger Jahren dieses Jahrhunderts begann man mit Schürfarbeiten im Bergwerk am Kapf. Der Eisengehalt der Förderung war jedoch sehr gering, so daß der Betrieb eingeschränkt und 1942 aufgegeben wurde. - Die neugotische katholische Kirche St. Konrad wurde 1885 erbaut. - Seit 1. April 1972 ist Gutmadingen ein Stadtteil von Geisingen.
Kirchen-Hausen: Als „Chiriheiim" wurde der Stadtteil 764 in der gleichen Urkunde wie die Stadt Geisingen erstmals erwähnt. Kirchen - nomen est omen - war Mutterkirche der ganzen Umgebung und Sitz eines Dekans (1275). Kirchen und Hausen, letzteres wurde 1312 erstmals erwähnt, kamen als Teile der Herrschaft Wartenberg 1318/21 an die Grafen von Fürstenberg. 1806 wurden beide Ortsteile badisch. Sie gehörten zuerst zum Amt Möhringen, dann zu Engen und ab 1936 zum Bezirksamt beziehungsweise Kreis Donaueschingen. - Die katholische Kirche Maria vom Berge Karmel von 1703/26 wurde mehrfach erneuert. Die Antoniuskapelle stammt aus dem 15. Jahrhundert. - Der Doppelname Kirchen-Hausen wird erst seit dem 14. November 1961 verwendet, vorher „Kirchen und Hausen". - Seit dem 1. April 1972 ist es Stadtteil von Geisingen.
Leipferdingen: Die Klöster St. Gallen, Allerheiligen in Schaffhausen und Reichenau hatten in dem 778 erstmals erwähnten Ort Besitzungen und Rechte. Vermutlich gehörte der Ort einst zur Herrschaft Hohenhewen, ab dem ausgehenden 14. Jahrhundert zur Herrschaft Blumenfeld. Mit der Herrschaft wurde Leipferdingen von den Herren von Klingenberg an die von Bodman und von Jungingen verkauft und kam 1488 schließlich wieder in den Besitz der Klingenberger. In der Folge gehörte es zur Deutschordenskommende Mainau. Der Ort wurde 1806 badisch und kam zum Amt Blumenfeld, 1857 zum Engener Bezirksamt, um schließlich 1936 bis zum Übergang an den Landkreis Tuttlingen bei Donaueschingen zu verbleiben. - Die im 15. Jahrhundert erwähnte Kirche „Unserer Lieben Frau" war eine bekannte Wallfahrtsstätte. Das Langhaus der jetzigen katholischen St. Michaelskirche wurde nach einem Brand 1932/34 neu errichtet. - Seit 1. Januar 1974 ist Leipferdingen nach Geisingen eingemeindet.
Einrichtungen: Grund- und Hauptschule, Ausbildungszentrum des Volksmusik-Kreisverbandes Rottweil-Tuttlingen, Zweckverband Pflege- und Altenheim „Haus Wartenberg", Festhalle, Notariat, Bahnhof, Bundesautobahn-Ausfahrt (alles in Geisingen), Gemeindehaus in Gutmadingen, Grundschule und Gemeindehalle in Kirchen-Hausen, Grundschule Leipferdingen, Mehrzweckhallen in Aulfingen und Leipferdingen, Naturschutzgebiete Unterhölzer Wald und Hörnekapf.

Gosheim

715-1015 m, Fläche: 931 ha (davon 394 ha Wald und 380 ha landwirtschaftlich genutzt), Einwohner 1989: 3 217, Sitz des Gemeindeverwaltungsverbandes Heuberg.
Wenn auch die Gemeinde Gosheim erst verhältnismäßig spät, im Jahre 1295, urkundlich erwähnt wurde, so hat sie doch eine Besonderheit, um die sie manch andere Gemeinde beneidet: Auf der Gemarkung liegt die mit 1 015 Meter höchste Erhebung der Schwäbischen Alb, der Lemberg. 1355 verkauften Abt Eberhard und der Konvent von Reichenau die Dörfer Wehingen und Gosheim an das Kloster Alpirsbach. Dieser Verkauf verursachte jahrhundertelange Streitigkeiten zwischen dem Kloster Alpirsbach, später Württemberg und Österreich über die Rechte in den beiden Dörfern. Die Vogtei über Gosheim war mit der Burg Wehingen schon 1351 an Herzog Albrecht von Österreich gekommen. Bis zum Jahre 1805 erscheint der Ort als Teil der Oberen Grafschaft Hohenberg und unterstand dem Obervogteiamt in Spaichingen. Danach war Gosheim Teil des württembergischen Oberamtes Spaichingen. Seit 1938 gehört der Ort zum Kreis Tuttlingen. - Die heutige katholische Heiligkreuz-Kirche wurde 1959 bis 1961 erbaut. Der Kirchturm stammt aus dem Jahre 1540.
Einrichtungen: Grundschule, Hauptschule, Realschule und Progymnasium mit Sporthalle im Bildungszentrum gemeinsam mit Wehingen, Sonderschule für Lernbehinderte, Festhalle, Jurabad mit Sauna, Wintersporteinrichtungen, Aussichtsturm auf dem Lemberg.

Gunningen

710-810 m, Fläche: 544 ha (davon 128 ha Wald und 372 ha landwirtschaftlich genutzt), Einwohner 1989: 537, Verwaltungsgemeinschaft Trossingen.
Das Dorf Gunningen wurde 798 erstmals erwähnt. Seine Geschichte ist eng mit der des Klosters St. Georgen ver-

knüpft. Seit 1092 werden Schenkungen an das Kloster genannt, das später den ganzen Ort besaß. Nach der Reformation gehörte er zum Nachfolgekloster St. Georgen in Villingen. Die Hohe Gerichtsbarkeit lag bei Österreich über die Grafschaft Hohenberg, als deren Dominium der Ort in der Literatur teilweise auftaucht. Er blieb deshalb auch nach der Reformation katholisch. Österreich und Württemberg stritten sich jahrhundertelang um Rechtstitel in Gunningen. Die Herren von Karpfen, später Wiederhold, hatten im Ort ebenfalls Besitzungen. 1805 kam er an Württemberg, gehörte bis 1810 zum Oberamt Spaichingen und dann zum Oberamt beziehungsweise Kreis Tuttlingen. - Die heutige katholische Pfarrkirche St. Georg wurde 1816 bis 1820 neu gebaut, wobei der gotische Turm einer Vorgängerkirche erhalten blieb.
Einrichtungen: Gemeindehalle.

Hausen ob Verena
742-952 m, Fläche: 588 ha (davon 290 ha Wald und 260 ha landwirtschaftlich genutzt), Einwohner 1989: 647, Verwaltungsgemeinschaft Spaichingen.
Ganz beherrscht von seinem Hausberg wird Hausen ob Verena, das um 1100 in den Urkunden auftaucht. 1275 wird es „Husen apud Kalphen" genannt. Mit diesem Hohenkarpfen war es im Laufe der Geschichte immer verbunden. Der spätere Beiname „ob Verena" könnte von einer Verena-Kapelle herrühren, auf die es bei Balgheim und Dürbheim Hinweise gibt. Die Geschichte von Burg und Herrschaft Karpfen haben wir im allgemeinen geschichtlichen Teil schon näher betrachtet. Hausen war später Bestandteil des württembergischen Stabsamts Hohenkarpfen, das mit dem Oberamt in Tuttlingen personell verbunden war. Von 1806 bis 1810 gehörte Hausen zum Oberamt Spaichingen, danach zum Oberamt Tuttlingen. 1844 wurde die Gemarkung Hohenkarpfen mit der von Hausen vereinigt. - Die Pfarrei war mit der Gunninger bis zur Reformation eng verbunden. Die evangelische Pfarrkirche St. Stefanus enthält noch gotische Bauteile. Sie wurde 1769 verändert, ihre Ausstattung ist beachtenswert. Das Kirchlein besitzt noch einige Gegenstände, die an die zweite Linie der Herren von Karpfen erinnern.
Einrichtungen: Grundschule, Mehrzweckhalle, Museum der Kunststiftung Hohenkarpfen, Naturschutzgebiet Hohenkarpfen.

Immendingen
572-948 m, Fläche 7 401 ha (davon 4 362 ha Wald und 2 508 ha landwirtschaftlich genutzt), Einwohner 1989: 5 374, Gemeindeverwaltungsverband Immendingen-Geisingen.
Relativ spät, 1101, wurde der Ort erstmals urkundlich erwähnt. In dieser ersten Erwähnung trat auch ein Immo von Immendingen aus dem Dunkel der Geschichte. Die Herren von Immendingen waren Lehensleute der Wartenberger und später der Fürstenberger. Seit der Teilung der Familie von Immendingen im 14. Jh. in zwei Linien, gibt es im Flecken bis zum Jahre 1806 zwei Ortsherrschaften. In der oberen Burg, im jetzigen Rathaus, einem fürstenbergischen Lehen, regierten ab 1672 die Roth von Schreckenstein die untere Burg, jetzt Teil der Gießerei und Maschinenfabrik, einst ein fürstenbergisches Kunkellehen. Es kam 1504/06 an die Freiherren von Reischach. Das vereinigte badische Immendingen unterstand bis 1844 dem Amt Möhringen, danach dem Amt Engen und schließlich ab 1936 dem Bezirksamt Donaueschingen. Seit 1973 gehört der Ort zum Landkreis Tuttlingen. - Die klassizistische katholische Pfarrkirche St. Peter und Paul stammt aus den Jahren 1787 bis 1791, wurde 1936 mit einem neuen Schiff an der westlichen Längsseite erweitert und 1963/1973 renoviert. Baureste aus dem 13. Jh. sind vorhanden (Ortschronik). - Zu Immendingen gehört der Gemeindeteil Bachzimmern, der schon im 12. Jh. erwähnt wurde. Bachzimmern war einst im Besitz der Wartenberger und später der Fürstenberger. Beachtenswert sind die spätgotische Verenakapelle von 1591 und das ehemals fürstenbergische Jagdschloß aus dem 18. Jh. 1707 errichtete Fürstenberg in Bachzimmern einen Schmelzofen, wenig später ein Hammerwerk, das unter dem Namen „Amalienhütte" bis 1878 betrieben wurde.
Hattingen: Der Ort erscheint Ende 973 in den Urkunden. In dieser Urkunde wurde er dem Kloster Reichenau geschenkt. Als Teil der Herrschaft Hewen kam er über Österreich, die Landgrafen von Lupfen und die von Pappenheim schließlich 1639 an die Grafen von Fürstenberg. Ab 1807 war er Teil des badischen Amts Engen und ab 1936 des Bezirksamts Donaueschingen. Seit 1973 gehört es zum Landkreis Tuttlingen. - Der erste urkundliche Nachweis einer Pfarrkirche in Hattingen stammt aus dem Jahr 1212. Die katholische Pfarrkirche St. Synesius und Theopont und der Pfarrhof bilden eine reizvolle Anlage im Ortskern. Auf der Gemarkung stand auch das seit 1275 bezeugte und schon im späteren Mittelalter abgegangene Frauenklösterlein zu Brunnen. Die Brunnenkapelle, die dem heiligen Nikolaus geweiht ist, war ein weitum geschätzter Wallfahrtsort. - Auf der Gemarkung Hattingen/Baden liegt die wichtige Abzweigung der Eisenbahn von Konstanz/Zürich nach Offenburg beziehungsweise Stuttgart. - Hattingen wurde am 1. Dezember 1974 nach Immendingen eingemeindet.
Hintschingen: Zwar wurde der Ort erst 1312 genannt, doch deutet der bekannte Reihengräberfriedhof mit dem reichhaltigen Fürstengrab auf eine frühere Besiedlung hin. Hintschingen war in der Folge Bestandteil der Herrschaft Wartenberg und kam mit ihr 1318/21 an Fürstenberg. Es gehörte ab 1807 zum badischen Möhringen, 1844 zum Amt Engen und ab 1936 zum Bezirksamt Donaueschingen. 1973 kam es zum Landkreis Tuttlingen. - Die kleine Kirche St. Wendelin von 1747 war und ist eine Filiale der Pfarrei Kirchen (-Hausen). - Hintschingen wurde am 1. Dezember 1974 nach Immendingen eingemeindet.
Ippingen: 880 wurde das malerisch am Ende des Bachzimmertals gelegene Ippingen erstmals urkundlich erwähnt. Es war Bestandteil der Herrschaft Möhringen, wobei Für-

stenberg die Hohe Gerichtsbarkeit zustand. 1553 kam der Ort an Fürstenberg, 1806 an Baden, und zwar zuerst zum Amt Möhringen, nach dessen Auflösung 1844 zum Bezirksamt Donaueschingen und 1973 zum Landkreis Tuttlingen. Das markanteste Gebäude des kleinen Ortes ist das mächtige Staffelgiebelhaus „Baaremer Riese". - Ippingen war bis zur Reformation 1558 eine Filiale von Öfingen. Die katholische Pfarrkirche St. Prisca stammt aus dem Jahre 1610 und wurde mehrfach renoviert. - Ippingen wurde am 1. Dezember 1974 nach Immendingen eingemeindet.

Mauenheim: Der 973 erstmals erwähnte Ort kam wie Hattingen durch eine Schenkung an das Kloster Reichenau. Mauenheim gehörte zur Grafschaft Nellenburg-Tengen. 1604 ging der Ort von den Grafen von Zollern an die Erbmarschälle von Pappenheim über. Seit 1609 war Mauenheim schließlich bei Fürstenberg und blieb es auch bis zum Jahre 1806. Seit 1807 gehörte es zum badischen Amt Möhringen, 1844 zum Amt Engen und 1936 zum Bezirksamt Donaueschingen. - Die Pfarrkirche St. Bartholomäus wurde in den Jahren 1722 bis 1725 nach einem Brand der Vorgängerkirche neu errichtet. Das sogenannte Chörle im gotischen Stil ist ein Überrest der Vorgängerkirche. - Mauenheim wurde am 1. Dezember 1971 nach Immendingen eingemeindet.

Zimmern: Ebenfalls 973 wurde „Timbirn an der Tonow" genannt. Als Bestandteil der Landgrafschaft Baar kam es 1318/21 an das Haus Fürstenberg und blieb es auch bis zum Jahre 1806. Danach gehörte der Ort zum Amt Möhringen, ab 1844 zum Amt Engen und 1936 zum Bezirksamt Donaueschingen. - Das Gotteshaus, das St. Gallus geweiht ist, wurde 1623 bis 1625 neu erbaut und später öfters erweitert und renoviert. - Auf der heutigen Gemarkung des Ortsteils lag das bekannte und für die Baar bedeutende Benediktinerinnenkloster Amtenhausen, das von Abt Theoger von St. Georgen im Jahre 1107 gegründet wurde. Das Kloster hatte in zahlreichen Orten der Ostbaar zum Teil beträchtlichen Besitz. Es galt als wartenbergisches Hauskloster, wenn auch andere Adlige der Umgebung reiche Schenkungen an das Kloster machten. Mit dem Übergang der Landgrafschaft Baar an Fürstenberg kam auch Amtenhausen an die neuen Herren. Im Zuge der Säkularisierung zu Beginn des 19. Jahrhunderts wurde das Kloster aufgehoben, die Kunstschätze wurden in alle Winde zerstreut und die Klostergebäude um die Mitte des 19. Jahrhunderts fast gänzlich abgebrochen. An Gebäuden ist nur noch das Prioratsgebäude zu sehen.

Zimmern wurde am 1. Januar 1971 nach Immendingen eingemeindet.

Einrichtungen: Grund- und Hauptschule, Realschule, Sporthalle, Festhalle (Donauhalle), Heimatmuseum, Bundeswehrstandort, Standortverwaltung, Staatliches und Fürstenbergisches Forstamt, Bahnhof (Schnellzugstation), Eisenbahnknotenpunkt (alles in Immendingen), Sonderschule für Lernbehinderte in Zimmern, Mehrzweckhallen in allen Ortsteilen, Diabetiker-Kinderheim der Arbeiterwohlfahrt auf dem Witthoh, Donauversinkung, Naturschutzgebiete Hewenegg und Ramberg-Rehletal.

Irndorf

605-891 m, Fläche: 1 455 ha (davon 476 ha Wald und 861 ha landwirtschaftlich genutzt), Einwohner 1989: 713, Gemeindeverwaltungsverband Donau-Heuberg.

Auf der Albhochfläche überm und am Steilhang zur Donau liegt Irndorf. Egilwarth von „Ürendorf" taucht 1094 als Zeuge in einer Schenkungsurkunde des Klosters Allerheiligen auf. Mit dem Namen des Adligen dürfte auch der Ort erstmals genannt worden sein. 1278 kaufte das Kloster Beuron die Vogtei über das Dorf. Irndorf war Bestandteil der Herrschaft Mühlheim. Ab 1409 war der Ort mit der Herrschaft im Besitz der Herren von Enzberg. 1796 verbrannten die Franzosen aus Rache für die Gefangennahme eines Generals durch die Österreicher zum großen Teil den Ort. Mit der Herrschaft Mühlheim kam er 1805 an Württemberg und gehörte von da ab zum Oberamt Tuttlingen. 1972 übernahm das bis dahin genannte „Irrendorf" den in den Urkunden nachgewiesenen ursprünglichen und heutigen Namen Irndorf. - Der kleine Ort besitzt zwei Kirchen, die heutige Friedhofskapelle aus dem 17. Jahrhundert und die 1848/49 erbaute katholische Pfarrkirche St. Petrus. Beide Gotteshäuser wurden durch die Beuroner Schule ausgemalt. - Irndorf ist staatlich anerkannter Erholungsort.

Einrichtungen: Grundschule, Naturschutzgebiet Irndorfer Hardt.

Kolbingen

650-913 m, Fläche: 1 649 ha (davon 632 ha Wald und 906 ha landwirtschaftlich genutzt), Einwohner 1989: 1 086, Gemeindeverwaltungsverband Donau-Heuberg.

Oben auf der Hochfläche des Großen Heubergs zum Donautal hin liegt Kolbingen. 1253 erscheint der Ort zum erstenmal in den Urkunden. Er war im alten Reich Bestandteil der Herrschaft Werenwag, die ein Dominium der österreichischen Grafschaft Hohenberg war. Das erbliche österreichische Mannlehen Werenwag hatten zuerst die Laubenberger, ab 1629 die Fürstenberger und schießlich ab 1702 die Freiherren von Ulm zusammen mit der Herrschaft Kallenberg inne. 1805 kam Kolbingen an Württemberg. Seither gehört es zum Oberamt beziehungsweise Kreis Tuttlingen. - Die katholische Erlöserkirche wurde 1972 bis 1974 erbaut. Die frühere Pfarrkirche St. Sixtus (Xystus), 1821 erbaut, 1921 erneuert und ausgemalt, dient heute als Begräbniskirche.

Einrichtungen: Grund- und Hauptschule, Schulturnhalle, Lehrschwimmbecken, begehbare Schau- und Tropfsteinhöhle Kolbinger Höhle, Naturschutzgebiet Hintelestal.

Königsheim

803-929 m, Fläche: 436 ha (davon 180 ha Wald und 216 ha landwirtschaftlich genutzt), Einwohner 1989: 508, Gemeindeverwaltungsverband Heuberg.

Erst Mitte des 13. Jahrhunderts tauchte der Heubergort in

den Urkunden auf. Damals war er im Besitz des Klosters Beuron. Wie andere Bestandteile der Herrschaft Mühlheim kam Königsheim von den Zollern an Konrad von Weitingen, ab 1409 an die Herren von Enzberg. Der Ort war wie Böttingen ab 1516 ein österreichisches Mannlehen. Mit der Herrschaft kam Königsheim 1805 an Württemberg. Es war bis 1938 Teil des Oberamts Spaichingen und kam dann zum Kreis Tuttlingen. - Die katholische Pfarrkirche St. Agatha stammt aus der ersten Hälfte des 19. Jahrhunderts, die Antoniuskapelle von 1899.
Einrichtungen: Jugendbegegnungsstätte St. Franziskus.

Mahlstetten
715-943 m, Fläche: 1 220 ha (davon 599 ha Wald und 551 ha landwirtschaftlich genutzt), Einwohner 1989: 681, Verwaltungsgemeinschaft Spaichingen.
Hier hatte das Kloster Beuron große Besitzungen. Mit dem Kloster kam Mahlstetten 1253 unter die Vogtei der Grafen von Zollern. Als Bestandteil der Herrschaft Mühlheim ging es 1409 an die Herren von Enzberg über. Fortan teilte der Ort die Geschicke der enzbergischen Herrschaft. In den Jahren 1659 bis 1701 war er wegen der hohen Verschuldung der Herrschaft im Besitz des Hauses von Bodman. Mit der Herrschaft Mühlheim wurde er 1805 württembergisch und ab 1806 Teil des Oberamts Spaichingen. Nach dessen Auflösung kam der Ort 1938 zum Kreis Tuttlingen. - Die katholische Pfarrkirche St. Konrad wurde in der Mitte des 19. Jahrhunderts erbaut und inzwischen modernisiert. - 1253 wurde der Ort Aggenhausen erwähnt, der mindestens bis 1344 eine eigene Pfarrkirche hatte. Vom früheren Dorf Aggenhausen, das vermutlich durch die Pest im 14. Jahrhundert ausgelöscht wurde, ist nur noch die Kirche übriggeblieben. Die heutige Kirche wurde um 1750 gebaut. Das Deckenbild des Fridinger Malers Anton Hamma zeigt die Überreichung der Ablaßbulle für die Wallfahrtskirche Aggenhausen aus dem Jahre 1344 durch Papst Clemens VI. Noch heute wallfahren Gläubige zur Gottesmutter von Aggenhausen. Die Kirche ist vom Friedhof der Gemeinde Mahlstetten umgeben.
Einrichtungen: Wintersportanlagen, Ferienhaussiedlung.

Mühlheim an der Donau
626-887 m, Fläche: 2 173 ha (davon 1 230 ha Wald und 762 ha landwirtschaftlich genutzt), Einwohner 1989: 3 309, Gemeindeverwaltungsverband Donau-Heuberg.
Auf einem Felssporn hoch über der Donau liegt das mittelalterliche Städtchen. 843 wird der Ort als „Muleheim" erstmals erwähnt. Den Namen dürfte er von den Mühlen am Wulfbach haben. Diese Erwähnung bezieht sich auf die nördlich vom jetzigen Stadtzentrum gelegene sogenannte Altstadt. Das heutige Städtchen wurde vermutlich in der ersten Hälfte des 13. Jahrhunderts angelegt. 1241 wurde Mühlheim als „burgum" bezeichnet, 1266 ein Schultheiß genannt. 1303 erhielt das Bistum Konstanz die Herrschaft Mühlheim als Lehen. 1391 verkaufte Friedrich von Zollern (genannt Mülli) die Herrschaft an Konrad von Weitingen, dessen Neffen wiederum veräußerten sie 1409 an die Brüder Engelhard und Friedrich von Enzberg. Mühlheim blieb bis zum Übergang an Württemberg 1805 Hauptort der gleichnamigen Herrschaft. Zwei Gebäude prägen das Bild des Städtchens: das zu Beginn des 15. Jahrhunderts mit einem prächtigen Holzfachwerk erbaute Rathaus und das um die Mitte des 18. Jahrhunderts in seiner jetzigen Gestalt umgebaute Schloß der Freiherren von Enzberg, das von mehreren herrschaftlichen Gebäuden umgeben ist. Die fast unversehrte mittelalterliche Stadtanlage mit Fachwerkhäusern und dem alten (oberen) Stadttor geben dem Städtchen auch noch heute eine besondere Atmosphäre. Das Vordere Schloß, das sich in städtischem Besitz befindet, wird das Heimatmuseum und andere kulturelle Einrichtungen beherbergen. - Schon 1275 wurde ein Pleban an der St. Gallus-Kirche in der Altstadt erwähnt. Die Kirche enthält frühromanische Bauteile und gotische Fresken und diente als Grablege für die Herren von Enzberg. Daneben befindet sich die kleine Veitskapelle mit ihrer auffallenden Außenkanzel. An der alten Mühlheimer Steige unterhalb des Schlosses steht die restaurierte Sebastianskapelle. Die katholische Stadtpfarrkirche St. Maria Magdalena wurde Ende des 18. Jahrhunderts erbaut. Der Turm stammt aus der Gotik. Ein bekannnter Wallfahrtsort ist „Maria Hilf" auf dem Welschenberg, der 1649 eingerichtet wurde. Die Wallfahrt wurde 1811 aufgehoben, die Gebäude sind zum größten Teil abgebrochen. Verschiedene Teile der Anlage wurden wieder aufgebaut. - Der Kraftstein mit Ruine und Hofgut gehört seit 1386/87 zu Mühlheim. - Die Stadt ist staatlich anerkannter Erholungsort.
Stetten: Der Ortsteil im Donautal wurde gegen Ende des 10. Jahrhunderts erwähnt. Funde aus der Jungsteinzeit und der Alemannenzeit fanden in der Fachwelt großes Interesse. Stetten gehörte bis 1805 zur Herrschaft Mühlheim. Die Freiherren von Enzberg hatten gemäß dem Vertrag von 1544 die Hohe und Niedere Gerichtsbarkeit im Ort. Wegen Zahlungsschwierigkeiten der Familie von Enzberg war er von 1653 bis 1775 im Besitz des Klosters Zwiefalten. 1805 kam er an Württemberg und gehört seitdem zum Oberamt/Kreis Tuttlingen. - Seit 1843 gibt es hier eine selbständige katholische Pfarrei. Die neugotische Pfarrkirche St. Nikolaus wurde 1864/66 erbaut. - Stetten wurde am 1. Dezember 1971 nach Mühlheim eingemeindet.
Einrichtungen: Grundschule, Realschule, Sporthalle, Festhalle, Hallenbad mit Sauna, Notariat, Wintersportanlagen. Naturschutzgebiete Hintelestal und Kraftstein, Gemeindezentrum (Stetten).

Neuhausen ob Eck
641-812 m, Fläche: 4 642 ha (davon 1 760 ha Wald und 2 625 ha landwirtschaftlich genutzt), Einwohner 1989: 3 206, Verwaltungsgemeinschaft Tuttlingen.
Der Ort liegt auf einer Hochfläche, die sich bei Tuttlingen steil ansteigend rechts der Donau nach Osten zieht und dabei etwas abfällt. Unter dem Namen „villa Nuwenhusin" erscheint er zum erstenmal Ende des 11. Jahrhunderts in den

Urkunden. Der Ortsname und die Tatsache, daß es auf der Gemarkung drei abgegangene Siedlungen, Weil (römisch), Ödenstetten und Tanningen, gibt, weisen auf eine frühere Besiedlung hin. Das jetzige Neuhausen dürfte daher ein neu angelegter Wohnplatz nach Abgang eines früheren gewesen sein. Das Kloster Allerheiligen in Schaffhausen hatte ausgedehnte Besitzungen. Noch im 20. Jahrhundert war der Magistrat von Schaffhausen der Patronatsherr von Neuhausen. Wie der Ort vor 1481 württembergisch wurde, ist noch nicht geklärt. Die Hohe und Forstliche Gerichtsbarkeit lag bei Österreich, alle anderen Rechte bei Württemberg. Laut Oberamtsbeschreibung gehörte er zur Landgrafschaft Nellenburg und lag innerhalb des nellenburgischen Forstes. In der neuwürttembergischen Zeit war Neuhausen Teil des Oberamtes und später des Kreises Tuttlingen. - Die evangelische Pfarrkirche St. Gervasius wurde im 17. Jahrhundert erbaut und zuletzt 1970 modernisiert. Ein Teil der früheren Ausstattung ist noch vorhanden. Die katholische Kirche St. Michael wurde 1968/69 erbaut.
Schwandorf: Schwandorf wurde als solches erstmals 1145 urkundlich erwähnt, seine eigentlichen Teile Holzach schon 785, Volkertsweiler 1112 und Ober- und Unterschwandorf 1253. Für das 13. und 14. Jahrhundert ist Ortsadel nachgewiesen. Auf dem Kalkfelsen am Südausgang von Oberschwandorf soll eine Burg gestanden haben. Schwandorf, das schon in frühester Zeit immer geteilt war, gehörte mit seinen Ortsteilen zur Landgrafschaft Nellenburg und wurde mit ihr ab 1465 österreichisch. Es war Teil des Kameralorts beziehungsweise Amts Madach. Von 1805 bis 1810 war Schwandorf württembergisch und kam dann an das badische Bezirksamt Stockach. - Die Pfarrkirchen in Oberschwandorf und Holzach wurden 1275 urkundlich genannt. Die katholische Pfarrkirche St. Ulrich in Oberschwandorf von 1790 enthält eine gute Ausstattung, unter anderem Figuren des bekannten Barockkünstlers Joseph Anton Feuchtmayer. Die Kapelle von Holzach wurde um 1630 und die St. Nikolaus-Kirche in Unterschwandorf 1882 erbaut. - Schwandorf wurde am 1. Januar 1973 nach Neuhausen eingemeindet.
Worndorf: Der Ortsname ist seit 993 nachgewiesen. Ortsadel erscheint in der ersten Hälfte des 14. Jahrhunderts. Worndorf war Bestandteil der gleichnamigen Herrschaft. Besitzer der Herrschaft waren seit 1608 die Herren von Freiberg-Eisenberg. Ein kleines, an exponierter Stelle im Dorf liegendes Schlößchen erinnert noch daran. Österreich hatte wegen Nellenburg die Landeshoheit. Hohe und Forstliche Gerichtsbarkeit gehörten der Landgrafschaft Nellenburg und Sigmaringen gemeinsam. 1806 kam der Ort an Baden und gehörte abwechselnd zu den Bezirksämtern Meßkirch und Stockach. - Die katholische Pfarrkirche St. Mauritius ist mehrfach verändert worden und hat eine gediegene barocke Ausstattung. - Worndorf wurde am 1. Januar 1973 nach Neuhausen eingemeindet.
Einrichtungen: Grund- und Hauptschule, Heeresflugplatz in Neuhausen, Mehrzweckhallen in Neuhausen (Homburghalle) und in Worndorf, Wintersportanlage, Regionales Bäuerliches Freilichtmuseum in Neuhausen.

Reichenbach am Heuberg
726-974 m, Fläche: 610 ha (davon 398 ha Wald und 163 ha landwirtschaftlich genutzt), Einwohner 1989: 403, Gemeindeverwaltungsverband Heuberg.
Reichenbach am Heuberg wurde 793 erstmals genannt. Der Ort war Bestandteil der Oberen Grafschaft Hohenberg und ging mit ihr 1381 an Österreich. Alle Rechte im Ort hatte Österreich inne. Mit Hohenberg kam Reichenbach 1805 an Württemberg und gehörte von 1806 bis 1938 zum Oberamt Spaichingen und ab 1938 zum Kreis Tuttlingen. - Die katholische Pfarrkirche St. Nikolaus wurde 1721 erbaut und erhielt später eine Rokoko-Ausstattung. Sie gilt mit der Nachbarkirche in Egesheim als ein kunsthistorisches Kleinod.
Einrichtungen: Wintersportanlagen, Schullandheim mit Turnhalle.

Renquishausen
790-912 m, Fläche: 771 ha (davon 238 ha Wald und 483 ha landwirtschaftlich genutzt), Einwohner 1989: 618, Gemeindeverwaltungsverband Donau-Heuberg.
Mit der Erwähnung von Grundbesitz des Klosters St. Georgen erscheint der Ort zum erstenmal 1092 in den Urkunden. 1372 trug Graf Rudolf von Hohenberg neben anderen Orten Renquishausen der Krone Böhmens zu Lehen auf. Als Bestandteil der Grafschaft Hohenberg kam der Ort 1381 an Österreich. In der Folge gehörte er zum hohenbergischen Dominium Werenwag und teilte das Schicksal seiner Nachbargemeinde Kolbingen. 1805 wurde er württembergisch und kam zunächst bis 1811 zum Oberamt Spaichingen, danach zum Oberamt/Kreis Tuttlingen. - Die katholische St. Stephanus-Kirche wurde 1827 erbaut.

Rietheim-Weilheim
665-921 m, Fläche: 1 198 ha (davon 459 ha Wald und 622 ha landwirtschaftlich genutzt), Einwohner 1989: 2 305, Verwaltungsgemeinschaft Tuttlingen.
In einer Schenkung an das Kloster St. Gallen wurde Rietheim 786 erstmals erwähnt. Von 1100 bis mindestens ins 14. Jahrhundert erscheint Ortsadel. Als Bestandteil der Herrschaft Lupfen kam der Ort 1444 an Württemberg. 1491 wurde der natürliche Sohn Herzog Eberhards im Barte, Hans Wirtemberger, mit Hausen ob Verena, dem Hohenkarpfen und dem Burgstall in Rietheim belehnt. 1495 kaufte sich Hans die Erblehensgerechtigkeit in Rietheim. Nach dem Aussterben der neuen Linie von Karpfen kam der Ort in der 2. Hälfte des 17. Jahrhunderts an die Familie Wiederhold. Das heutige (untere) Schloß wurde 1537 als Wasserschloß gebaut. Das obere ist abgegangen. Die forstlichen Rechte waren zwischen Österreich und Württemberg umstritten. Rietheim war Bestandteil des württembergischen Stabsamts Hohenkarpfen, das zum Amt Tuttlingen gehörte. Ab 1806/07 gehörte der Ort zum Oberamt/Kreis Tutt-

lingen. - Die evangelische Pfarrkirche hat einen alten Turm mit eigenartigen, vermutlich romanischen Figurenteilen an der Außenseite. Das Schiff stammt von 1835. Grabplatten von Angehörigen des örtlichen Adels befinden sich an den Außenwänden der Kirche.
Weilheim: Zusammen mit Rietheim wird in der Urkunde von 786 der Ort „Amalpetiwilare" erwähnt, bei dem es sich um Weilheim oder den abgegangenen Ort Steinweiler bei Spaichingen handeln könnte. Bisher wurde die Ersterwähnung für die Zeit um 1200 angenommen, da der Ort als „Wiler" im Besitz des Klosters St. Gallen erscheint. Weilheim gehörte zur Herrschaft Konzenberg und gelangte mit ihr im Jahre 1300 an das Domkapitel Konstanz. Später war die Dompropstei im Besitz der Herrschaft Konzenberg. 1802/03 kam der Ort mit Konzenberg an Baden und 1806 an Württemberg, seitdem gehörte er zum Oberamt/Kreis Tuttlingen. - Die katholische Pfarrkirche St. Georg wurde im 19. Jahrhundert erneuert.
Die Gemeinde wurde durch die Vereinigung der beiden Ortsteile am 1. Januar 1975 gebildet.
Einrichtungen: Grundschule in Rietheim, Sporthallen in Rietheim und Weilheim, Wintersportanlagen, Lehrschwimmbecken.

Seitingen-Oberflacht
673-926 m, Fläche: 1 965 ha (davon 1 030 ha Wald und 799 ha landwirtschaftlich genutzt), Einwohner 1989: 1 911, Verwaltungsgemeinschaft Tuttlingen.
Das Dorf unter seinem beherrschenden Kirchberg erscheint 786 in den Urkunden. Es gehörte dem Dompropst von Konstanz, der später die Herrschaft Konzenberg mit Wurmlingen dazu erwarb. Seitingen war eine „Residenz" des Dompropstes von Konstanz außerhalb der Bischofsstadt. Einem solch wichtigen Ort, der sich deutlich von seinen Nachbardörfern abhob, hätten leicht auch Stadtrechte zufallen können. Mit der Herrschaft Konzenberg kam Seitingen 1802/03 zuerst an Baden und dann ab 1806 zum Oberamt/Kreis Tuttlingen. - Die katholische Pfarrkirche Mariä Himmelfahrt wurde unter dem Dompropst Johann Ferdinand von Waldburg-Wolfegg fast ganz neu erbaut und 1762 geweiht. Das herrlich ausgemalte Innere der Kirche dürfte wohl zum Schönsten gehören, was unser Landkreis zu bieten hat. Die Eustasiuskapelle mit spätgotischem Chor ist neben dem Kloster Widdersdorf (Vergaville) in Lothringen das einzige Gotteshaus, wo Reliquien des heiligen Eustasius aufbewahrt werden. Von der Ausstattung des kleinen Kirchleins überzeugen vor allem die kontrastreichen barocken Altäre und die frühbarocke Ausmalung der Wände.
Oberflacht: Der Ortsteil ist wegen seines alemannischen Reihengräberfeldes in der Wissenschaft ein Begriff. Die einzigartigen hölzernen Gegenstände, die man in den Gräbern aus der ersten Hälfte des 6. Jahrhunderts fand, gaben der Wissenschaft wichtige Aufschlüsse über das Leben unserer Vorfahren. Die aufgefundene Leier ist wohl der bekannteste Fund aus den Gräbern. Sie fand auch Eingang in das Oberflachter Wappen. Als Ort des Dompropstes von Konstanz teilte es die Geschicke mit dem benachbarten Seitingen, wohin die Oberflachter immer eingepfarrt waren.
Die Gemeinde Seitingen-Oberflacht wurde am 1. Januar 1975 durch die Vereinigung beider Orte gebildet.
Einrichtungen: Grundschule, Mehrzweckhalle (Ostbaarhalle).

Spaichingen
631-985 m, Fläche: 1 850 ha (davon 750 ha Wald und 670 ha landwirtschaftlich genutzt), Einwohner 1989: 10 096, Sitz der Verwaltungsgemeinschaft.
791 tauchte zum erstenmal Spaichingen namentlich in der Geschichte auf. Vom 11. bis 14. Jahrhundert wurden Ortsadlige erwähnt, die in ihrer Spätzeit als Lehensleute der Grafen von Hohenberg genannt wurden. Neben den Hohenbergern hatten die Klöster Allerheiligen, Beuron, Rottenmünster, Alpirsbach und St. Georgen Besitzungen im Ort. 1381 ging Spaichingen als Teil der Oberen Grafschaft Hohenberg an Österreich über. Anfang des 16. Jahrhunderts wurde der Ort als der bevölkerungsreichste der Oberen Grafschaft Hohenberg als Tagungsort der „Leute von Oberhohenberg" genannt. Das Marktrecht soll Spaichingen schon vor dem Dreißigjährigen Krieg zugestanden haben. Seit 1688 war der Marktflecken Sitz des Obervogts der Oberen Grafschaft Hohenberg. Die Stadtrechte wurden Spaichingen offiziell erst 1828 verliehen. 1805 kam es an Württemberg und war von 1807 bis 1938 Sitz eines württembergischen Oberamtes. Seit 1938 gehört Spaichingen zum Kreis Tuttlingen. - Eine Kapelle auf dem Dreifaltigkeitsberg wurde 1415 geweiht, doch schon im 14. Jahrhundert soll eine Wallfahrt bestanden haben. Von 1666 bis 1673 wurde die heutige Kirche dort oben gebaut und 1760 bis 1762 umgestaltet. Die neugotische katholische Stadtpfarrkirche St. Peter und Paul, beachtlich in Größe und Ausstattung, stammt von 1898/1900. Die Josefskirche im Stadtteil Hofen wurde 1897 erbaut. Die evangelische Pfarrkirche wurde 1905 in neuromanischem Stil erbaut und zuletzt 1980/81 erneuert.
Einrichtungen: Grund- und Hauptschule mit Lehrschwimmbecken, Katholische Freie Grund- und Hauptschule mit Hallenbad, Realschule, Gymnasium, Berufsschulen des Landkreises, Sonderschule für Lernbehinderte, Bundeswehrdepot, Amtsgericht, Notariate, Staatliches Forstamt, Kreiskrankenhaus, Alten- und Pflegeheim, Privates Altenpflegeheim, Bahnhof mit Eilzughalt, Freibad, Wintersportanlagen, Sporthalle, Stadion Unterbach, Stadthalle, Heimatmuseum.

Talheim
755 m, Fläche: 1 310 ha (davon 476 ha Wald und 738 ha landwirtschaftlich genutzt), Einwohner 1989: 999, Verwaltungsgemeinschaft Trossingen.
Der Ort im Krähenbachtal, unterhalb des mächtigen Lupfens, erscheint erst im 10. Jahrhundert in den Urkunden.

Talheim gehörte zur Herrschaft Lupfen. Das Kloster Amtenhausen und die Johanniterkommende in Villingen hatten Besitzungen im Ort. Mit der Herrschaft Lupfen kam er 1444 an Württemberg und wurde dem Tuttlinger Amt unterstellt. Auch in der neuwürttembergischen Zeit blieb er Bestandteil des Oberamtes/Kreises Tuttlingen. Unweit der Unteren Mühle errichtete Württemberg 1698 eine Schmelzhütte, die nur etwa bis 1710 in Betrieb war. Die großen Brände von 1704 und 1848 zerstörten große Teile des Ortes. Der Lupfenturm des Schwäbischen Albvereins wurde 1910/11 erbaut. Sehenswert sind das bekannte Ochsenbeckenhaus mit seinem Fachwerk und Verzierungen sowie die sogenannte Alte Schmiede. Im Zuge der Gemeindereform wurde Talheim am 1. Januar 1975 nach Trossingen eingemeindet, erstritt sich jedoch vor dem Staatsgerichtshof seine Unabhängigkeit. - Eine Ägidiuskirche ist für das Jahr 1275 nachgewiesen. Die Kirche wurde später der heiligen Brigitta geweiht. Die evangelische Pfarrkirche erhielt 1811 ihre jetzige Form, der Turm und andere Bauteile sind jedoch wesentlich älter. Eine Frauenklause wurde im 14. Jahrhundert genannt.
Einrichtungen: Heimatstube, Turnhalle, Aussichtsturm auf dem Lupfen.

Trossingen
628-977 m, Fläche: 2 424 ha (davon 659 ha Wald und 1 311 ha landwirtschaftlich genutzt), Einwohner 1989: 11 430, Sitz der Verwaltungsgemeinschaft.
In einer Schenkung an das Kloster St .Gallen wurde Trossingen erstmals 797 urkundlich erwähnt. Das Kloster Reichenau hatte große Besitzungen. Als Bestandteil der Herrschaft Lupfen kam es 1444 an Württemberg, und zwar zum Amt Tuttlingen. Trossingen war bis ins 19. Jahrhundert in Sontheim (Obertrossingen oder Oberdorf) und Niederhofen (Untertrossingen oder Unterdorf) geteilt. Bei der Trossinger Gerichtslinde stießen die Bezirke der Blutgerichtsbarkeit von Württemberg und Österreich aufeinander. Gleichzeitig wurden bei der Linde die Forstgerechtigkeiten von Österreich (über die Grafschaft Hohenberg), Fürstenberg und der Reichsstadt Rottweil geschieden. Talhausen, 1482 von Rottweil gekauft, ging im 16. Jahrhundert ab. 1927 erhielt es die Stadtrechte. Mit der Harmonika-Industrie stieg Trossingen zur „weltbekannten Musikstadt" auf. - Die evangelische Martin-Luther-Kirche wurde von 1742 bis 1746 im barocken Stil weitgehend neu erbaut. Bauteile vom Turm stammen noch aus der Spätgotik. Von der früheren Kirche „zu St. Nikolaus und St. Anna" aus dem 12. Jahrhundert im Oberdorf ist noch der Turm zu sehen. Die katholische Theresienkirche wurde 1935 erbaut und in den 70er Jahren neu ausgestaltet.
Schura: Der Stadtteil wurde 851 erstmals urkundlich erwähnt. Er war Bestandteil der Herrschaft Lupfen und teilte zusammen mit Trossingen dessen Schicksal. - Schura war kirchlich eine Filiale von Trossingen und wurde 1894 zur selbständigen Pfarrei erhoben. Die evangelische Pfarrkirche mit ihrem bekannten schiefen Turm wurde 1737 erbaut. - Am 1. Dezember 1971 wurde Schura nach Trossingen eingemeindet.
Einrichtungen: Grund- und Hauptschulen, Realschule, Gymnasium, Sonderschule für Lernbehinderte, Staatliche Hochschule für Musik, Bundesakademie für musikalische Jugendbildung, Städtische Volkshochschule, Jugendmusikschule, Städtische Bücherei, Hohner-Konservatorium, Nachsorgekrankenhaus der Diakonie Bethel, Altenheim, Notariat, Ernst-Hohner-Konzerthaus, Heimatmuseum, Sporthallen, Löhrbad, Hallenbad, Freibad, Stadion, städtische Eisenbahn mit Bahnhof, Bahnhof der Bundesbahn.

Tuttlingen
634-927 m, Fläche: 9 050 ha (davon 5 464 ha Wald und 2 377 ha landwirtschaftlich genutzt), Einwohner 1989: 31 922, Sitz der Verwaltungsgemeinschaft.
Die Große Kreisstadt wurde im Jahre 797 erstmals urkundlich erwähnt. Einige weitere wichtige Daten: Gründung der Stadt vermutlich durch die Wartenberger, vor 1377 Übergang an Württemberg, 1377 im Städtekrieg zerstört, um 1460 Bau der Festung auf dem Honberg, 1534 Einführung der Reformation, 1643 Schlacht bei Tuttlingen, 1792/1794 bürgerliche Unruhen, 1803 großer Stadtbrand, danach Aufbau der heutigen Stadtanlage. - 1275 wurde die auf dem Gelände des (alten) Friedhofs gelegene Martinskirche als Pfarrkirche erwähnt. Die Evangelische Stadtkirche wurde 1816/17 erbaut, 1903 das Äußere im Jugendstil erneuert (letzte Renovierung 1977/78). 1883 wurde die neugotische katholische St.Gallus-Kirche gebaut (1939 erweitert), 1956 die evangelische Martinskirche, 1961/63 die katholische Pfarrkirche Maria Königin, 1965 die evangelische Auferstehungskirche und 1986 die evangelische Versöhnungskirche.
Eßlingen: Der Stadtteil wurde 1225 urkundlich erwähnt. Ortsadel ist von 1225 bis 1385 nachgewiesen. Eßlingen war Bestandteil der Herrschaft Möhringen und kam 1520/1553 an Fürstenberg, wurde 1806 badisch, kam zuerst zum Amt Möhringen, ab 1844 zum Bezirksamt /Kreis Donaueschingen, 1972 zum Landkreis Tuttlingen. - Die katholische Pfarrkirche St. Jakob der Ältere und Andreas wurde im gotischen Stil erbaut, im 19. Jahrhundert vergrößert und 1909 renoviert. - Eßlingen wurde am 1. Juni 1972 nach Tuttlingen eingemeindet.
Möhringen: Möhringen wurde 882 erstmals urkundlich erwähnt. Urkunden aus den Jahren 786, 805 und 843, die den Namen Möhringen enthalten, erwiesen sich als Fälschungen. Im Mittelalter hatte das Kloster Reichenau große Besitzungen. Seit 1277 ist ein Reichenauisches Vogtamt für den Ort und Hattingen nachgewiesen. 1308 wurde er zum erstenmal als Stadt genannt. Der Konstanzer Bischof Heinrich von Klingenberg wird als Stadtgründer angesehen. Die Klingenberger erlangten vom Kloster Reichenau verschiedene Rechte im Ort und in der Herrschaft Möhringen. 1408 kam die Hohe Gerichtsbarkeit hinzu. 1520 verkauften die Klingenberger die Stadt und die Dörfer der Herrschaft, Ippingen und Eßlingen, an die Grafen

von Fürstenberg. Von 1527 bis 1553 hatte der Schaffhauser Bürger Hans am Stad zu Randegg die Herrschaft als Pfand inne. Von 1553 bis 1806 gehörte Möhringen zur Grafschaft beziehungsweise zum Fürstentum Fürstenberg. Das Schloß wurde 1308 als „Hus" erstmals erwähnt. 1511 wurde es als Schloß bezeichnet und gegen Ende des 17. Jahrhunderts umgebaut. Es diente in der Folge als fürstenbergisches Jagdschloß, Amtshaus und ab 1807 als Fürstlich Fürstenbergisches Großherzoglich Badisches Bezirksamt, jetzt Rathaus. Die Stadt kam 1806 an Baden und erhielt 1807 ein eigenes Amt. Als es jedoch 1813 wieder aufgelöst wurde, kam die Stadt zum Amt Engen. 1824 wurde das Amt Möhringen wieder errichtet und 1844 endgültig aufgelöst. Möhringen kam zum Amt Engen und ab 1936 zum Bezirksamt/Kreis Donaueschingen. - Die katholische Pfarrkirche St. Andreas wurde Ende des 16. Jahrhunderts erbaut. Der älteste Teil, der Anbau auf der Nordseite, trägt die Jahreszahl 1483. Kleine Klöster werden im 14. und 15. Jahrhundert und später in der Stadt genannt. Die evangelische Kreuzkirche entstand in der Zeit von 1951 bis 1963. - Der Stadtteil ist staatlich anerkannter Erholungsort.
- Möhringen wurde am 1. Januar 1973 nach Tuttlingen eingemeindet.
Nendingen: Ende des 11. Jahrhunderts wurde Nendingen erstmals erwähnt. Als Reichenauisches Lehen kam der Ort an die Herrschaft Mühlheim. 1411 wurden die Enzberger mit Nendingen belehnt. In der Folge teilte es die Geschicke der Herrschaft bis zum Übergang an Württemberg im Jahre 1805. Ab 1806 gehörte es zum Oberamt/Kreis Tuttlingen. - Die katholische Pfarrkirche St. Petrus und Jakobus mit ihrer Rokoko-Ausstattung wurde 1755 erbaut, der obere Teil des Turms stammt aus dem Jahre 1863. Ursprünglich romanische St. Blasius-Kapelle. Evangelische Kirche von 1970.
- Nendingen wurde am 1. Januar 1973 nach Tuttlingen eingemeindet.
Einrichtungen: In Tuttlingen alle Schultypen, Stadtbibliothek, Städtische Galerie, Volkshochschule, Heimatmuseum, Städtische Musikschule, Jugendkunstschule, Jugendherberge, Jugendhaus, Berufliche Bildungsstätte, Festhalle, Großsporthalle und weitere 8 Sporthallen, Donaustadion, Freibad, Hallenbad, 2 Altenheime, Alten- und Pflegeheim, Kreiskrankenhaus, Lebenshilfe für Behinderte (Beschützende Werkstätte und Wohnheim), Evangelisches Kinder- und Jugenddorf, Amtsgericht, Dienststelle des Arbeitsamtes Rottweil, Finanzamt, Staatliches Forstamt, Gesundheitsamt, Landratsamt, Landwirtschaftsamt, Notariate, Polizeidirektion, Postämter, Staatliches Vermessungsamt, Zollamt, Bahnhof (Schnellzughalt), Abzweigung der Donautalstrecke nach Ulm.
In Möhringen: Grund- und Hauptschule, Berufsförderungszentrum, Wintersportanlagen, Ferienhaussiedlung, Donauversickerung.
In Nendingen: Grund- und Hauptschule, Festhalle, Sporthalle.

Wehingen
752-1 003 m, Fläche: 1 459 ha (davon 877 ha Wald und 408 ha landwirtschaftlich genutzt), Einwohner 1989: 3 203, Gemeindeverwaltungsverband Heuberg.
793 wurde der Ort erstmals urkundlich erwähnt. Größter Grundherr war bis ins 14. Jahrhundert das Kloster Reichenau. Mitte des 14. Jahrhunderts verkaufte Reichenau seinen Besitz an das Kloster Alpirsbach (siehe Gosheim). Oberhalb des Ortsteils Harras stand die Stammburg der Herren von Wehingen - einst Lehensleute der Hohenberger -, die in österreichischen Diensten zu Amt und Würden kamen. 1351 verkauften die Herren von Wehingen die Burg und die Vogtei über Wehingen und Gosheim an Österreich. Der Ort war in der Folge Bestandteil der Oberen Grafschaft Hohenberg. 1582 hatte Österreich die landesherrliche Obrigkeit bis zum Jahre 1805. 1697 richtete Österreich im Ortsteil Harras ein Eisenschmelzwerk ein, das die in der Gegend reichlich aufgefundenen Bohnerze verhüttete. 1832 wurde der Hochofen stillgelegt. Bei einem Großbrand 1828 brannten 43 Gebäude nieder. Ab 1806 bis 1938 gehörte Wehingen zum Oberamt Spaichingen und danach zum Kreis Tuttlingen. König Wilhelm I. verlieh Wehingen Marktrechte. - Die Fronhofer Kirche mit ihren romanischen und spätgotischen Bauteilen wird als die älteste Kirche des Landkreises angesehen. Die katholische Pfarrkirche St. Ulrich wurde 1737/38 erbaut und erhielt 1898/99 ein neuromanisches Schiff. Die evangelische Christuskirche wurde 1962 erbaut.
Einrichtungen: Grund- und Hauptschule, Bildungszentrum Gosheim-Wehingen (Realschule und Progymnasium), Festhalle, Turnhalle, Hallenbad, Notariat, Staatliches Forstamt, Wintersportanlagen.

Wurmlingen
650-866 m, Fläche: 1 543 ha (davon 944 ha Wald und 432 ha landwirtschaftlich genutzt), Einwohner 1989: 3 436, Verwaltungsgemeinschaft Tuttlingen.
Wurmlingen wurde 797 erstmals in einer Urkunde des Klosters St. Gallen erwähnt. Das Kloster St. Gallen hatte große Besitzungen. Es verkaufte den Ort 1299 an das Domkapitel Konstanz. Wurmlingen wurde zum Verwaltungssitz der Herrschaft Konzenberg. Von der 1239 erstmals erwähnten Burg Konzenberg südwestlich von Wurmlingen ist heute nur noch der Burgfried zu sehen. An die konzenbergische Zeit erinnern das Schloß mit seiner noch erkennbaren Anlage, jetzt Schule, und die Obervogtei, die im Gebäude Schulstraße 5 untergebracht war. Kurz nach 1300 beabsichtigte der Bischof von Konstanz, Wurmlingen die Stadtrechte zu geben. Wurmlingen kam mit der Herrschaft Konzenberg an den Dompropst von Konstanz. 1802/03 wurden die Herrschaft Konzenberg und der Ort badisch. 1806 gingen sie an Württemberg über und waren seither Bestandteil des Oberamts/Kreises Tuttlingen. - Eine Kirche wurde schon 868 erstmals erwähnt. Wurmlingen war Sitz des gleichnamigen Dekanats. 1604 wurde noch ein Franziskanerinnenklösterlein genannt. Bei der Sebastians- und

Rochus-Kapelle auf dem Friedhof, die 1613 gebaut wurde, ließen sich 1764 Kapuziner nieder, deren Kloster 1809 wieder aufgehoben wurde. Die frühklassizistische katholische St.Gallus-Kirche wurde 1782/84 erbaut, der Turm stammt aus dem Jahre 1499. Die evangelische Erlöserkirche wurde 1954 erbaut.
Einrichtungen: Grund- und Nachbarschafts-Hauptschule, Festhalle (Schloßhalle), Sporthalle, Heimatstube in der Alten Vogtey, Notariat.

Quellenverzeichnis

Autoren, Herausgeber und Verlage danken allen Firmen und Institutionen, die uns mit Informationen und Bildmaterial unterstützt haben.
Titel: Entwurf und Foto: W. Lutz. Ausführung Atelier gravis
S. 6/7: Foto Gaiser, Tuttlingen
S. 8: Karte aus „Alexander Länderkarte", Grundschul-Ausgabe Baden-Württemberg, 1 : 500 000, Ernst Klett Schulbuchverlag Nr. 48 304
S. 10: Topographische Übersichtskarte 1: 200 000, Ausschnitt aus dem Südblatt, herausgegeben vom Landesvermessungsamt Baden-Württemberg, Stuttgart; gen. unter Az.: 5.11/454
S. 11: beide Grafiken: Entwurf Martin Schmiedeberg, Ausführung Atelier gravis
S. 12, 13: Fotos K.-H. Reizner
S. 14, 15: Fotos Landesbildstelle Baden
S. 16: Foto Landesbildstelle Baden, Freig. Reg. Präs. Karlsruhe Nr. 210/4484
S. 17: Foto E. Scholzen
S. 18: Luftbild Elsäßer, im Bes. der Stadt Tuttlingen; Freig. Reg. Präs. Stuttgart Nr. 9/79099
S. 19: Ausschnitt aus einem Plan der Stadt Tuttlingen
S. 20: Foto W. Lutz
S. 21: von rechts nach links: Fotos W. Hepfer, H. Bader, Werner Bildpostkarten Überlingen, Ernst Klett Schulbuchverlag
S. 24, 25: Textauszüge aus: Karl-Anton Maucher, in: Sonderbeilage der „Schwäbischen Zeitung", „Gränzbote", „Heuberger Bote" und „Trossinger Zeitung" vom 06. – 09. Oktober 1988
S. 26: Foto Landesbildstelle Baden, Freig. Reg. Präs. Karlsruhe Nr. 210/4347
S. 27: Das Originalgemälde befindet sich in Privatbesitz (Kaufmann); Reproduktion Kreisbildstelle Tuttlingen
S. 28, 29: Fotos Familienbesitz
S. 30: Foto Privatbesitz (Antonie Wachter)
S. 31: Fotos: K.-H. Reizner
S. 32: Foto Rieber, Tuttlingen
S. 33 oben: Foto K.-H. Reizner
S. 34: Werkfotos Fa. Hohner
S. 35: Werkfoto Fa. C. Sauter/C. Cramer
S. 36: Foto Holzwerke Burgbacher
S. 37: Foto P. Heckele
S. 38, 39: Fotos Kreisbildstelle Tuttlingen
S. 40: Foto Kreisbildstelle Tuttlingen. Quelle für zeitliche Angaben: Dr. Ing. E. Reinert: Das Messerschmiedehandwerk in Tuttlingen, in: Tuttlinger Heimatblätter 36, Tuttlingen 1949, S. 30 ff. Gedicht: aus einem Holzschnitt aus dem Heimatmuseum Tuttlingen, o. J.
S. 41: Foto Kreisbildstelle Tuttlingen
S. 42, 43: Werkfotos Fa. Mattes
S. 45: Abb. links: Kreisarchiv Tuttlingen. Abb. oben rechts: Foto Privatbesitz (Muhr, Tuttlingen). Abb. unten rechts: Kreisbildstelle Tuttlingen
S. 46, 47: Fotos GVD e.V., Gemeinnützige Vereinigung der Drehteilehersteller Heuberg und Umgebung e. V.
S. 48: Werkfotos Fa. Marquardt, Fa. Hengstler
S. 49: Grafik: Ausführung Atelier gravis.
S. 50: Foto H. Bucher
S. 51: Kartenentwurf E. Ulmer; Ausführung Atelier gravis
S. 52: Fotos oben: K.-H. Reizner; Mitte: Fremdenverkehrsbüro Immendingen; unten: E. Ulmer
S. 53: Foto E. Ulmer
S. 54: Foto W. Beller
S. 55: Fotos K.-H. Reizner. Plan: Stadt Tuttlingen
S. 56: Foto J. Heni
S. 57: Foto E. Scholzen
S. 59: Foto E. Scholzen
S. 60: Abb. nach einer Vorlage aus: Erdgeschichtliche Tabelle für die Schwäbische Alb, aus: Friedhelm Messow's „Die Schwäbische Alb – Ein Naturwanderführer"
S. 61: Fotos oben und Mitte K.-H. Reizner; unten: Heckele
S. 62: Foto links: Kreisbildstelle Tuttlingen; rechts: F. Schray
S. 63: Foto E. Scholzen
S. 64: Angaben der Tabelle: Deutscher Wetterdienst, Az: KL/60.30.
S. 65: Foto K.-H. Reizner
S. 67: Foto Kreisbildstelle Tuttlingen
S. 68: Foto oben links und Mitte rechts: G. Scholzen; übrige: Kreisbildstelle Tuttlingen
S. 69: Foto Kreisbildstelle Tuttlingen
S. 70: Foto Kreisbildstelle Tuttlingen
S. 71: Fotos unten links und rechts: K.-H. Reizner; übrige: Kreisbildstelle Tuttlingen
S. 72: Foto H. Haug, Kreisarchiv
S. 74: Textzitate aus: August Ganther: „Der Schuldenmüller", Union Druck- und Verlagsgesellschaft 1890, Seite 162 ff.
S. 75, 76: Fotos E. Scholzen
S. 77: Grafik oben: Ausführung Atelier gravis. Unten: Grafik nach A. Schreiner; Ausführung Atelier gravis, nach: KENNZEICHEN KN, S. 75.
S. 79: Grafik: Stadtwerke Tuttlingen

S. 81: Abbildungen: Energieversorgung Schwaben AG, Betriebsverwaltung Tuttlingen
S. 82: Foto E. Scholzen. Textgrundlage: Ing.-Büro M. Breinlinger, Tuttlingen
S. 84: Fotos G. Hüther
S. 85: Fotos K.-H. Reizner
S. 86: Abb. nach einer zeitgen. Vorlage der Lith. Anst. Carl Ebner, Stuttgart
S. 87: Abb. aus: Hist. Atlas Baden-Württemberg, Blatt X, 4, herausgegeben von der Kommission für geschichtliche Landeskunde und vom Landesvermessungsamt Baden-Württemberg. Vervielfältigung genehmigt unter Az.: 5.11/454
S. 88: Foto oben K.-M. Ruff. Abb. unten aus: Eisenbahnkurier 1984, Die Trossinger Eisenbahn im Modell
S. 89: Alle Fotos: Archiv der Gemeinde Wehingen, bearbeitet von M. Schmiedeberg
S. 90: Abb. oben links: Aus dem „Fahrplanbuch für den Winterdienst 1903/04" der K. Württembergischen Staatseisenbahn; Deutsche Bundesbahn, Bundesbahndirektion Stuttgart, Pressedienst
S. 92: Ausschnitt aus der Straßenkarte Baden-Württemberg 1 : 200 000, Südliches Blatt; gen. unter AZ 5.11/366 vom Landesvermessungsamt Baden-Württemberg
S. 93: Karte: Stadt Tuttlingen
S. 94: Zeitungstitel von im Kreis Tuttlingen verbreiteten Regionalzeitungen
S. 97: Abb.: Foto-Studio-Jörg, Trossingen
S. 98: Fotos oben: K.-H. Reizner; Reproduktion unten: E. Ulmer
S. 99: Foto unten rechts K.-H. Reizner; übrige E. Ulmer
S. 100, 101: Fotos K.-H. Reizner
S. 102: Foto links: K. Ruff. Rechts: Nach einer Postkarte des Arbeits- und Förderkreises Trossinger Heimatmuseum
S. 104: Foto E. Ulmer
S. 107: Abb.: Werbefoto Robold, VS-Schwenningen
S. 109: Fotos K.-H. Reizner
S. 110: Zitat aus: Lesebuch für die evangelischen Volksschulen Württembergs, 1855
S. 111: Fotos D. Nickel, Tuttlingen-Möhringen
S. 112: Abb. aus: Tuttlinger Heimatblätter 1986
S. 113: Foto Landesbildstelle Baden, Freig. RP Karlsruhe Nr. 210/4419
S. 114: Foto K.-H. Reizner
S. 115: Abb.: Foto Gaiser Tuttlingen
S. 116, 117: Abbildungen nach Unterlagen des Landratsamtes Tuttlingen; Ausführung der Kreisgrafik Atelier gravis
S. 120, 121: Fotos Gaiser, Tuttlingen
S. 122: Abb. nach einer Broschüre des Landkreises Tuttlingen
S. 123: Fotos Archiv der Steinbeis-Schule, Tuttlingen
S. 124: Foto K.-H. Reizner
S. 127: Fotos W. Beller
S. 128: Foto Schwabenflugbild, Freigabe RP Stuttgart 120-3305
S. 130: Abb. oben: nach einem Plakat des Vinzenziusvereins Wurmlingen e. V. Fotos Sozialstation Tuttlingen
S. 131: Aufnahme Fotostudio J. Fischer, Donaueschingen/Bad Dürrheim
S. 132: Foto E. Scholzen
S. 133: Fotos F. Schray
S. 134: Fotos Sibold im Bes. der Narrenzunft Geisingen
S. 135: Foto W. Beller
S. 136: Foto K.-H. Reizner
S. 138, 139: Fotos F. Schray
S. 140: Foto Landesdenkmalamt Baden-Württemberg, Archäologische Denkmalpflege Freiburg
S. 141: Foto links: Kreisarchiv Tuttlingen. Rechts: Landesdenkmalamt Baden-Württemberg, Archäologische Denkmalpflege Freiburg
S. 142, 143: Abbildungen aus: „1200 Jahre Seitingen-Oberflacht", herausgegeben von der Gemeinde Seitingen-Oberflacht, Tuttlingen o. J.
S. 145: Quelle und Reproduktion: Landesbibliothek Stuttgart
S. 152, 153: Grafik aus: Daheim im Landkreis Tuttlingen, Konstanz 1983
S. 155: Quelle und Reproduktionsfoto: Stadtarchiv Tuttlingen. Radierung von Martin Engelbrecht (1624 - 1756)
S. 156: Foto S. Strom
S. 158 - 159: Reproduktions-Fotos: Heckele
S. 160: Foto J. Kastilan, Spaichingen
S. 162, 163: Fotos F. Schray
S. 169: Ausschnitt aus der Karte Raumgliederung der Mundarten aus: Hist. Atlas von Baden-Württemberg; herausgegeben von der Kommission für geschichtliche Landeskunde und vom Landesvermessungsamt Baden-Württemberg. Vervielfältigung genehmigt unter Az.: 5.11/454
S. 170: Kartengrundlage: Landratsamt Tuttlingen; Ausführung Atelier gravis
S. 172: Fotos J. Heni oben; E. Kaufmann unten
S. 175: Foto oben rechts: E. Scholzen; übrige: J. Heni
S. 176, 177: Fotos P. Heckele